# 智能网联汽车协同感知理论与技术

朱　浩　李永福　著

科学出版社
北　京

## 内 容 简 介

本书针对国家重大战略和智能网联汽车产业需求，以智能网联汽车协同感知为主要研究对象，系统地介绍了智能网联汽车协同感知的基本概念、模型和算法，从道路感知、车辆定位、目标跟踪、协同检测等方面深入浅出地阐述了智能网联汽车协同感知领域的核心知识和发展趋势。全书以贝叶斯学习的思想贯穿始终，并适当与其他重要知识点（如深度学习等）进行交叉融合，便于读者形成良好的知识体系。

本书内容翔实，强调基础性和实用性，同时兼顾学科发展的动向，可作为本科生和研究生的辅导书，也可以作为希望从事智能网联汽车相关领域的科技工作者的自学参考书。

**图书在版编目（CIP）数据**

智能网联汽车协同感知理论与技术 / 朱浩，李永福著. —北京：科学出版社，2023.6（2025.1 重印）

ISBN 978-7-03-075407-3

Ⅰ. ①智… Ⅱ. ①朱… ②李… Ⅲ. ①汽车—智能通信网 Ⅳ. ①U463.67

中国国家版本馆 CIP 数据核字（2023）第 069212 号

责任编辑：孟　锐 / 责任校对：彭　映
责任印制：罗　科 / 封面设计：义和文创

科学出版社出版
北京东黄城根北街 16 号
邮政编码：100717
http://www.sciencep.com
四川青于蓝文化传播有限责任公司印刷
科学出版社发行　各地新华书店经销
*
2023 年 6 月第　一　版　开本：787×1092　1/16
2025 年 1 月第二次印刷　印张：7 3/4
字数：184 000
**定价：98.00 元**
（如有印装质量问题，我社负责调换）

# 前　言

当前，新一代科技革命驱动汽车从传统交通工具向智能终端转变，全球汽车产业正加速向新能源化、智能网联化、高端化、绿色化发展，由此带来产业形态、能源消费结构、交通出行模式和社会运行方式的深刻变革。智能网联汽车成为新的产业方向和行业风口，世界各国正大力发展智能网联汽车，为全球经济发展注入新动能。为对智能网联汽车这一新兴领域有兴趣的专业人士和对该领域感兴趣的本科生以及研究生提供一些最新进展和信息，作者撰写了本书。

本书通过对智能网联汽车环境感知基本概念、发展现状及其核心技术的总结，对智能网联汽车环境感知领域的理论基础和工程应用背景进行全面细致的介绍，在充分考虑知识结构完整性和系统性的同时，突出理论联系实际，具有很强的工程使用性。书中有大量的应用实例及其结果分析，希望能够为读者提供比较详尽的参考资料。

本书基于作者多年成果系统总结而成。全书共分为 5 章：第 1 章介绍智能网联汽车的基本概念。第 2 章主要介绍智能网联汽车环境感知中道路识别的基本概念和相关算法，包含基于传统的车道线检测算法和基于深度学习方法的车道检测算法及其护栏检测算法；第 3 章主要介绍智能网联汽车的定位技术及相关算法，包含单车定位技术和多车协同定位技术；第 4 章介绍目标跟踪的概念以及相关算法；第 5 章介绍智能网联汽车协同检测技术及相关算法，主要包含点集配准和融合。

本书陈述结果来自作者的研究成果及相关参考文献，谨向相关文献的作者表示感谢。在此要感谢在本书编写过程中给予我很多帮助的实验室研究生。同时，本书的研究内容得到了国家自然科学基金项目的支持，本书得到了重庆邮电大学出版基金资助，在此表示感谢。

由于时间仓促和个人水平所限，书中难免存在不足和疏漏之处，恳请读者批评指正。

# 目　　录

# 第1章　绪　　论

## 1.1　智能网联汽车

智能网联汽车（connected intelligent vehicle，CIV）是指搭载先进的车载传感器、控制器、执行器等装置，融合现代通信与网络技术，实现车-X（车、路、人、云等）智能信息交换、共享，具备复杂环境感知、智能决策、协同控制等功能，可实现安全、高效、舒适、节能行驶，并最终实现无人驾驶的新一代汽车[1]。智能网联汽车可以提供更安全、更节能、更环保、更便捷的出行方式，是国际公认的汽车的未来发展方向。

当前，在“新基建”的浪潮中，智能网联汽车势必将快速发展。我国现阶段拥有的20多个智能网联汽车测试示范区，将助推智能网联汽车从实验室走向人们的日常生活。北京、上海和重庆等地也相继颁布智能网联汽车进行公开道路测试的管理实施细则，为智能网联汽车的应用落地提供了政策保障。

同时，智能网联汽车的相关赛事也正在蓬勃发展，例如，中国智能车未来挑战赛（intelligent vehicle future challenge，IVFC）、i-VISTA（intelligent vechicle integrated systems test area）自动驾驶汽车挑战赛等赛事。IVFC由国家自然科学基金委员会、中国人工智能产业发展联盟、中国自动化学会联合主办。它是国内举办时间最早、持续最久、最具权威的无人驾驶赛事，使我国在无人驾驶领域的探索从理论研究迈入了实车验证的新阶段。i-VISTA自动驾驶汽车挑战赛开办于2018年，每年在中国重庆举办，是中国国际智能产业博览会的重要组成部分。该赛事设置有多个参赛组别，考验自动驾驶各个领域在实际场景中的应用，各高校以及企业代表队伍可在各参赛项目展示自己的研究成果。智能网联汽车挑战赛有利于打造行业高端交流平台，展现前沿科技成果，践行技术实践测评标尺，助推智能网联汽车技术进步和商业化进程。

智能网联汽车集中运用了汽车工程、人工智能、计算机、微电子、自动控制、通信与平台等技术，是一个集环境感知、规划决策、控制执行、信息交互等于一体的高新技术综合体，其体系架构大致分为感知层、决策层和控制层[2]。

感知层：借助车载传感器、全球定位系统（global positioning system，GPS）、雷达等，结合近距离通信技术，实时准确地探测车辆自身状态和周围环境的信息，通过数据融合技术，将各种类型的数据进行交互，实现数据共享。

决策层：依据感知层以及云平台获取的信息进行综合决策，从而输出包含是否加减速、是否变道、是否停车等决策信息。

控制层：控制器获取决策层输出的决策信息，然后控制智能网联汽车执行如变道、加减速、转向等决策信息规定的动作。智能网联汽车如何眼观六路，耳听八方？这就涉及智能网联汽车感知技术，主要包括以下几个方面。

1）道路检测

道路检测的主要任务是识别自动驾驶汽车可行驶区域[3]，包括结构化道路检测和非结构化道路检测两部分。结构化道路检测即在车道线完好、边界清晰的城市道路上进行直道检测、弯道检测等，非结构化道路检测即在道路结构不清晰的乡村公路、野外土路等道路上进行可行驶区域检测。

2）车道线检测

车道线检测在通过车道保持和车道偏离控制系统以确保自动驾驶的安全方面发挥着关键作用，它使智能网联汽车能够在指定的车道上行驶，可最大限度地减少碰撞的发生[4]。

3）车辆检测

为避免可能发生的事故，智能网联汽车需要检测和跟踪道路上的其他车辆。对于这项任务，它需要估计周围车辆的各种信息，如其形状、相对速度、大小和三维的位置等信息[5]。

4）行人检测

对于智能网联汽车，行人的安全重要性更高，因此有必要将其他物体与行人区分开来。为此，在智能网联汽车上安装的摄像头、激光雷达等传感器，可用于检测、跟踪和识别行人[6]。

5）交通标志检测

交通标志检测主要包括车辆在斑马线和路口的交会控制、在车辆超速时的减速控制、转弯前的通知和车辆调头的建议等，需要对各种交通标识牌以及信号灯进行精确的识别[7]。

6）车辆定位

车辆定位主要是利用 GPS（global positioning system，全球定位系统）等估计车辆自身位置[8]。

以上只是智能网联汽车环境感知任务中最基础、最核心的部分，并且这些任务都有助于提高智能网联汽车自动驾驶的整体安全性，因此越来越多的研究人员在深入地研究这些领域。

为实现智能网联汽车的环境感知，需要在智能网联汽车上搭载各种传感器，通过车载传感器来收集外界环境信息，然后利用相应算法进行处理，从而实现对外界环境的感知与判断。由于外界环境的复杂性，智能网联汽车的环境感知精度及范围经常受到如天气、城区高楼、交通情况的影响，使用单一传感器进行环境感知往往存在受限甚至失效的情况，因此，需要搭载多种传感器，使多种传感器相互配合进行环境感知，弥补单一传感器感知能力不足的缺陷[9]。智能网联汽车上常用的传感器有：视觉传感器，如 RGB 摄像头，基于视觉进行图像采集；定位传感器，如 GPS/IMU（inertial measurement unit，惯性测量装置）组合导航系统，用于确定智能网联汽车自身位置；雷达传感器，如激光雷达，可获取周围环境的三维信息，获取目标深度；毫米波雷达，可获取智能网联汽车与目标之间的相对距离，以此提高智能网联汽车在实际场景中检测的准确性，并可解决因视觉受影响，如强光、雨雾等导致的检测目标不清晰等问题。最后利用车联网技术实现多智能网联汽车之间的通信，达到智能网联汽车协同感知的目的，如图 1.1.1 所示。

图 1.1.1　智能网联汽车搭载传感器实现协同感知

## 1.2　技 术 分 级

各个国家的智能网联汽车技术分级标准不是完全相同的，美国汽车工程师学会（Society of Automotive Engineers，SAE）标准定义，自动驾驶技术分为L1～L5五个等级[10]，如图1.2.1所示。与之对应，智能网联汽车也分为几个相应的发展阶段：自主式驾驶辅助（对应分级 L1、L2）、网联式驾驶辅助（对应分级 L1、L2）、人机共驾（对应分级L3）、高度自动/无人驾驶（对应分级L4、L5）4个阶段。目前在全球范围内，自主式驾驶辅助系统已经开始大规模产业化，网联化技术的应用已经进入大规模测试和产业化前期准备阶段，人机共驾技术和无人驾驶技术还处于研发和小规模测试阶段。

图 1.2.1　智能汽车驾驶的五级分类

1）辅助驾驶（driver assistance）阶段（L1）

通过分析环境信息对行驶方向和加速中的一项操作提供支援，其他驾驶操作都由驾驶员来完成。辅助驾驶适用于车道内正常行驶、高速公路无车道干涉路段行驶、无换道操作等。

2）部分自动驾驶（partial automation）阶段（L2）

通过分析环境信息对行驶方向和加减速中的多项操作提供支援，其他操作都由驾驶员完成。部分自动驾驶适用于高速公路及市区无车道干涉路段进行换道、泊车、环岛绕行、拥堵跟车等场景。换言之，L2级系统除了能控制加减速，同时还能对方向盘进行控制，但是人仍然是驾驶环境的观察者。

3）有条件自动驾驶（conditional automation）阶段（L3）

驾驶员和无人驾驶系统共享车辆的控制权，根据系统请求，驾驶员需要提供适当的干预。在这一阶段，道路环境的观察者由人变更为系统，系统已经完全能够识别出直线、弯道、标识牌和道路行人等各种环境信息。环境观察和驾驶操作都由系统来完成。但驾驶员仍需要保持注意力集中，以便应对可能出现的突发情况。

4）高度自动驾驶（high automation）阶段（L4）

驾驶员和无人驾驶系统共享车辆的控制权，特定环境下系统会向驾驶员提出响应请求，驾驶员可以不对系统请求进行响应。这一阶段的无人驾驶系统适用于有车道干扰路段（交叉路口、车流汇入、拥堵区域、人车混杂交通流等市区复杂工况），驾驶操作和环境观察仍然都由系统完成。驾驶员只需要在某些复杂地形或者天气恶劣的情况下，对系统请求做出决策。

5）完全自动驾驶（full automation）阶段（L5）

这一阶段无人驾驶系统可以完成驾驶员能够完成的所有道路环境下的所有操作，行驶过程中完全不需要驾驶员介入。

## 1.3　智能网联汽车测试示范区

目前，各国政府都在努力推动智能网联汽车的发展，传统车企与高科技企业积极响应，开始从不同路线研究与发展自动驾驶技术，确保车辆的安全行驶。

但是，当前采用未经充分验证的算法与硬件集成的自动驾驶汽车在公共道路上测试时，交通事故频发[11, 12]。这促使各国车辆技术监管机构提高警惕，开始慎重审视在公共道路上进行的自动驾驶道路测试。在我国，至今未允许企业在公共开放的高速公路上进行自动驾驶测试工作。为解决实际道路测试问题，国家与各地区积极投入资金建设了一批封闭测试场地，并有条件地开放了若干指定道路作为测试道路。全国多省市出台了自动驾驶测试管理规范，发放测试牌照，允许测试车在有限的区域内进行测试。

2018 年 4 月 3 日，工业和信息化部、公安部、交通运输部联合印发《智能网联汽车道路测试管理规范（试行）》。该规范自 2018 年 5 月 1 日起施行。这是我国首个针对自动驾驶汽车测试的考核评价标准。

为加快智能网联汽车技术和产业化发展，并提供良好的测试验证环境和条件，工业和信息化部自 2015 年起先后支持建设了北京、上海、重庆等多个智能网联汽车测试示范区。

上海测试区于 2016 年 6 月率先建成并对外开放，测试道路总里程约 3.6km，搭建了 200 余个测试场景，围绕智能网联汽车道路测试，搭建了限速信息识别及响应、跟车行驶、靠路边停车、并道行驶、超车和网联通信等 17 个测试项目共计 62 个逻辑测试场景。

重庆测试区于 2016 年 11 月建成并开放，测试道路里程 3km，已搭建了 50 个城市交通测试场景，其中交通安全场景 35 个，效率类场景 3 个，信息服务类场景 6 个，通信和定位能力测试场景 6 个，涵盖了弯道、隧道、坡道、桥梁、十字交叉口场景。

北京河北测试区涉及3个测试场，其中海淀测试场于2018年2月启用，测试道路里程4.8km，亦庄测试场于2019年5月正式启动，道路测试里程8km（含800m高速公路），海淀和亦庄测试场均为北京市公共道路测试的自动驾驶能力评估场地；河北测试场建在长城汽车徐水试验场内，主要为长城汽车提供测试服务。

## 1.4 测试工具

测试评价是智能网联汽车基础支撑技术之一，自动驾驶仿真测试与真实物理测试相结合构成有机整体，两者缺一不可。自动驾驶系统计算机仿真技术是自动驾驶车辆测试和试验的基础关键技术，也是未来行业定义自动驾驶车辆相关开发流程与技术准入标准的基础工具。

随着高级驾驶辅助系统（advanced driving assistance system，ADAS）和自动驾驶技术的发展，仿真软件也已经历了几个发展阶段。早期的仿真软件主要关注车辆本身，以动力学仿真为主，用于在车辆开发过程中对整车动力、稳定、制动等性能进行仿真。随着各种ADAS功能的开发，提供简单道路环境，可编辑目标车、行人和简单完美传感器模型的ADAS开发的仿真软件开始出现。这时候的仿真软件一般都是单机运行，主要关注功能验证，对场景和传感器的真实程度没有较高的要求。随着以Waymo为代表的一系列目标为L4级别自动驾驶的初创公司的成立和它们取得的突破性进展，出现了一批使用高精度地图、真实数据回放，甚至使用游戏引擎进行高真实感虚拟环境重建的仿真平台。

典型的自动驾驶仿真平台主要包括以下几个部分[13]：

（1）根据真实路网或高精度地图搭建或生成大规模虚拟场景的道路环境模块；

（2）根据实际路侧设备数据，或者是参数化交通模型生成测试场景的交通模块；

（3）仿真各种传感器，包括摄像头、激光雷达、毫米波雷达、GPS、超声波雷达、IMU模块，既可以提供原始数据，也可以提供真值；

（4）车辆动力学模型，可以根据ADAS或者自动驾驶系统的输入，结合路面特性对车辆本身进行仿真，完成闭环的测试；

（5）分布式案例存储和运行平台，可以通过添加硬件的方式大幅提高自动驾驶测试的里程数；

（6）对接ADAS和自动驾驶系统的丰富的接口，如对接ECU（electronic control unit）接口、HIL（hardware-in-the-loop）测试设备的接口。

目前较为常用的两款仿真软件是CarSim和PreScan。

CarSim是Mechanical Simulation公司开发的强大的动力学仿真软件，被世界各国的主机厂和供应商广泛使用。CarSim是一款整车动力学仿真软件，主要从整车角度进行仿真，它内建了相当多的车辆数学模型，并且这些模型都有丰富的经验参数，用户可以快速使用，免去了繁杂的建模和调参的过程。CarSim模型在计算机上运行的速度可以比实时快10倍，可以仿真驾驶员控制车辆、3D路面及空气动力学输入的响应，模拟结果高度逼近真实车辆，主要用来预测和仿真汽车整车的操纵稳定性、制动性、平顺性、动力性和经济性。

PreScan 是由 Tass International 研发的一款 ADAS 测试仿真软件。PreScan 模拟平台，由用于定义场景的预处理器、用于执行场景的运行环境、用于创建和测试算法的主界面构成。PreScan 可在开环、闭环以及离线和在线模式下运行。它是一种开放型软件平台，其灵活的界面可连接至第三方的汽车动力学模型和第三方的模拟器/硬件。PreScan 由多个模块组成，使用起来主要分为四个步骤：搭建场景、添加传感器、添加控制系统、运行仿真。

自动驾驶仿真测试除需要仿真软件平台外，还需要自动驾驶虚拟场景库，即由满足某种测试需求的一系列自动驾驶测试场景构成的数据库[14]。其中，单个自动驾驶测试场景包括静态场景与动态场景。静态场景通常包括道路设施（道路、桥梁、隧道等），交通附属设施（标志标牌、公交站点等），周边环境（路灯绿化带、建筑物）等；动态场景通常包括交通管理控制、机动车、行人与非机动车等。根据测试需求，选取特定的自动驾驶虚拟场景，构建支持检索、调用等操作的数据库，即自动驾驶虚拟场景库。

## 1.5　本章小结

在本章中，首先介绍了智能网联汽车的基本概念与相关技术。其次对智能网联汽车架构体系的感知层、决策层和控制层及所使用的传感器进行了详细介绍。然后为更深入地理解无人驾驶的发展历程，对 SAE 定义自动驾驶技术的 L1～L5 等级进行了系统的描述。最后，鉴于自动驾驶测试评价的重要性，详细介绍了我国智能网联汽车进行真实物理测试的测试示范区和仿真测试软件 CarSim 与 PreScan。

### 参考文献


[1] Zhu L，Yu F R，Wang Y，et al. Big data analytics in intelligent transportation systems：A survey[J]. IEEE Transactions on Intelligent Transportation Systems，2018，20（1）：383-398.

[2] Liu S，Liu L，Tang J，et al. Edge computing for autonomous driving：Opportunities and challenges[J]. Proceedings of the IEEE，2019，107（8）：1697-1716.

[3] Wang H，Wang Y，Zhao X，et al. Lane detection of curving road for structural highway with straight-curve model on vision[J]. IEEE Transactions on Vehicular Technology，2019，68（6）：5321-5330.

[4] Du X，Tan K K. Comprehensive and practical vision system for self-driving vehicle lane-level localization[J]. IEEE Transactions on Image Processing，2016，25（5）：2075-2088.

[5] Wang H，Yu Y，Cai Y，et al. Soft-weighted-average ensemble vehicle detection method based on single-stage and two-stage deep learning models[J]. IEEE Transactions on Intelligent Vehicles，2020，6（1）：100-109.

[6] Zhang J，Lin L，Zhu J，et al. Attribute-aware pedestrian detection in a crowd[J]. IEEE Transactions on Multimedia，2020，23：3085-3097.

[7] Lee H S，Kim K. Simultaneous traffic sign detection and boundary estimation using convolutional neural network[J]. IEEE Transactions on Intelligent Transportation Systems，2018，19（5）：1652-1663.

[8] Bresson G，Alsayed Z，Yu L，et al. Simultaneous localization and mapping：A survey of current trends in autonomous driving[J]. IEEE Transactions on Intelligent Vehicles，2017，2（3）：194-220.

[9] Feng D，Haase-Schütz C，Rosenbaum L，et al. Deep multi-modal object detection and semantic segmentation for autonomous driving：Datasets，methods，and challenges[J]. IEEE Transactions on Intelligent Transportation Systems，2020，22（3）：1341-1360.

[10] Goldfain B，Drews P，You C，et al. Autorally：An open platform for aggressive autonomous driving[J]. IEEE Control Systems Magazine，2019，39（1）：26-55.

[11] Aydelotte J D，Brown L H，Luftman K M，et al. Crash fatality rates after recreational marijuana legalization in Washington and Colorado[J]. American Journal of Public Health，2017，107（8）：1329-1331.

[12] Lana I，Del Ser J，Velez M，et al. Road traffic forecasting：Recent advances and new challenges[J]. IEEE Intelligent Transportation Systems Magazine，2018，10（2）：93-109.

[13] Chen S，Chen Y，Zhang S，et al. A novel integrated simulation and testing platform for self-driving cars with hardware in the loop[J]. IEEE Transactions on Intelligent Vehicles，2019，4（3）：425-436.

[14] Guo J，Kurup U，Shah M. Is it safe to drive？An overview of factors，metrics，and datasets for driveability assessment in autonomous driving[J]. IEEE Transactions on Intelligent Transportation Systems，2019，21（8）：3135-3151.

# 第2章　复杂环境下道路识别技术

## 2.1　概　　述

道路识别作为环境感知的重要一环，处于智能驾驶车辆与外界复杂路况信息交互的关键位置，其为车辆提供车辆周边道路的相关信息，可帮助无人驾驶车辆聚焦当前驾驶行为，确保无人驾驶的安全性，保障车辆在道路区域安全行驶，避免脱离轨道造成事故，道路识别是保障车辆安全行驶的重要措施。一般来说，无人驾驶的道路识别技术主要通过视觉、雷达和红外传感器来实现，且视觉感知优先于雷达感知，通过用基于以视觉感知为主、雷达和红外感知为辅的检测策略来实时检测道路标识、车道线及护栏等信息。

作为自动驾驶领域中的研究热点，道路识别系统针对结构化道路，一般是指高速公路、城市干道等结构化较好的公路，这类道路具有清晰的道路标志线，道路的背景环境比较单一，道路的几何特征也比较明显；而在实际车辆驾驶中，道路一般是非结构化道路，该道路无明显的道路标志信息以及受到诸多干扰因素影响，因此多变的道路类型，以及阴影、水迹和变化的天气等因素都是非结构化道路检测所面临的困难，也是当前道路识别技术的主要研究方向。

## 2.2　基于混合模型的车道线检测

本节以车道线为对象，将车载摄像头作为信息采集传感器，根据基于混合模型的车道线检测算法对车道线检测进行讲解。从车道线检测、车道线拟合和跟踪几个方面对车道线检测方法进行阐述，以实现智能网联汽车对车道线环境的感知。首先，在图像预处理阶段，进行感兴趣区域划分，并对图像进行灰度化和图像滤波，降低图像处理时间，减少噪声干扰；其次，利用一种基于多次最大类间方差阈值分割的对比度拉伸算法，增强车道线目标信息，并通过斑马线滤除算法和轮廓处理算法滤除道路相关干扰信息。再基于混合模型的车道线检测算法，近视场采用霍夫变换拟合直线，远视场进行动态滑窗搜索，并用随机抽样一致性（random sample consensus，RANSAC）算法进行二次曲线拟合。然后采用基于卡尔曼滤波的跟踪方法跟踪车道线。最后通过仿真对比实验以及真实道路实车测试来整体说明本节算法的有效性。

### 2.2.1　图像相关干扰滤除算法

车道线在图像上的信息受到光照、天气，以及道路不相关信息的干扰，造成算法在检测时无法准确提取车道线信息，或是造成很多误检。针对此问题，首先通过一种基于多次阈值分割的对比度拉伸算法，降低车道线特征对光照、阴影的敏感性。其次，针对道路上斑马线、路面标志线以及车辆等不相关干扰造成的车道线特征难以提取的问题，利用基于几何特征筛选的轮廓处理算法和基于黑白突变点提取的斑马线滤除算法进行解决。

### 1. 基于多次阈值分割的对比度拉伸算法

随着工业发展，相机性能在不断优化，可以采集到高分辨率和高清晰度的图像，但伴随着的实际成本就会增加，并且在实际道路中，复杂多变的路况和天气会对图像后续操作造成很大影响。因此需要对图像进行增强，突出待检测的目标信息。在实际的路况中，不同光照强度下的道路图像可以采用不同的图像增强方法。图像整体灰度值具有不受局部灰度特征影响的特点，根据这一特点，本节用灰度值代表光照强度，通过图像平均灰度值在不同光照下的差别，进行光照强度的分类。

设图像像素点灰度值为 $i$ 的像素点总个数为 $n_i$，且图像总体像素点数为

$$N=\sum_{i=0}^{255} n_i \tag{2.2.1}$$

灰度值 $i$ 出现的概率 $p(i)$ 为

$$p(i)=\frac{n_i}{N} \tag{2.2.2}$$

则图像整体灰度值可记为

$$\omega=\sum_{i=0}^{255} i p(i) \tag{2.2.3}$$

本节在不同的光照条件下求图像的整体灰度值，通过反复实验得到光照强度和灰度值成正比，若光照强度越高，则灰度值越高，因此可以通过整体灰度值来反映图像的光照情况，如图 2.2.1 所示。

(a) $\omega=50$（弱光）　(b) $\omega=146$（正常光照）　(c) $\omega=192$（强光）

图 2.2.1　不同光照下的图像整体灰度值平均值

对于不同的整体灰度值，将光照强度分为弱光、正常光照以及强光。当$\omega \leqslant 80$时，为弱光条件；当$80 < \omega \leqslant 180$时，为正常光照条件；当$\omega > 180$时，为强光条件。本节对三种不同光照条件进行图像增强。

图像对比度拉伸又称为图像灰度拉伸，其主要通过一定的比例系数将图像上一定的灰度范围映射到新的图像中的一定灰度范围内，对比度拉伸可以通过调整其比例系数而达到增强对比度、改善图像质量的目的。与增强对比度的直方图均衡化方法相比，对比度拉伸的适应性和抗干扰性更强。

本节建立一个三段式函数作为对比度拉伸函数，如图 2.2.2 所示，分别设定函数的控制点$(x_1, y_1)$和$(x_2, y_2)$，通过改变两个控制点的位置调整图像灰度。若原图图像灰度比较集中，且识别目标处于该集中的灰度区域内，则可以通过该拉伸函数将这一区域进行对比度拉伸。通过此方式，可以有效识别到目标。

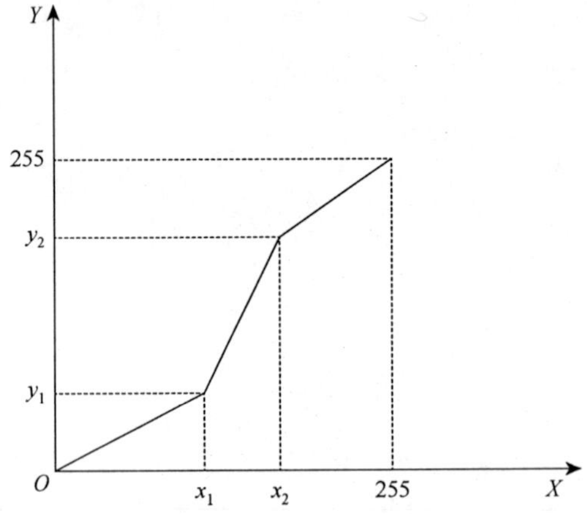


图 2.2.2　对比度拉伸函数

图 2.2.2 的函数确定了经对比度拉伸后的图像灰度和原图的关系，如式（2.2.4）所示：

$$y=\begin{cases}\left(\dfrac{y_1}{x_1}\right)x, & 0 \leqslant x < x_1 \\ \left(\dfrac{y_2-y_1}{x_2-x_1}\right)(x-x_1)+y_1, & x_1 \leqslant x < x_2 \\ \left(\dfrac{255-y_2}{255-x_2}\right)(x-x_2)+y_2, & x_2 \leqslant x \leqslant 255\end{cases} \tag{2.2.4}$$

分别在弱光、正常光照以及强光条件下对图像进行对比度拉伸，对图像灰度比较集中的地方进行线性拉伸，这样有助于后续对车道线的检测识别。经实验，设定弱光条件下的$(x_1, y_1)$和$(x_2, y_2)$为$(85,125)$和$(205,245)$；设定正常光照条件下的$(x_1, y_1)$和$(x_2, y_2)$为$(65,35)$和$(200,220)$；设定强光条件下的$(x_1, y_1)$和$(x_2, y_2)$为$(60,55)$和$(170,140)$。图 2.2.3 为通过对比度拉伸后的图像结果图。由图可知，变换后的图像中，车道线相对于原图更为明显。

(a) 强光　　(b) 正常光照　　(c) 弱光

图 2.2.3　灰度原图及灰度拉伸图

经过增强处理的道路图像，虽然车道线和路面背景已经有一定的差别，但是要提取出车道线，提高图像处理的实时性，还需要对图像进行二值分割。二值分割需要确定分割阈值，固定阈值的二值化对道路光照环境变化不大的情况有比较好的效果，但是对于实时道路复杂多变的环境，效果就不太理想。因此，本节通过一种基于多次阈值分割的对比度拉伸方法来解决车道线在光照条件变化情况下，目标车道线和背景无法准确分割的问题。如图 2.2.4（a）所示为灰度原图，图 2.2.4（b）为该图的灰度直方图，该图的灰度分布主要可以分成三个区间，根据阈值分割的性质，该图很难通过阈值分割分为目标和背景两类。首先，采用最大类间方差法对道路图像进行第一次阈值分割，如图 2.2.4（c）所示，并记录第一次分割阈值 $T_1 = 150$，即图 2.2.4（b）所示位置。从灰度直方图 2.2.4（b）及图 2.2.4（c）中可以看出，在光照较强的路面区域［图 2.2.4（b）中第 2 部分］，由于灰度值过大，被误认为是目标，而光线较暗的区域［图 2.2.4（b）中第 1 部分］正确划分成背景，车道线（图 2.2.4（b）中第 3 部分）是被正确划分的。

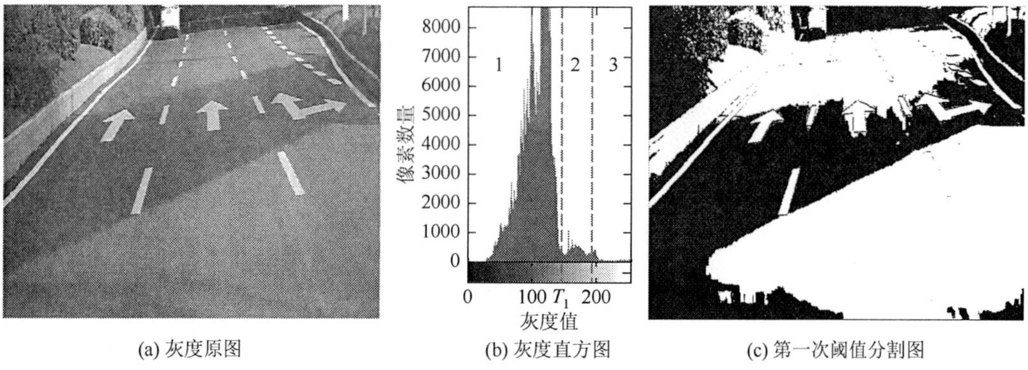


(a) 灰度原图　　(b) 灰度直方图　　(c) 第一次阈值分割图

图 2.2.4　一次阈值分割图

为了去除图 2.2.4（c）中的错误分割目标，即灰度值较大的路面，对图像进行对比度拉伸。对比度拉伸图像以及对比度拉伸图像直方图如图 2.2.5（a）和图 2.2.5（b）所示，再采用最大类间方差法进行第二次阈值分割，如图 2.2.5（c）所示，分割阈值为 $T_2 = 80$，即对比度拉伸直方图中所在位置。从图 2.2.5（c）可以看出，相比第一次分割，经对比度拉伸，车道线特征更为明显，且错误划分的路面背景减少。

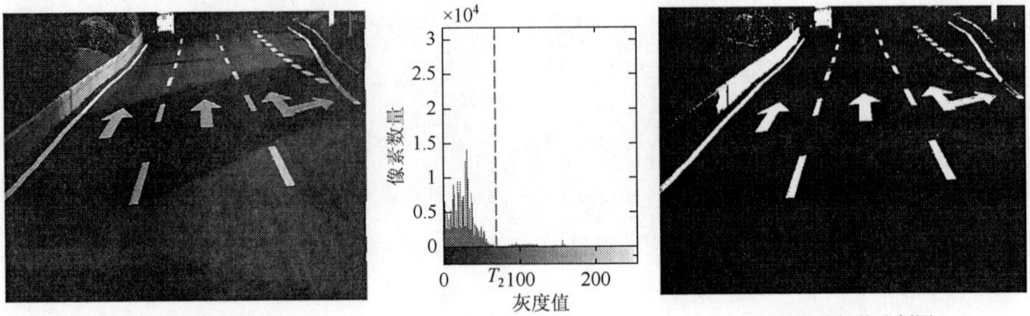


(a) 对比度拉伸图　　(b) 对比度拉伸直方图　　(c) 第二次阈值分割图

图 2.2.5　二次阈值分割图

在城市环境下，只采用一次或是两次阈值分割不能完全将车道线和背景分离，但是考虑到实时性，也不能无限制地往下做对比度拉伸和分割。因此，需要对每一次分割后的图像进行一次判定。进行二值分割的目的是提取车道线特征点，当车道线特征点，即白色像素点不足时，后续车道线检测的准确率就会降低。因此，对分割结果判定的依据为分割图像中白色像素点占整幅图像的比例。

本节设定，当经过类间方差分割后的图像白色像素点占比小于 20%时，不再进行对比度拉伸和分割。如图 2.2.6 所示，分别为在弱光、正常光照和强光条件下，经过本节算法得到的实验结果。

2. 基于几何特征筛选的轮廓处理算法

城市道路中的车道线在图像中的轮廓与路面交通标志以及运动车辆有很大区别。通过筛选出不同的几何特征，可以区分出不同的目标。轮廓可以简单地解释为连接所有边界连续点，具有相同颜色或强度的曲线。轮廓是形状分析和物体检测与识别的有用工具。轮廓提取在图像处理领域有着重要意义。轮廓提取的主要目的是消除目标的内部点。根据当前像素点的邻域来判断内部点，设定一个 3 像素×3 像素大小的邻域窗口，如果当前目标像素 $P(x,y)$ 为 255，背景像素为 0，它的八个邻域像素也为 255，则该目标像素为内部点，把内部点置成背景点 0，即可提取图像轮廓。

考虑到城市道路上存在车辆、交通标志线，这会对后续车道线检测算法造成干扰。首先对分割后的二值图进行轮廓处理，寻找目标的轮廓，再对轮廓做最小面积外接矩形。如图 2.2.7 所示，为对轮廓取最小外接矩形后的实验图。

图 2.2.6　不同光线条件下的实验结果图

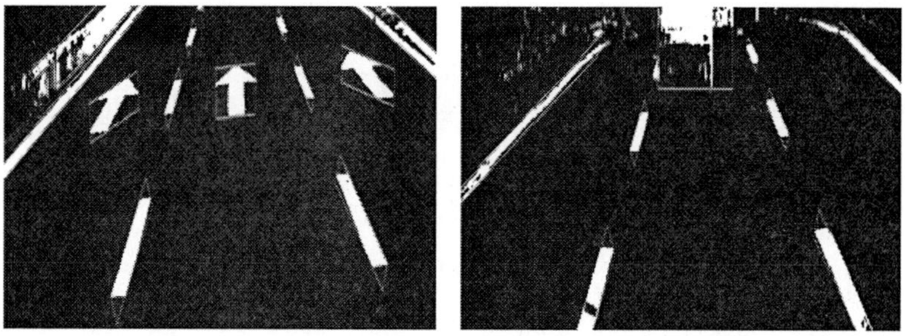

图 2.2.7　取轮廓最小外接矩形实验图

车道线在图像中的形状比较明显，与车辆和路面交通标志线的几何形状有很大不同。本节根据大量实验估计出道路车辆、路面交通标志的最小外接矩形长宽比范围，并将该范围内的最小外接矩形填充为0。实现步骤如图2.2.8所示。

通过这种方式，滤除城市道路的车辆及路面交通标志，可以更容易地对车道线特征进行提取，实验结果如图2.2.9所示。

3. 基于黑白突变点提取的斑马线滤除算法

城市道路中存在许多斑马线。斑马线的形状特征和车道线类似，在图像预处理阶段，如果能将斑马线从图像中剔除，将会大大提高车道线检测的鲁棒性，减少因斑马线带来误检。本节通过一种斑马线滤除的算法，首先对分割后的二值图像进行感兴趣区（region of interest，ROI）选取，其次根据斑马线黑白相间条纹的特征，确定斑马线区域。最后对该区域进行填充，达到滤除斑马线的目的。具体实施算法流程图如图2.2.10所示。

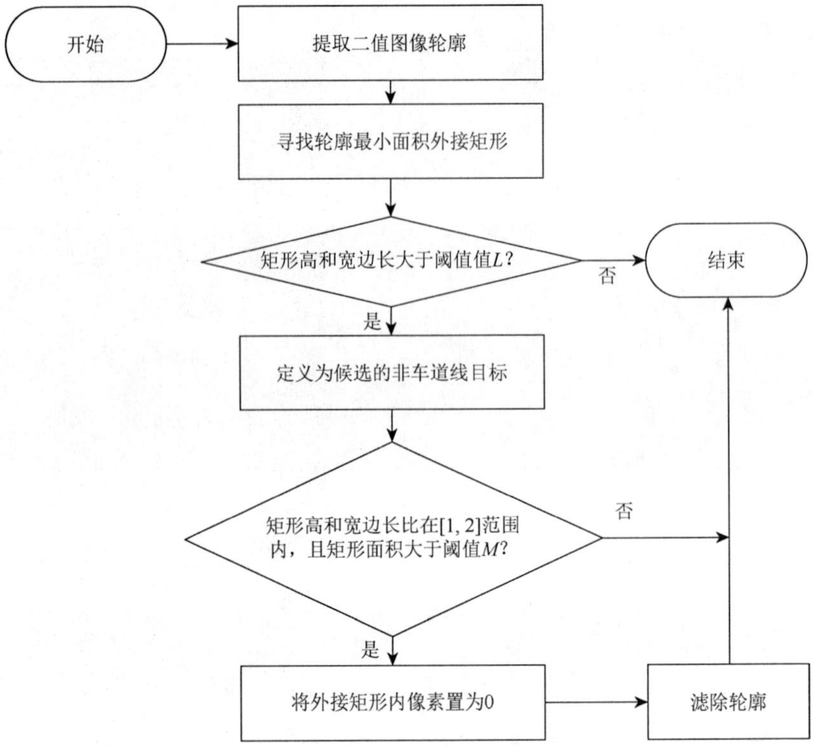


图 2.2.8　算法流程图

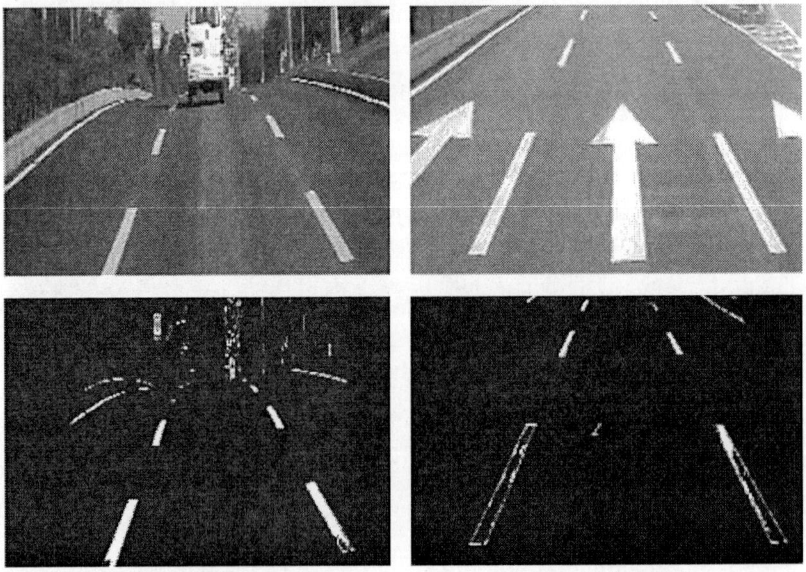

(a) 车辆滤除　　(b) 路面交通标志滤除

图 2.2.9　原图及滤除结果二值图

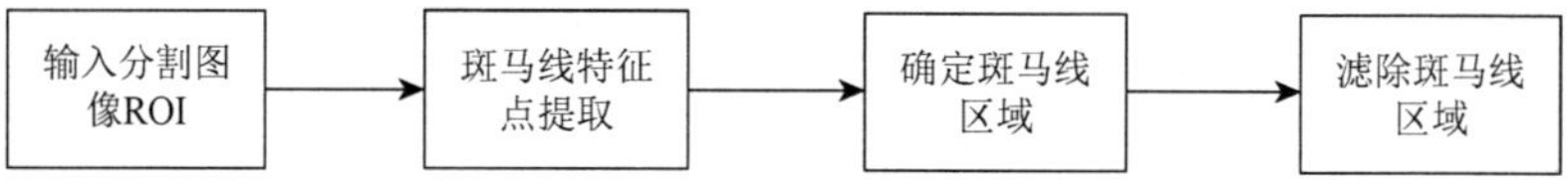


图 2.2.10　斑马线滤除算法流程图

1）输入分割图像 ROI

车道线检测的目标是道路上的信息，而图像包含了天空、路边花坛等对目标信息无意义的干扰物。因此，首先对经过阈值分割的图像进行 ROI 选取，只保留道路信息。

2）斑马线特征点提取

具体的斑马线特征点提取方法为以每隔 10 个像素点取一行进行统计，统计每行斑马线黑白像素突变点，定义像素值从 0 突变到 255 过程的点为 up 突变点，从 255 突变到 0 过程的点为 down 突变点。遍历每行的每一个像素点，若它与后五个连续的点像素值都为 0 或 255，则认定它们不是突变点，反之，若当前像素点与后五个连续的点出现不同，则认定该点为突变点。

计算每行相邻 up 突变点和 down 突变点之间的距离 $W$，若 $W$ 小于一定阈值宽度（阈值宽度为图像斑马线黑白条纹间的宽度），则将突变点作为斑马线候选特征点，且定义该行为有效行，若有效行数大于等于 3，则定义有效行上的点为特征点。

3）确定斑马线区域

得到斑马线特征点后，求第一行特征点 $\text{top}_i$ 的纵坐标 $y_i$，且$1\leqslant i\leqslant n$，以及最后一行特征点 $\text{bottom}_j$ 的纵坐标 $y_j$ 之间的距离，且$1\leqslant j\leqslant n$。若有$n\geqslant 3$，且 $y_i$ 和 $y_j$ 的距离在设定的阈值范围内，则保留该区域，并称该区域为 keyarea。遍历 keyarea 内每一行有效行的特征点，计算其他有效行的每个特征点到该有效行特征点的 $x$ 方向的最短距离 $s$。设定一个阈值 $t$，若存在多行特征点之间的 $x$ 方向最短距离 $s<t$，且这样的行数大于等于 3，则认为该区域为斑马线区域，否则遍历第一个有效行的下一个特征点。

4）滤除斑马线区域

最后，将由前几个步骤得到的斑马线区域内的像素置为 0，滤除斑马线区域，图 2.2.11 是滤除算法的结果。由图可知，通过斑马线滤除算法将道路二值图像中的斑马线干扰滤除，减少了斑马线信息对车道线目标特征提取的干扰，在后续车道线检测算法中可以提高检测准确率。

(a) 斑马线原图　　(b) 斑马线滤除结果二值图

图 2.2.11　斑马线滤除算法实验结果图

## 2.2.2　基于混合模型的车道线检测算法

1. 混合模型建立

1）直线模型

在实际道路中，较为常见的道路模型是直线模型。对于直线型的公路而言，直线模型简单且计算量小，比较适合场景单一的高速公路。本节针对左车道线和右车道线建立直线模型，如式（2.2.5）和式（2.2.6）所示。

$$y_l = k_l x_l + b_l \tag{2.2.5}$$

$$y_r = k_r x_r + b_r \tag{2.2.6}$$

其中，$k_l$ 和 $k_r$ 分别是左车道线及右车道线的斜率；$b_l$ 和 $b_r$ 分别是左车道线和右车道线与 $y$ 轴的截距。

现有的车道线检测算法研究中，多采用传统边缘直线检测算法，且主要针对的环境为高速公路环境，环境复杂性小，而且传统的直线检测算法无法很好地拟合弯道。针对上述问题，本节通过一种基于混合模型的车道线检测算法进行对车道线的检测。首先将道路划分成直线和弯道两种情况，并拟合直线-曲线混合模型，随后采用基于约束条件的霍夫变换对直线进行检测，通过一种动态滑窗搜索的方法检测弯道；其次对搜索得到的曲线特征点进行拟合；最后采用卡尔曼滤波跟踪车道线。本节主要分为车道线模型建立、混合模型的车道线检测算法、车道线拟合和车道线跟踪四个部分。

2）混合模型

由于直线模型无法很好地表示弯道，而在公路弯道上，近处接近直线，远处为弯道，因此将道路划分成近视场的直线部分和远视场的弯道部分，这种方式可以适应弯道场景。由此通过一种直线-曲线的混合模型表示城市环境下的车道线。城市弯道车道线经过摄像头成像，在图像上如图 2.2.12 所示。

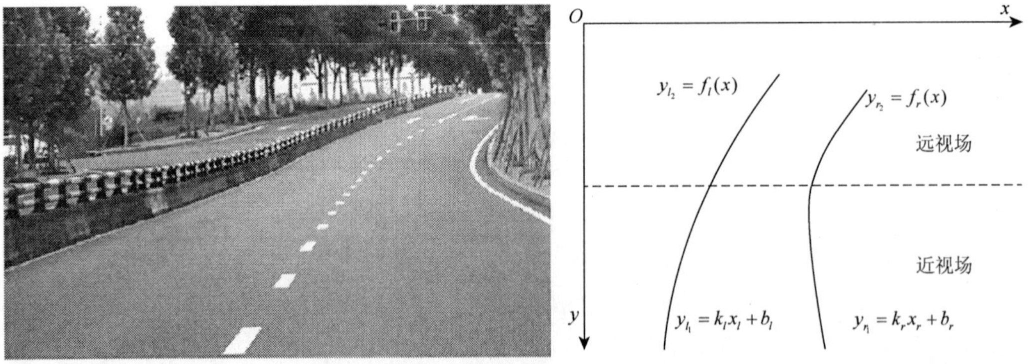


图 2.2.12　城市道路车道线示意图

如图 2.2.12 所示，混合模型中，左侧车道线由近视场的直线和远视场的曲线构成，如式（2.2.7）和式（2.2.8）所示：

$$y_l = y_{l_1} + y_{l_2} \tag{2.2.7}$$

$$\begin{cases} y_{l_1} = k_l x_l + b_l \\ y_{l_2} = f_l(x) \end{cases} \tag{2.2.8}$$

同理可得右侧车道线，如式（2.2.9）和式（2.2.10）所示：

$$y_r = y_{r_1} + y_{r_2} \tag{2.2.9}$$

$$\begin{cases} y_{r_1} = k_r x_r + b_r \\ y_{r_2} = f_r(x) \end{cases} \tag{2.2.10}$$

2. 车道线拟合

该部分主要阐述了车道线检测算法的模型建立过程，并详细介绍了基于混合模型的车道线检测算法，包括基于约束条件的霍夫变换和基于动态滑窗搜索的曲线特征点提取，以及模型拟合，以获取车道线模型参数。

1）基于约束条件的霍夫变换

霍夫变换是一种广泛运用在视觉领域的检测识别算法，主要用于检测直线、圆或椭圆。1962 年，保罗·霍夫（Paul Hough）提出了霍夫变换算法[1]。霍夫变换是将参数空间的一条直线和平面上的一个点对应。在参数空间中，相交于同一点的多条直线对应平面内同一直线上的点。在笛卡儿坐标系 $xOy$ 上，直线方程为 $y = kx + b$，对应到参数空间坐标系 $kOb$ 下，方程为 $b = -xk + y$，其中，$k$ 和 $b$ 分别为斜率和截距，则图像空间和参数空间的映射关系如图 2.2.13 所示。

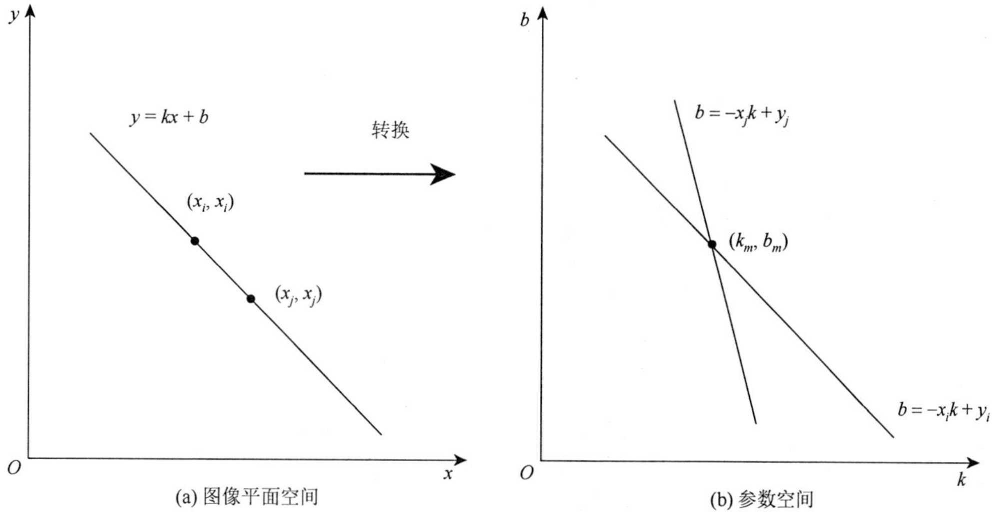


图 2.2.13　平面图像空间和参数空间对应图

图 2.2.13 中，参数空间中点 $(k_m, b_m)$ 为图像平面空间的直线，图像平面中的点 $(x_i, y_i)$ 和 $(x_j, y_j)$ 为参数坐标系中的两条直线。通过判断参数空间点的叠加程度可以确定原始图像的共线情况。

平面坐标系上的点一般能在参数空间坐标系上找到相应直线，但如图 2.2.14 所示，当直线 $m$ 的斜率趋于无穷大时，在参数空间中无法找到与之对应的直线。

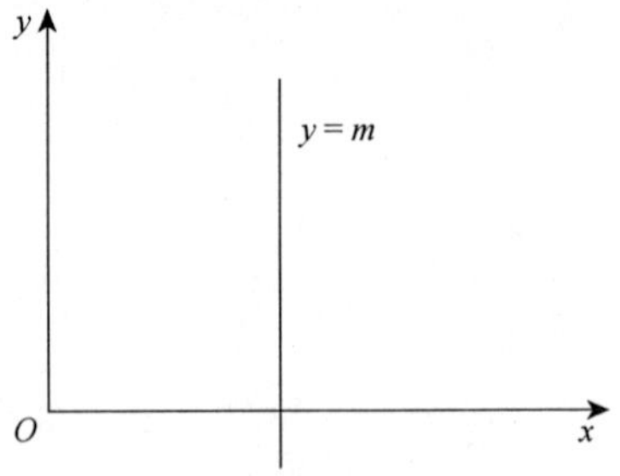


图 2.2.14　直线垂直于 $x$ 轴图

因此，引入极坐标系来代替参数空间坐标系，由霍夫变换的原理可得，将图像平面坐标系映射到极坐标系，则有

$$\rho = x\cos\theta + y\sin\theta \tag{2.2.11}$$

其中，$\theta$ 是 $\rho$ 与 $x$ 轴的夹角，且取值范围是 $[-90°, 90°]$；$\rho$ 是平面坐标系 $xOy$ 上原点到直线 $l$ 的距离，且取值范围是 $[-\sqrt{x_m^2 + y_m^2}, \sqrt{x_m^2 + y_m^2}]$。由图 2.2.15 可知，极坐标中的正弦曲线对应直角坐标系中的直线，直线参数可以通过曲线交点唯一确定，直线参数可以表示为最多的曲线相交的交点坐标。可以通过量化极坐标的方式将极坐标划分为许多小格，根据直角坐标系内每个点的坐标 $(x, y)$，在极坐标 $[-90°, 90°]$ 内以量化后的步长计算各个 $\rho$ 值，所得值落在某个小格内，对小格累加计数。对所有点进行变换后，累加计数器最大的 $(\rho, \theta)$ 作为直线参数，其 $(\rho, \theta)$ 根据式（2.2.12）便可求得直线斜率 $k$ 和截距 $b$。

$$\begin{cases} k = -\cot\theta \\ b = \dfrac{\rho}{\sin\theta} \end{cases} \tag{2.2.12}$$

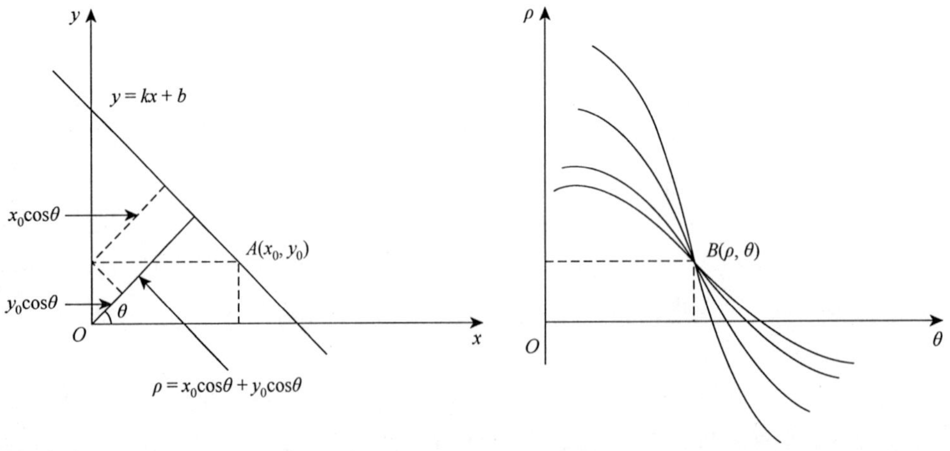


图 2.2.15　霍夫变换原理图

在求得直线参数后，可以根据车道线的特征对参数进行进一步筛选，从而可以得到更接近真实的车道线。

根据检测直线的斜率进行筛选：摄像机在车上固定好位置后，其车道线的视野范围也随之固定。在霍夫变换中已经求得直线的斜率参数，因此，本节设置斜率参数范围来约束车道线，滤除一些平行、杂乱的霍夫直线，斜率参数阈值范围如式（2.2.13）所示：

$$|0.5| \leqslant k \leqslant |10| \tag{2.2.13}$$

根据检测车道线的宽度特征进行筛选：从相机成像可以看出，某一帧图像车道线在道路图像中的特征是近大远小，但是在世界坐标系下却是处处等宽的，因此在筛选车道线宽度特征时，通过世界坐标系来确定，筛选条件更为精确。首先，以左线为例，根据经过斜率筛选的霍夫直线进行两两组合，组合方式主要是先计算每根霍夫线与图像底部的交点，并将交点两两组合，并记录交点对应的霍夫线编号。设组合后的霍夫线与底部的交点为$(x_i, y)$和$(x_j, y)$，对应到世界坐标下的两点坐标为$(x_{w_i}, y_w)$和$(x_{w_j}, y_w)$，车道线在世界坐标系下的宽度为$w = x_{w_i} - x_{w_j}$，在图像坐标下的宽度为$d = x_i - x_j$，根据图像坐标系与世界坐标系的转换关系以及式（2.2.10）可得

$$x_m = \frac{fx_w + x_{m_0}}{Z_c d_x} \tag{2.2.14}$$

由此可以推导出图像下车道线的宽度 $d$ 为

$$d = \frac{fw}{Z_c d_x} \tag{2.2.15}$$

从式（2.2.15）和式（2.2.16）可以看出，世界坐标系及图像坐标系下的车道线宽度和车道线相机坐标系下的深度 $Z_c$ 有关，如图 2.2.16 所示。

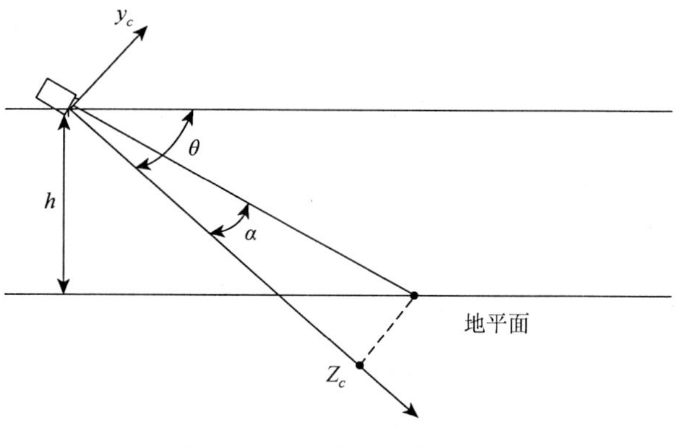


图 2.2.16　相机透视模型图

$$Z_c = \frac{h\cos\alpha}{\sin(\theta - \alpha)} \tag{2.2.16}$$

其中，$\theta$ 为相机倾角；$\alpha$ 为相机扫描点与光轴的夹角。本节对图像坐标系下的车道线宽度 $d$ 进行约束，令霍夫线组合宽度在式（2.2.17）范围内，则是有效车道线特征。

$$d-10\leqslant d\leqslant d+10 \tag{2.2.17}$$

式（2.2.17）表示车道线宽度 $d$ 在±10 公差范围的像素是车道线特征，保留该霍夫线组合。如图 2.2.17 所示，为霍夫变换滤除霍夫线组合后的结果图。最后，由于本节只识别本车所在的行驶车道，仍需约束左右霍夫线组合之间的宽度范围，本节使用摄像头所采集的道路图像的分辨率为 1920 像素×1080 像素。因此，在满足斜率筛选后的左右霍夫线组合条件下，保留左右组合在图像底部的宽度范围大于 1000 像素、小于 1600 像素且底部交点离图像中心点 960 像素的距离在车道线宽度 $d$ 像素范围的霍夫线。最终得到当前车道线的一系列霍夫直线组合。检测结果如图 2.2.17 所示。

图 2.2.17 经斜率筛选后的霍夫直线图

在得到一系列霍夫组合线后，将每条霍夫直线段上的起点和终点作为采样点取出，存入点集 $V$ 中，并采用最小二乘法进行直线模型拟合。如图 2.2.18 所示为从霍夫直线上取得采样点和拟合后的实验结果图。

(a) 霍夫采样点

(b) 霍夫直线拟合

图 2.2.18 霍夫直线实验结果图

2）基于动态滑窗搜索的弯道检测

前面采用的直线模型无法准确对弯道进行检测，只能对近视场的直线区域进行检测，无法实现远视场的弯道检测。直线检测范围只受道路的弯曲程度影响，对直线模型进行评估，若斜率大于设定的阈值，说明当前车道的弯曲程度比较大，则采用曲线模型拟合位于直线段上端的弯道部分，否则，仍采用直线模型。可认为直线模型的中点是弯道检测的起点，是直道与弯道的连接点，这种连接点动态变化的直线-曲线混合模型更适合于城市道路中有弯道的车道拟合。

由于左右两条车道线相近，本节只描述当前车道左侧车道线。首先，确定曲线特征点检测的起点，本节以直线模型中点为起点，建立一个滑窗搜索模板，大小为 200 像素×20 像素，对图像进行搜索。如图 2.2.19 所示，为滑窗模板和曲线特征点搜索区域。

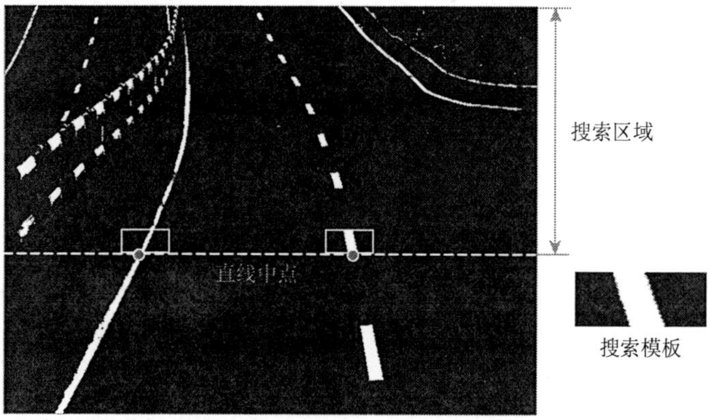


图 2.2.19　滑窗模板和曲线特征点搜索区域

根据车道线的特征，滑窗搜索模板内按行遍历，若存在多行满足像素点从 0 到 255 再到 0 的分布，则认为该滑窗搜索模板存在车道线，将模板内的白色像素点累加取平均值，记为车道线曲线候选特征点，并存入点集 $C$ 内。在实际城市道路上，弯道偏离直线的角度偏小。因此，本节采用特征点到直线模型的距离来判断特征点是否为车道线特征点，如式（2.2.18）所示。

$$d=\frac{|kx-y+b|}{\sqrt{k^2+1}} \tag{2.2.18}$$

将特征点代入式中，当 $d$ 小于一定阈值 $T$ 时，认定该点为有效特征点，将点存入集合 $C$ 中。同时以该点作为新的搜索模板起点继续向上搜索。若模板内无白色像素点或不满足上面所述特征，则以上一特征点的坐标向上平移模板高度的距离继续向上搜索，直至满足条件。若在连续 6 个模板内无车道线特征点，则滑窗搜索过程结束。图 2.2.20 为车道线特征点搜索图。

3）车道线拟合算法

在提取到车道线特征点后，需要对车道线进行拟合。常用的模型拟合方法有最小二乘法和随机抽样一致法等。

最小二乘法通过将实际数据和近似函数进行比较，使两者之间的差值平方和最小。在函数模型未知的情况下，先假设一个模型，对其进行求解。如式（2.2.19）所示为最小二乘法的模型参数：

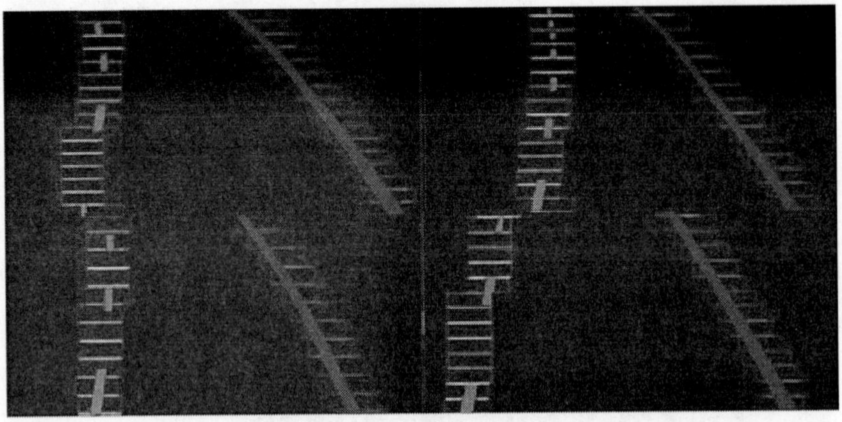

图 2.2.20　车道线特征点搜索图

$$f(x)=\sum_{i=0}^{n}a_i x^i \tag{2.2.19}$$

其中，$n$ 是拟合次数，当 $n$ 等于 1 时为直线模型，当 $n$ 等于 2 时为抛物线模型。一般来说，$n$ 越高，拟合效果越好，但是 $n$ 过高会导致计算耗时增加。为了得到最优估计的假设模型，在进行模型优化求解时使用误差平方和 $\sigma^2$，如式（2.2.20）所示：

$$\sigma^2=\sum_{i=1}^{n}[y_i-f(x_i)] \tag{2.2.20}$$

其中，$y_i$ 为实际数据点；$f(x_i)$ 为拟合函数上的对应点。当 $\sigma^2=\sigma_{\min}^2$ 时，表示拟合效果最佳，最小二乘法的实时性好，这是因为它只需要对实际数据点遍历一次就可以得到模型参数，但是最小二乘法会受到数据点的影响，若存在噪点，则效果不是很理想。

本节将道路车道线分为直线模型和曲线模型，采用最小二乘法对近视场车道线曲率较小的部分进行一次直线拟合，对远视场车道线进行二次曲线拟合，即抛物线拟合。如图 2.2.21 所示，为近视场和远视场都用最小二乘法进行车道线拟合的实验结果图。由图 2.2.21 可以看出，在远视场存在噪点干扰的时候，车道线拟合效果不佳。

图 2.2.21　最小二乘法拟合效果图

远视场曲线特征点通过滑窗模板搜索会产生一些离群点，采用最小二乘法拟合会受到干扰。为解决此问题，采用 RANSAC 算法进行处理，此算法可以滤除离群干扰点。RANSAC 算法是计算机视觉中常用的算法之一，广泛应用于各种车道线检测研究中的模型拟合[2]。RANSAC 算法主要通过迭代估计数学模型，其输入由两部分组成：一部分是包含噪声的数据，即“局外点”；另一部分是参数模型的数据，即“局内点”。本节输入的模型为二次曲线模型，即抛物线模型，输入的数据为包含离群点的弯道搜索点集。RANSAC 采用迭代方法选取数据中的随机数据集求得最优模型参数。以下为具体实现步骤：

首先选取一组数据计算模型的参数。

其次通过所得模型对所有输入的点集依次进行运算，将适用于该模型的点归为局内点。

然后统计符合该模型的局内点数目，若达到设定数量，则认为该模型合理。

重复迭代以上步骤，本节迭代次数设定为 100 次，最优模型的选择以局内点的数量来确定。如图 2.2.22 所示，为 RANSAC 进行车道线拟合的流程图。

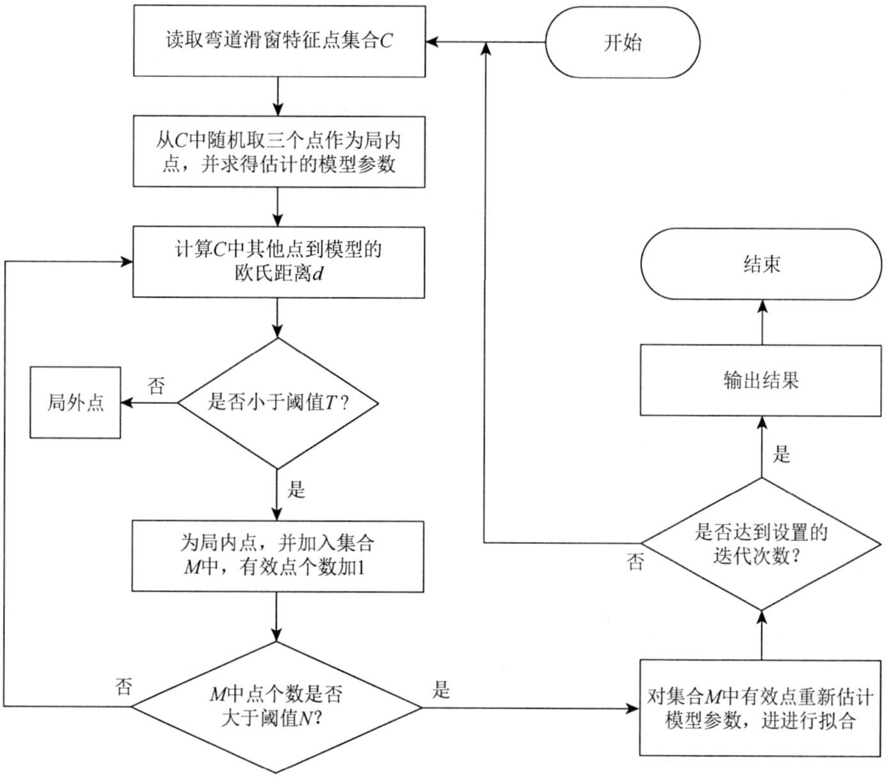


图 2.2.22　RANSAC 拟合车道线流程图

运用两种不同拟合方法对含有噪点干扰的车道线特征点进行拟合，结果如图 2.2.23 所示。图 2.2.23（a）为近视场和远视场都用最小二乘进行拟合的结果，图 2.2.23（b）为近视场用最小二乘法拟合、远视场用 RANSAC 进行拟合的实验结果图。通过结果图对比可知，图 2.2.23（a）中采用最小二乘法进行拟合时，噪点对拟合结果影响大，而远视场用 RANSAC 进行拟合时，排除了图 2.2.23（b）中远视场噪点的影响。因此采用第二种拟合方式的拟合效果更好，可以滤除相关干扰。

(a) 最小二乘法拟合　　(b) 最小二乘法和RANSAC拟合

图 2.2.23　拟合效果对比图

### 2.2.3　基于混合模型的车道线跟踪算法

在检测车道线的过程中，采用车道线跟踪算法提高检测系统的鲁棒性也是智能辅助驾驶的技术之一。城市道路环境复杂，地面一些车道线存在缺失以及路面颠簸造成的摄像头抖动，都会使车道线检测不稳定。由于摄像机拍摄的车道线视频图像序列主要是随时间连续变换的，根据这一特点可以建立图像前后帧的对应关系，利用上一帧的检测结果对当前帧进行预测。本节利用卡尔曼滤波器（Kalman filter，KF）跟踪车辆当前车道的两条车道线。

1. 跟踪模型的建立

考虑到前后两数据帧之间的关联性，本节采用卡尔曼滤波来跟踪车道线。将车道线直线模型的斜率和截距作为状态变量，不断更新斜率和截距来跟踪直道车道线。对于弯道，由于卡尔曼滤波只对线性模型效果好，对弯道模型效果不理想，所以本节只需跟踪近视场直线段，对于远视场弯道车道线，通过跟踪确定直线参数后，仍以上述提到的动态滑窗算法提取曲线特征点。以左侧车道线为例，本节令直线斜率和截距分别为 $k_l$ 和 $b_l$。相邻两帧图像中，直线斜率变化率和截距变化率分别为 $\Delta k_l$ 和 $\Delta b_l$。设状态向量为 $\boldsymbol{x}_l=[k_l,b_l,\Delta k_l,\Delta b_l]^{\mathrm{T}}$。式（2.2.21）和式（2.2.22）分别为系统状态转移矩阵和系统观测矩阵：

$$\boldsymbol{A}=\begin{bmatrix}1&0&1&0\\0&1&0&1\\0&0&1&0\\0&0&0&1\end{bmatrix}\tag{2.2.21}$$

$$\boldsymbol{H}=\begin{bmatrix}1&0&0&0\\0&1&0&0\end{bmatrix}\tag{2.2.22}$$

在车道线跟踪初始化下，对于连续的图像序列前后两帧（第 $i-1$ 帧和第 $i$ 帧）令初始状态向量为 $\boldsymbol{x}_l(0)$，其公式如下：

$$\boldsymbol{x}_l(0)=\begin{bmatrix} k_l(i) \\ b_l(i) \\ k_l(i)-k_l(i-1) \\ b_l(i)-b_l(i-1) \end{bmatrix} \tag{2.2.23}$$

车载摄像头在汽车行驶中采集图像时，由于颠簸造成的振动，误差协方差矩阵会不断变化。本节初始化误差协方差时，给各类误差一个变化范围。设车道线斜率的误差在 $[-5,5]$ 范围内，截距的误差在 $[-4,4]$ 范围内，截距和斜率的变化率都设成 $[-2,2]$。设左车道线初始的误差协方差矩阵为 $\boldsymbol{P}_l(0)$，设定如式（2.2.24）所示的误差协方差矩阵为

$$\boldsymbol{P}_l(0)=\begin{bmatrix} 25 & 0 & 0 & 0 \\ 0 & 16 & 0 & 0 \\ 0 & 0 & 4 & 0 \\ 0 & 0 & 0 & 4 \end{bmatrix} \tag{2.2.24}$$

由于过程噪声和观测噪声都是零均值的高斯白噪声，本节令误差协方差矩阵 $\boldsymbol{Q}$ 和 $\boldsymbol{V}$ 的初始值为

$$\boldsymbol{Q}=\boldsymbol{V}=\begin{bmatrix} [0.1k_l(i)]^2 & 0 & 0 & 0 \\ 0 & [0.1b_l(i)]^2 & 0 & 0 \\ 0 & 0 & \{0.1[k_l(i)-k_l(i-1)]\}^2 & 0 \\ 0 & 0 & 0 & \{0.1[b_l(i)-b_l(i-1)]\}^2 \end{bmatrix} \tag{2.2.25}$$

将每个时刻的观测值代入卡尔曼滤波器中，计算估计值，车道线的信息通过估计值表示。

2. 基于卡尔曼滤波的车道线跟踪算法

本节以左侧车道线进行跟踪为例，设 $k-1$ 时刻输入左侧状态估计向量和左侧状态估计误差协方差矩阵分别为 $\hat{\boldsymbol{x}}_l(k,k-1)$ 和 $\hat{\boldsymbol{P}}_l(k,k-1)$。$k$ 时刻输出左侧状态估计向量和左侧状态估计误差协方差矩阵分别为 $\hat{\boldsymbol{x}}_l(k)$ 和 $\hat{\boldsymbol{P}}_l(k)$。在预测过程中，则有

$$\hat{\boldsymbol{x}}_l(k,k-1)=\boldsymbol{A}\hat{\boldsymbol{x}}_l(k-1) \tag{2.2.26}$$

$$\hat{\boldsymbol{P}}_l(k,k-1)=\boldsymbol{A}\boldsymbol{P}_l(k-1)\boldsymbol{A}^{\mathrm{T}}+\boldsymbol{Q} \tag{2.2.27}$$

在更新过程中，$k$ 时刻的观测向量为 $\boldsymbol{z}(k)=[k_l,b_l]^{\mathrm{T}}$，计算卡尔曼滤波增益 $\boldsymbol{K}_l(k)$ 的公式如下：

$$\boldsymbol{K}_l(k)=\hat{\boldsymbol{P}}_l(k,k-1)\boldsymbol{H}^{\mathrm{T}}[\boldsymbol{H}\boldsymbol{P}_l(k,k-1)\boldsymbol{H}^{\mathrm{T}}+\boldsymbol{V}]^{-1} \tag{2.2.28}$$

由式（2.2.19）～式（2.2.23）可得 $k$ 时刻左侧状态估计向量 $\hat{\boldsymbol{x}}_l(k)$ 和左侧状态估计误差协方差矩阵 $\hat{\boldsymbol{P}}_l(k)$：

$$\hat{\boldsymbol{x}}_l(k)=\hat{\boldsymbol{x}}_l(k,k-1)+\boldsymbol{K}_l(k)[z(k)-\boldsymbol{H}\hat{\boldsymbol{x}}_l(k,k-1)] \tag{2.2.29}$$

$$\hat{\boldsymbol{P}}_l(k)=\hat{\boldsymbol{P}}_l(k,k-1)-\boldsymbol{K}_l(k)\boldsymbol{H}\hat{\boldsymbol{P}}_l(k,k-1) \tag{2.2.30}$$

式（2.2.26）～式（2.2.30）中，$\boldsymbol{A}$ 和 $\boldsymbol{H}$ 分别为系统状态转移矩阵和系统观测矩阵；$\boldsymbol{Q}$ 为过程噪声的误差协方差矩阵；$\boldsymbol{V}$ 为观测噪声的误差协方差矩阵。

为提高卡尔曼滤波器跟踪车道线的鲁棒性，特别是连续多帧数据检测出现异常时，需要重置卡尔曼滤波器的参数，对预测值进行修正。在实际应用中，根据前后两帧的斜率参数值计算两者之间的变化，两者为同一车道线的判定依据是两者变化范围在设定的阈值范围 $S$ 内，接着以当前帧为有效帧，并更新卡尔曼滤波器的参数值；若变化范围超过设定的阈值 $S$，则将上一数据帧检测值覆盖当前数据帧检测值，且设定异常帧数 $S_{\mathrm{num}}$。$S_{\mathrm{num}}$ 为 5 帧时，前后两帧车道线斜率变化阈值范围超过[−5,5]，重新复位卡尔曼滤波器参数值，如图 2.2.24 所示，为卡尔曼滤波器跟踪车道线的整体算法实现流程图。

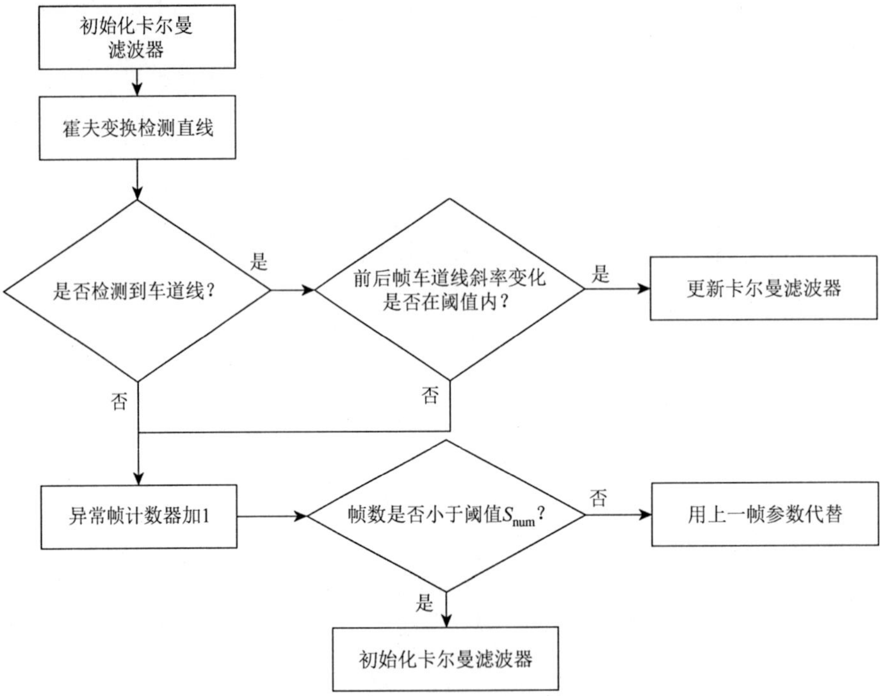


图 2.2.24　卡尔曼滤波器跟踪车道线整体算法实现流程图

如图 2.2.25 所示为跟踪前后对比图，由图可知，在车道线特征不明显情况下，在当前帧检测不到车道线时，可采用跟踪的方式，通过前一帧的检测结果预测出当前帧实际车道线的位置。

(a) 跟踪前　　(b) 跟踪后

图 2.2.25　卡尔曼滤波跟踪前后对比图

## 2.2.4　复杂环境下车道线检测实验

1. 整体算法实现

综合考虑智能车对车道线检测的实际需求，采用仿真实验和真车实验来验证本节车道线检测跟踪算法的准确性和鲁棒性。针对道路环境的复杂性，从精确率、误检率、准确率上通过公开数据集以及采集的重庆市城市道路数据集对车辆在道路车道线缺失、阴影和强光干扰、路面交通标志及车辆干扰等情况进行仿真对比实验，并通过真车实验进一步检验本节车道线检测算法的准确性和实时性。

本节车道线检测算法的原理图如图 2.2.26 所示。

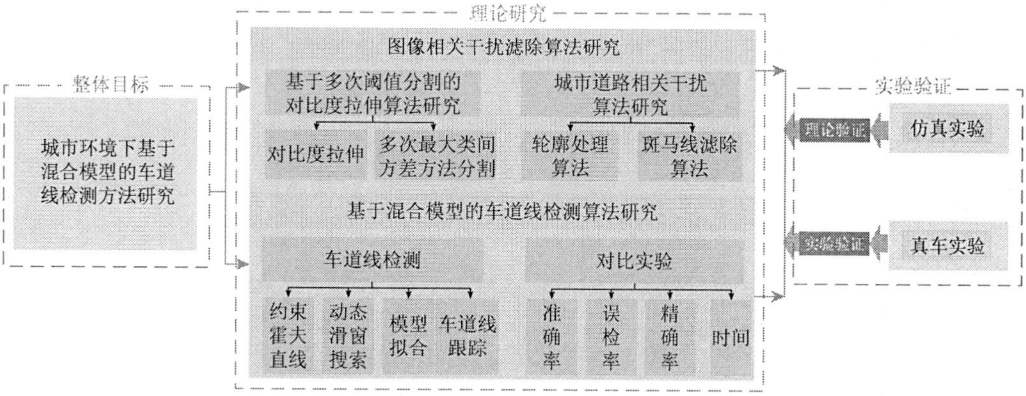


图 2.2.26　检测算法的原理图

由检测算法的原理图可将本节的车道线检测分成图像预处理模块、车道线检测及跟踪模块。

在图像预处理模块中，首先由车载摄像头采集道路图像；其次，对图像进行 ROI 提取，滤除天空及非道路区域；再将图像进行灰度化，将图像转为灰度图像，并运用中值滤波对图像进行去噪；随后，采用基于最大类间方差阈值分割的对比度拉伸算法，降低光照对图像的影响，增强车道线和道路环境对比度；接着进行边缘和颜色特征提取，提取出车道线特征，再通过斑马线滤除算法及轮廓处理，滤除城市道路非车道线对检测的干扰。图像预处理算法具体流程图如图 2.2.27 所示。

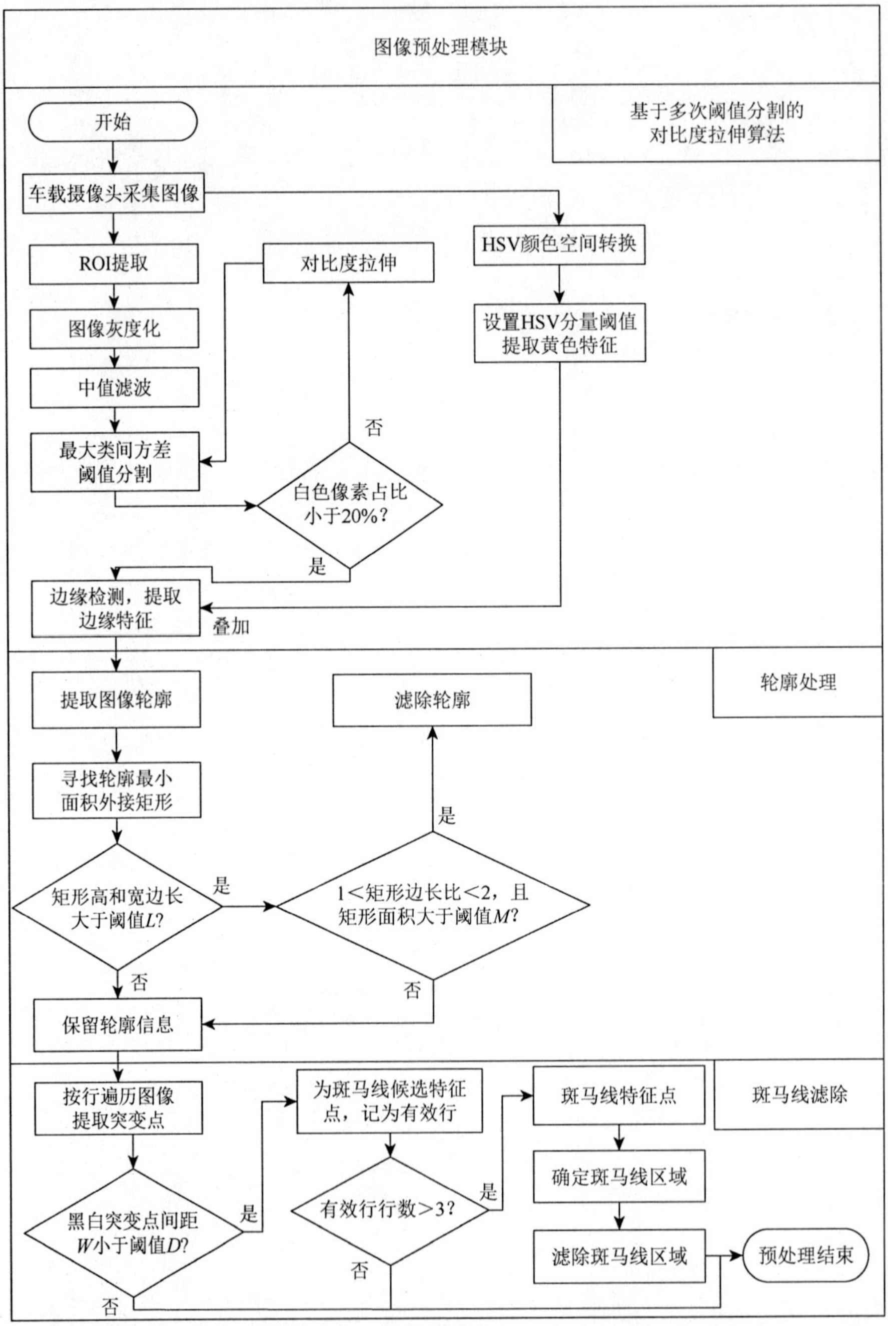


图 2.2.27　图像预处理算法具体流程图

在车道线检测及跟踪模块中通过基于混合模型的车道线检测算法，采用霍夫变换检测道路直线，采用动态滑窗搜索提取曲线特征点，并采用 RANSAC 算法拟合曲线弯道；最后，采用卡尔曼滤波算法进行车道线跟踪。具体算法流程图如图 2.2.28 所示。

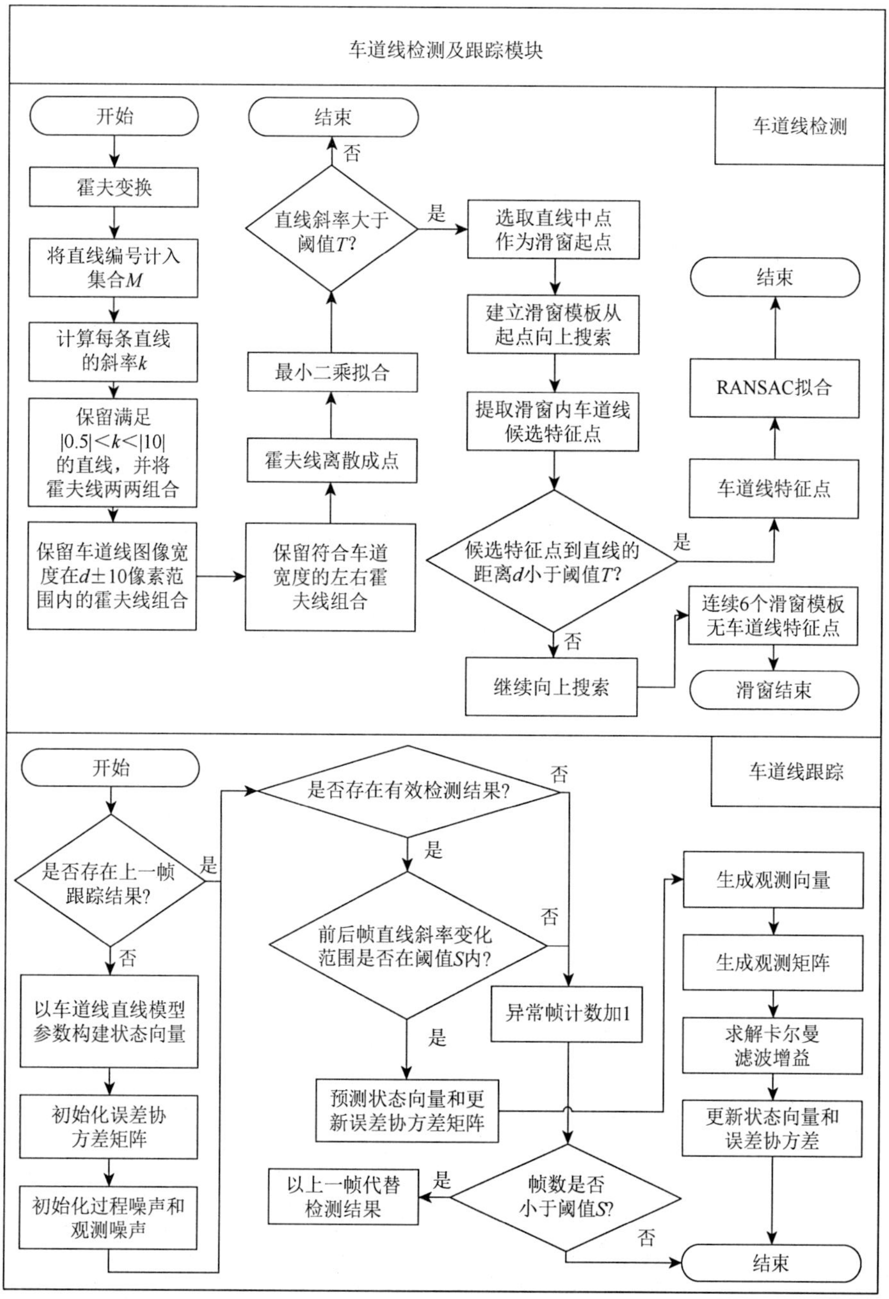


图 2.2.28　车道线检测及跟踪算法流程图

2. 仿真实验

1）评价标准

为满足所提算法对车道线检测准确率的要求，本节采用一种评价标准对算法准确性进行评估[3]。如图 2.2.29 所示为评价指标示意图。其中，标注数据和 $y$ 轴相交于 $P_a$ 点，标注数据与检测结果相交于 $P_c$ 点，检测结果和 $y$ 轴相交于 $P_d$ 点，检测结果范围为 $d$，若超过这一范围记为不可信的结果。具体判定方法如下：

$$\begin{cases} 正确，& |\overrightarrow{P_d P_a}| \leqslant d \\ 错误，& |\overrightarrow{P_d P_a}| > d \end{cases} \tag{2.2.31}$$

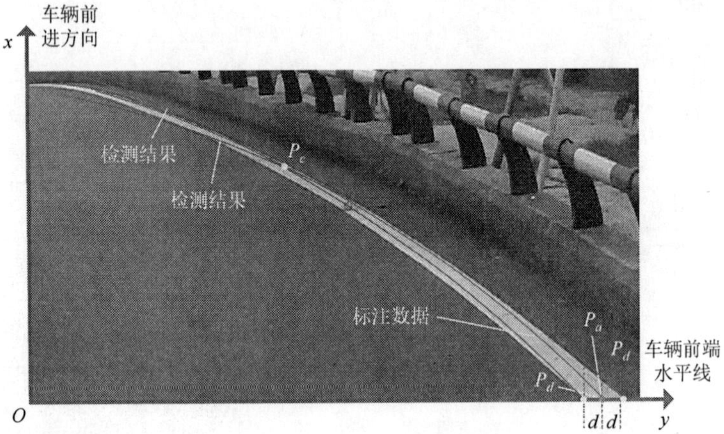


图 2.2.29　评价指标示意图

最后，按照以上判定方法统计符合要求的检测结果数量。然后对上述判定的检测结果按照如下公式进行评估：

$$精确率 = \frac{TP}{TP + FP} \tag{2.2.32}$$

$$误检率 = \frac{FP}{FP + TN} \tag{2.2.33}$$

$$准确率 = \frac{TP + TN}{TP + FP + TN + FN} \tag{2.2.34}$$

其中，精确率（Precision）代表在有车道线的图像帧中，正确数与总结果的比例；误检率（false positive rate，FPR）代表在无车道线的图像帧中，检测结果的错误个数占比；准确率（Accuracy）代表在整个系统中检测到的正确结果与所有样本的比例；TP（true positive）代表有车道线的图像帧中正确检测的车道线个数；FP（false positive）代表在没有车道线的图像帧中车道线误检的个数；TN（true negative）代表在没有车道线的图像帧中未检测出车道线的个数；FN（false negative）代表有车道线的图像帧中错误的检测数。精确率越高就表示正确的个数越多，误检率越高表示误检的个数越多，因此在分析实验中，精确率和准确率越大越好，而误检率要越小越好。

2）实验结果展示

首先在 Caltech 数据集[4]上进行实验的效果检测，Caltech 车道线数据集是目前运用比较广泛的城市道路公开数据集。它包含四段城市结构化道路，包括 Cordova1、Cordova2、Washington1 和 Washington2，共计 1225 帧。相比于其他高速场景数据集，Caltech 为城市道路场景，对车道线检测算法具有更大挑战性。该数据集包含一些复杂的场景，包括弯道、树荫遮挡、人行道标志、运动车辆等。在四段城市结构化道路下对相应的检测指标进行检测，检测结果如表 2.2.1 所示。

**表 2.2.1　Caltech 数据集下检测结果**

| 评价指标 | Cordova1 | Cordova2 | Washington1 | Washington2 | Total |
|---|---|---|---|---|---|
| 精确率/% | 98.8 | 98.1 | 99.1 | 99.4 | 98.9 |
| 误检率/% | 2.1 | 2.5 | 2.5 | 1.7 | 2.2 |
| 准确率/% | 96.8 | 97.1 | 98.5 | 98.9 | 97.8 |

本节算法具有较高的准确率，在 Caltech 数据集下进行实验，选取具有典型特点的情景下的实验效果进行展示，如弯道、树荫、强光等，实验效果图如图 2.2.30 所示。

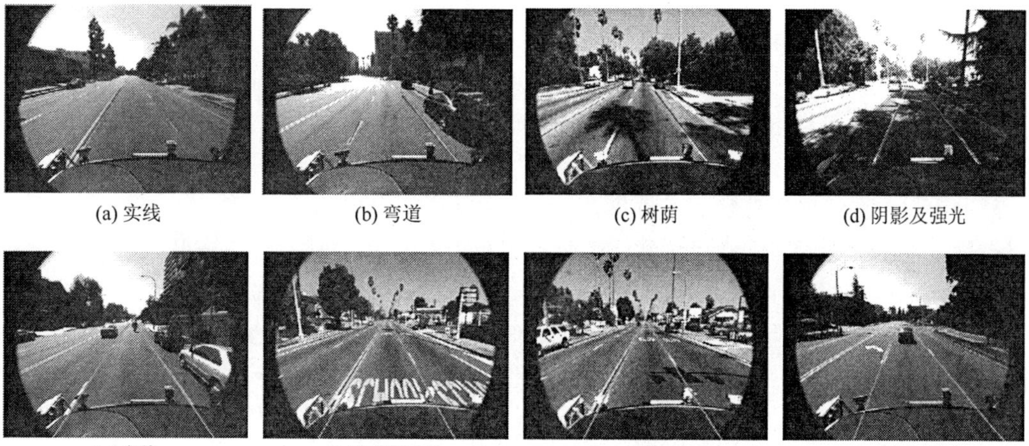

(a) 实线　(b) 弯道　(c) 树荫　(d) 阴影及强光

(e) 虚线　(f) 路面标志物　(g) 阴影　(h) 运动车辆

图 2.2.30　Caltech 数据集下部分实验效果图

## 2.3　基于深度学习方法的车道线检测

近年来，深度学习的方法在车道线检测方面也取得了突破性进展。在严重阴影、标记严重退化、车辆严重遮挡等极其恶劣的情况下，基于深度学习的一些算法，特别是基于卷积神经网络的一些算法被提出并进行了广泛的应用。本节对主流的深度学习方法［主要是卷积神经网络（convolutional neural network，CNN）、循环神经网络（recurrent neural network，RNN）、生成对抗网络（generative adversarial network，GEN）和 RNN 与 CNN 相结合的方法］在车道线检测上的应用进行简单的介绍。

Encoder-decoder CNN：Encoder-decoder 模型，即编码-解码模型。其中，Encoder 部分是将输入序列表示成一个带有语义的向量，使用最广泛的表示技术是 RNN，RNN 是一个基本模型，在训练的时候可能会遇到梯度爆炸和梯度消失的问题，导致无法训练，所以在实际中经常使用的是经过改良的 LSTM（long short-term memory，长短期记忆）RNN 或者 GRU（gated recurrent units，门循环单元）RNN 对输入序列进行表示，这里不再赘述。输入序列最终表示为一个隐藏的状态相量。Decoder 部分是以 Encoder 生成的隐藏状态向量作为输入“解码”出目标文本序列，本质上是一个语言模型，最常见的是用 Recurrent Neural Network Language Model（循环神经网络语言模型，RNNLM），只要涉及 RNN 就会有训练的问题，也就需要用 LSTM、GRU 和一些高级的模型来代替。目标序列的生成和语言模型做句子生成的过程类似，只是计算条件概率时需要考虑 Encoder 向量。

在传统的 CNN 中，在最后的卷积层之后会连接上若干个全连接层，将卷积层产生的特征图映射成一个固定长度的特征向量。

在车道线检测过程中，通常使用 Encoder-decoder CNN 进行语义分割，从而进行车道线的检测操作。例如，在基于顺序迁移学习的自动驾驶汽车端到端自我车道估计[5]中，提出了在迁移学习框架下的车道检测问题。在道路场景对象分割任务的基础上构建端到端的编码器-解码器网络，在 ImageNet 上进行训练。de Brabandere 等[6]提出了一个基于判别损失函数的语义分割实例。其有两个解码器：一个解码器是一个分割分支，在二进制掩码中检测车道；另一个解码器是嵌入分支，将道路分割开来。一般网络输出的是带有特征的图像，因此需要使用聚类和曲线拟合等算法来产生最终结果。Zhang 等[7]在缺乏大量标记数据的情况下，利用实时道路标记分割进行训练，提出了一种新的注意力模块，通过最大稳定外部区域生成大量标注图像。经过这些标注的图像来训练 U-Net 网络，以实现实时、准确的道路标记检测。

全卷积神经网络（fully convolutional neural networks，FCN）是对图像进行像素级的分类来解决语义级别的图像分割问题。与 CNN 在卷积层使用全连接层得到固定长度的特征向量进行分类不同，FCN 可以接受任意尺寸的输入图像，采用反卷积层对最后一个卷积层的特征图进行上采样，使它恢复到与输入图像相同的尺寸，从而可以对每一个像素都产生一个预测，同时保留了原始输入图像中的空间信息。

具有优化算法的 FCN 也被广泛用于车道检测。Kim 等[8]使用具有完全连接层的 CNN 作为原始解码器，同时使用 RANSAC 对结果进行细化。该模型在极限学习框架中表现出了较高的性能。Li 等[9]提出了生成半人工图像的算法，并利用全连接层 CNN 和 softmax 分类实现车道检测。此外，VPGNet 基于多任务学习采用聚类、子采样等优化算法实现车道检测、车道标记识别和消失点提取；空间 CNN 中传统的逐层卷积被推广为特征映射中的逐层卷积，使得信息能够跨行和列在像素之间传递，提高了 CNN 检测长连续形状结构的性能。

除了上述两种较主流的深度学习方法，还有将 RNN 和 CNN 结合起来的方法、生成对抗网络的方法，本节仅进行简单介绍。

结合 CNN 和 RNN 的方法[10]首先将道路图像分割成若干个连续的切片，然后利用 CNN 作为特征提取器对每个切片进行处理。最后利用 RNN 从图像切片上获得的特征图中推断出车道。然而，该方法中的 RNN 只能对一幅图像中的时间序列特征进行建模，而且 RNN 和 CNN 是两个分离的块。

生成式对抗网络（generative adversarial networks，GAN）[11]也用于车道检测，它由一个发生器和一个鉴别器组成。基于嵌入损失 GAN 的驾驶场景语义分割方法由一个基于输入图像的生成器预测车道，并由一个具有共享权值的识别器进行判断。该方法的优点是预测的车道薄而准确，能够避免 CNN 带来的大的边界标记。

## 2.4　基于激光雷达的护栏检测

随着对智能车环境感知技术的不断深入研究，护栏检测技术也在不断地更新并取得了令人瞩目的成绩。但由于车辆周围环境的复杂性与多样性和传感器的限制等，基于激光雷达的高速公路护栏检测在准确性与实时性方面仍有待提高。本节基于激光雷达来整体对护栏的检测与跟踪进行介绍，并对护栏检测跟踪系统的建立进行总体的说明。

### 2.4.1　引言

目前针对目标检测中常用的激光雷达传感器，主要包括三维激光雷达、四线激光雷达和单线激光雷达三类。在智能车环境感知研究中主要采用的是三维激光雷达，使用这种雷达获取的数据精确，信息量大，但也导致运算成本较高，实时性受到限制。故也采用四线激光雷达或者单线激光雷达进行目标物检测，此类传感器获取的数据量小，运算量小，护栏的高度信息作为一个重要特征也随之丢失。本节所介绍的护栏检测算法既能实现护栏检测，又能保证护栏检测系统的高实时性与准确性。

目前大部分护栏检测算法中尚未考虑前后数据帧检测结果之间的关联性。Alessandretti 等[12]利用航迹对基于激光雷达的护栏检测结果进行拼接，但该算法主要用于护栏高精度离线地图的生成，并未考虑算法的实时性，根据其研究成果发现，此关联性可用于优化检测结果。且护栏检测的作用是确定最大安全行驶区间，但目前护栏检测算法中尚未明确考虑其他车道护栏导致的干扰问题。因此，本节所提到的滤除算法能够去除其他车道的护栏干扰，同时考虑数据帧之间关联性[13, 14]，实现护栏检测性能的提高。

在此前已有的护栏检测算法中尚无较全面统一的护栏评价标准，大多数算法最终仅针对所提算法的某些方面进行评估，导致对护栏检测算法的性能评估无法统一，各种护栏检测算法之间没有可比性。本节介绍了一种比较全面的评价指标来实现对护栏检测算法的比对，体现算法的真实性能。

### 2.4.2 基于激光雷达的护栏检测算法

1. 点云预处理

由图 2.4.1 可知，激光雷达扫描数据仅在一定范围内有效且具有数据量大的特性，其每帧数据包含约十万个点。因此需要构建合理的 ROI，以在采用特征提取算法之前滤除有效范围外的点，减少运算资源的浪费，大幅提升检测算法的实时性。同时针对后续特征描述方式需基于雷达扫描线的要求，以激光雷达数据的分层特性为依据，将 ROI 内的激光雷达点云分割成扫描线。

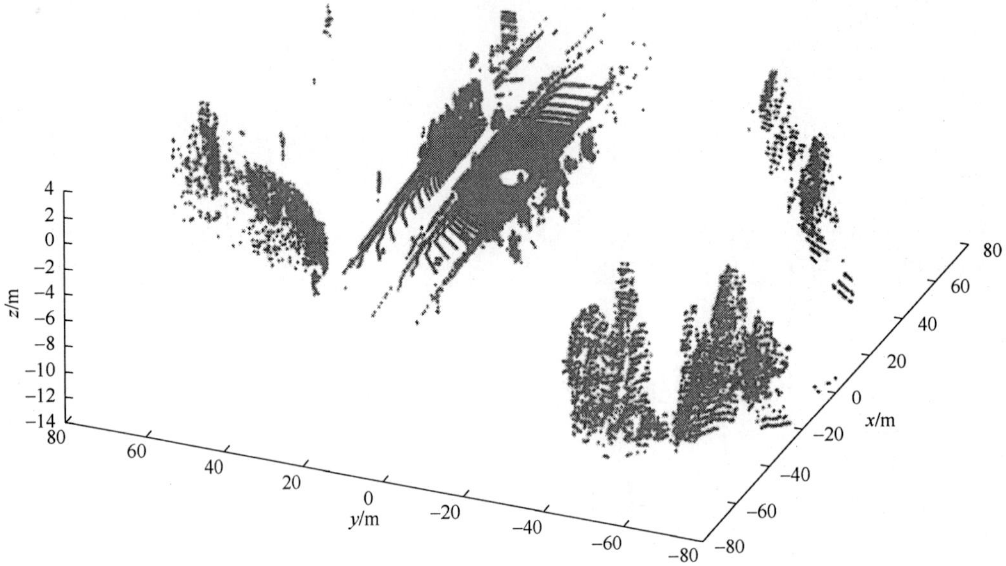


图 2.4.1　一帧原始激光雷达点云效果图

1）ROI 划分

在实际环境感知中，一般情况下，高速公路两侧的护栏应低于车顶但高于路面，且仅需针对车辆运行前方的护栏进行检测。故可搭建三维立体固定感兴趣区域将车辆后方、车顶以上、地面及地面以下和左右侧过远的激光雷达点云提前滤除。该 ROI 主要由左-右、上-下和前-后三个边界面确定，并设置左-右分割面将 ROI 划分为左侧 ROI 和右侧 ROI。

左-右边界面：主要用于去除车辆正前方左侧与右侧的多余点集，其范围主要由道路的宽度与车辆的宽度决定，故根据实际情况做如下假设：

（1）护栏的位置仅存在于高速公路两侧边缘位置；

（2）车辆仅行驶于高速公路两侧护栏之间；

（3）车载激光雷达位于车辆顶部中心点位置；

（4）车道数量小于等于 4，每车道宽度为 $w_l$，车辆宽度为 $w_v$。

由此可确定右侧与左侧的可保留区域为$[0.5w_v-4w_1,0]\cup[0,4w_1-0.5w_v]$。

上-下边界面：主要用于去除地面及低于地面和高于车顶的激光雷达点云，文献[15]和文献[16]提出了一种精确滤除激光雷达点中路面的算法，但本节仅需大致滤除地面及其以下的激光雷达点，故设定一个合理边界大致滤除地面点即可。根据实际需求在上述假设中继续添加如下假设：车辆的高度为$h_v$，地面的高度为$h_1$；由此可确定上-下边界面的可保留区域为$[h_1,h_v]$。

前-后边界面：主要用于去除车后方及远距离发生形变护栏的激光雷达点云，划定此距离为5～50m，故前-后边界面的可保留的区域为$[5,50]$。

从上述对固定 ROI 的边界条件的综合分析可知固定 ROI 范围为

$$\begin{cases}5\leqslant p^x\leqslant 50\\0.5w_v-4w_1\leqslant p^y\leqslant 4w_1-0.5w_v\\h_1\leqslant p^z\leqslant h_v\end{cases}\tag{2.4.1}$$

其中，$p^x$、$p^y$和$p^z$分别为激光雷达点在局部坐标系中$x$轴、$y$轴和$z$轴上的取值。固定 ROI 的划分示意图如图 2.4.2 所示。图 2.4.1 中激光雷达点云经固定 ROI 滤除后的效果如图 2.4.3 所示。

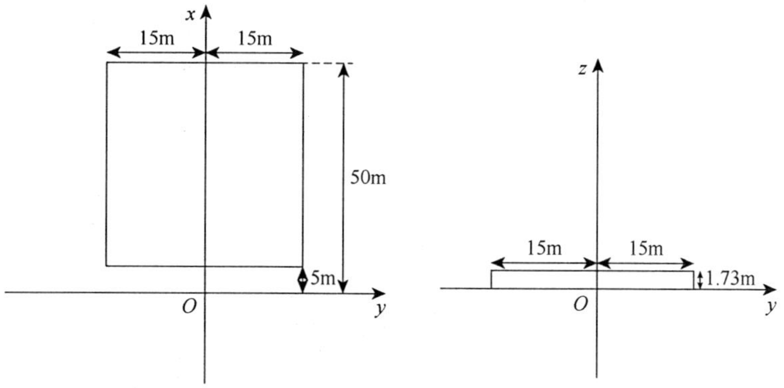


图 2.4.2　固定 ROI 示意图

2）点云分割成线

由 ROI 里激光雷达点云分析可知，其存在明显的分层和边缘现象，从激光雷达扫描原理和 KITTI 数据库中关于激光雷达数据说明手册[17]的分析可以发现，同一个物体或相隔很近的物体扫描点应存在一定的连续性，即相比于其他分散物体的扫描点，其存在一定的距离限制。以上述特性为依据实现基于相邻两点间距离突变的方法以实现对激光雷达点云的分割，为节省运算资源，这里将仅对 ROI 中的雷达点云进行分割，即将所有待检测区域内的雷达点云$P(p_1,p_2,\cdots,p_n)$按照文献[18]所提方法分割成线$L(l_1,l_2,\cdots,l_n)$的集合，其点云分割成线的步骤如下：

（1）初始化第一个点集合$l_1$并将点集中$P$的第一个点$p_1$放入；

（2）取出点集$P$中任意相邻两点$p_i$和$p_{i-1}$，并计算其欧几里得距离（简称欧氏距离），其中$i\in[2,n]$；

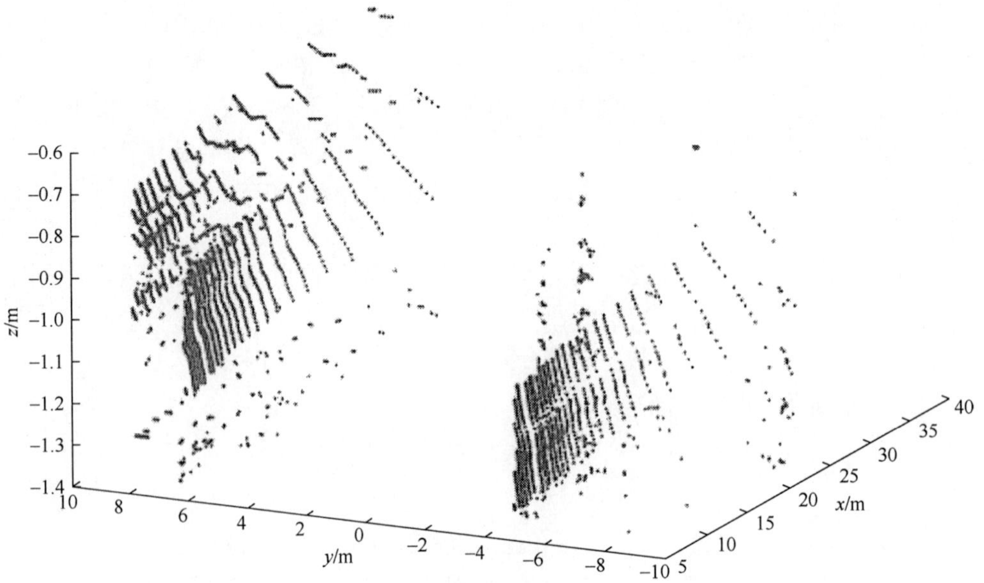


图 2.4.3　固定 ROI 中激光雷达点云效果图

（3）将计算所得距离与预选阈值进行比较，若所得距离小于阈值，则将 $p_i$ 和 $p_{i-1}$ 分到同一条线内，若所得距离大于阈值，则初始化新的点集合放置点 $p_i$；

（4）循环步骤（2）与步骤（3）的过程直至 $i=n+1$ 时结束。

2. 特征提取

在高速公路环境中，道路两侧一般是一种拥有双波峰的波形护栏，其为悬挂于地面上的水平狭窄的物体，它的轮廓与地面和其他物体相隔离，形状如图 2.4.4 所示。此类波形护栏在激光雷达扫描下的效果如图 2.4.5 所示。从波形护栏的激光雷达扫描结果分析发现，波形护栏的激光雷达数据排列呈现一定的规律，相比于周围的事物，其存在明显且确定的高度，且在双波峰波形护栏上存在明显的角度信息，故可采用高度与角度两种方式提取护栏特征点。

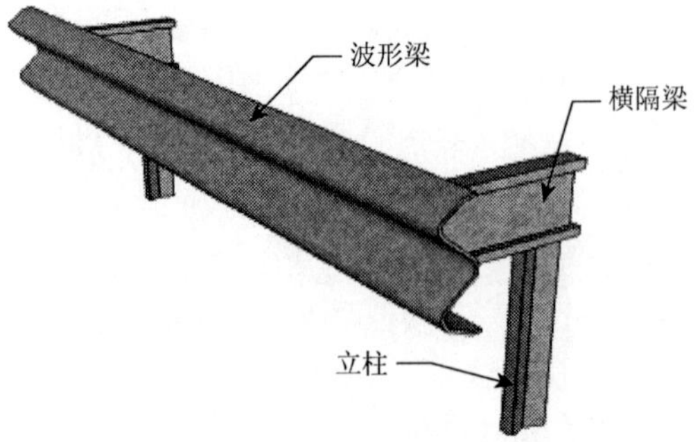


图 2.4.4　波形护栏图像信息

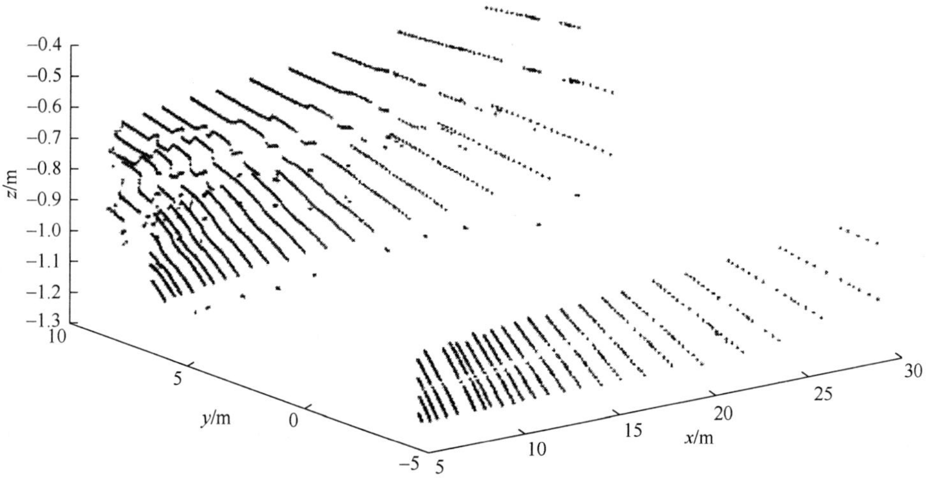


图 2.4.5　波形护栏激光雷达扫描效果

1）高度特征

激光雷达的坐标原点位于车辆顶端，车辆行驶过程中与地面平行，地面的高低起伏变化将导致相同物体在不同时刻坐标系下的高度信息不一致，因此只能选择护栏的绝对高度作为高度特征。如图 2.4.6 所示，令扫描线的最高点到地面的距离为 $h_t$，最低点到地面的距离为 $h_b$，护栏的绝对高度为 $h_r$，三者之间的关系表达式所形成的高度特征描述如下：

$$h_r = h_t - h_b \tag{2.4.2}$$

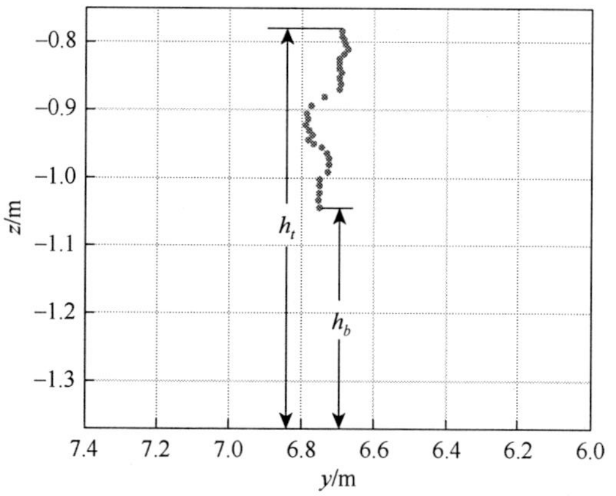


图 2.4.6　高度特征示意图

若计算所得 $h_r$ 在一个合理区间范围内，则可认为此段扫描线数据符合护栏的高度特征，并将扫描线存入候选数据中用作后续角度特征点提取。图 2.4.3 的左侧 ROI 雷达数据经高度特征提取算法后的效果图如图 2.4.7 所示。

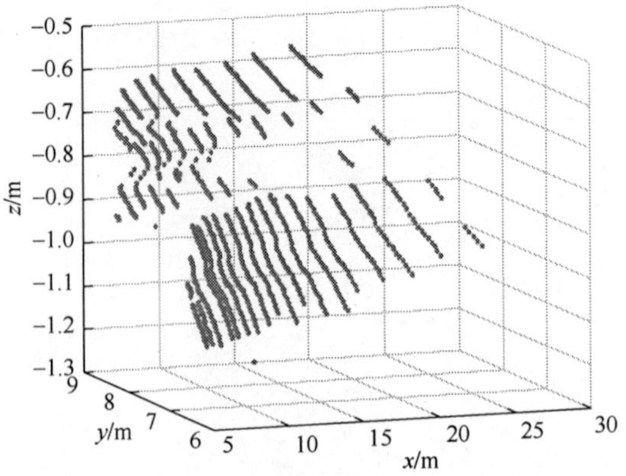


图 2.4.7 经高度特征提取算法后的效果图

2）角度特征

针对护栏角度特征的描述，最直观的方法是测量扫描线中每相邻三个点之间的空间夹角，但此类算法运算复杂度较高，无法确保护栏检测的实时性，文献[19]和文献[20]提出，运用距离的差距大致体现角度信息。本节运用距离的差距大致体现角度信息来实现新型护栏角度特征描述。

由两点之间直线距离最短原理可知，若序列点集中首尾两点之间的直线距离相比于序列点集的周长有明显的变化，则可推断出该序列点集中必定存在角度信息且直线距离与周长之间的差异和所包含角度成正比。利用上述原则构建护栏角度特征示意图如图 2.4.8 所示。角度特征的具体构建方法为：首先对符合高度特征的扫描线进行重采样，以保证每相邻两点之间的欧氏距离相等；其次将扫描线按照等步长分割成多个小段；然后计算每段中首点与尾点之间的直线距离和周长；最后计算直线距离与周长之差的绝对值，若差值在一定范围内，则可认为该段扫描线存在所需护栏的角度信息，否则舍弃此段数据点。为进一步提升检测速率，仅保留符合角度特征序列点的首尾两点，故经角度特征提取算法后的左侧护栏特征点效果如图 2.4.9 所示。

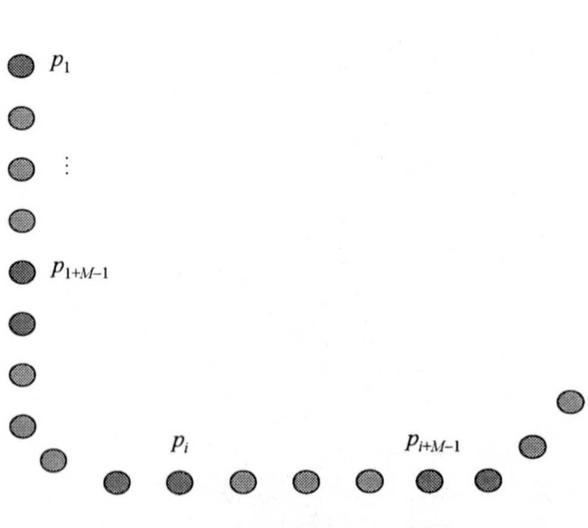


图 2.4.8 角度特征示意图

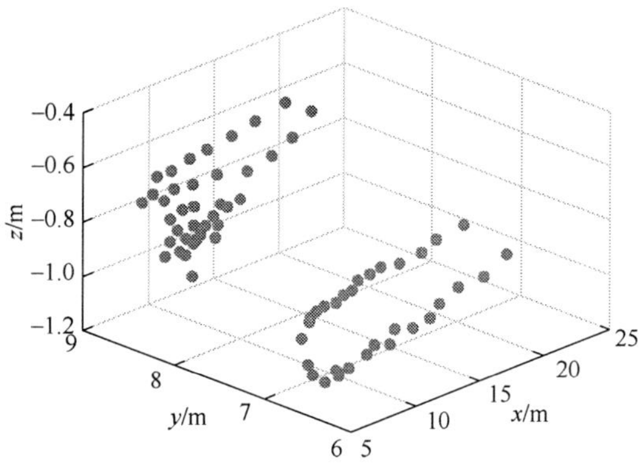


图 2.4.9　经角度特征提取算法后的效果图

3. 冗余特征点滤波

采用高速公路护栏特征提取算法可提取 ROI 内所有的护栏特征点，但本高速公路护栏检测系统旨在获取当前车辆的最大安全行车范围，故其他车道的护栏特征点为特征点集中的干扰点。针对检测结果中存在冗余护栏特征点的问题，本节通过一种与基于密度的聚类方法 DBSCAN（density-based spatial clustering of applications with noise）类似的基于距离的聚类方法来实现对冗余护栏特征点的滤除。

该算法框图如图 2.4.10 所示。

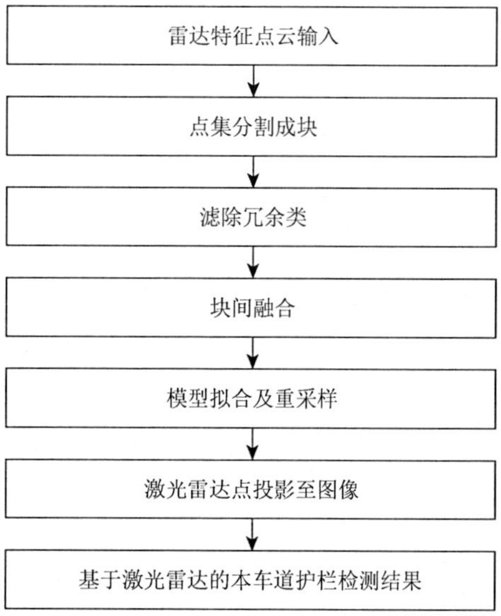


图 2.4.10　基于距离的冗余特征点滤除算法框图

由于左侧护栏与右侧护栏数据在拟合时需要分开，但在冗余特征点滤除时方法类似，因此这里仅讨论针对左侧护栏冗余特征点的滤除步骤，假设 $t$ 时刻输入的左侧点集为 $P_l^t(p_{l,1}^t, p_{l,2}^t, \cdots, p_{l,n}^t)$，其具体处理过程如下。

点集分割成块：将激光雷达护栏特征点云在 $x$ 轴方向按照等距离划分为若干数据块。首先将特征点集在 $x$ 轴方向按照升序的方式排列得到新的点集序列 $P_l^t(p_{l,1}^t, p_{l,2}^t, \cdots, p_{l,n}^t)$，其次取出点集序列中第一点 $p_{l,1}^t$ 和最后一点 $p_{l,n}^t$，并根据需要定义所需分割数据块数量为 $s$，然后计算每块数据在 $x$ 轴上取值的宽度 $D_s$ 为

$$D_s = \frac{p_{l,n}^{t,x} - p_{l,1}^{t,x}}{s} \tag{2.4.3}$$

其中，$p_{l,n}^{t,x}$ 与 $p_{l,1}^{t,x}$ 分别代表 $t$ 时刻左侧第 $n$ 个特征点 $p_n$ 和第 1 个特征点 $p_1$ 在 $x$ 轴上的取值。故可得第 $k$ 个数据块的特征点集在 $x$ 轴上的取值范围为

$$[p_{l,n}^{t,x} + (k-1)D_s, p_{l,n}^{t,x} + kD_s] \tag{2.4.4}$$

其中，$k \in [1, s]$。令块序列 $B_l^t(B_{l,1}^t, B_{l,2}^t, \cdots, B_{l,s}^t)$ 表示点集分割成块的结果，$B_{l,s}^t$ 表示 $t$ 时刻左侧第 $s$ 个数据块，其分割效果如图 2.4.11（a）所示。

分块成类：将每块数据分割成多个类。首先对第 $k$ 个数据块的特征点集在 $y$ 轴方向按照升序排列得到新点集序列 $B_l^t(B_{l,1}^t, B_{l,2}^t, \cdots, B_{l,s}^t)$，其中，$p_{l,k,j}^t$ 表示 $t$ 时刻左侧第 $k$ 个数据块中的第 $j$ 个点，且每块数据的数量 $m$ 可能不同；然后计算相邻两点之间在 $y$ 轴上差的绝对值为

$$d_{l,k,j}^{t,y} = \text{abs}(p_{l,k,j-1}^{t,y} - p_{l,k,j}^{t,y}) \tag{2.4.5}$$

其中，$d_{l,k,j}^{t,y}$ 表示 $t$ 时刻左侧第 $k$ 个数据块中的第 $j-1$ 个点与第 $j$ 个点之间在 $y$ 轴上的差的绝对值；$p_{l,k,j-1}^{t,y}$ 和 $p_{l,k,j}^{t,y}$ 分别表示 $t$ 时刻左侧第 $k$ 数据块中的第 $j-1$ 个点和第 $j$ 个点在 $y$ 轴上的值，且 $j \in [2, m]$；最后将求得的距离 $d_{l,k,j}^{t,y}$ 与预先定义的固定阈值进行比较，若 $d_{l,k,j}^{t,y}$ 小于固定阈值，则认为第 $k$ 个数据块中的第 $j-1$ 个点与第 $j$ 个点属于同一类，否则初始化新的类存储第 $j$ 个点。将 $t$ 时刻左侧第 $k$ 个数据块分割成类的结果表示为 $B_{l,k}^t(C_{l,k,1}^t, C_{l,k,2}^t, \cdots, C_{l,k,c}^t)$，其中，$C_{l,k,c}^t$ 表示 $t$ 时刻左侧第 $k$ 个数据块中的第 $c$ 类，分块成类的结果如图 2.4.11（b）所示。

滤除冗余类：滤除其他车道护栏在每块数据中所产生的冗余类。仅选择 $t$ 时刻左侧第 $k$ 个数据块中的第 1 类数据 $C_{l,k,1}^t$ 代表第 $k$ 个数据块，并将保留的数据块用类的序列简化为 $B_l^t(C_{l,1,1}^t, C_{l,2,1}^t, \cdots, C_{l,s,1}^t)$，滤除冗余类后的结果如图 2.4.11（c）所示。

块间融合：滤除异常数据块。对滤除冗余类后的结果进行分析发现，其存在数据块内无数据或数据块之间有突变等异常情况，这是由于检测过程中存在遮挡或分割成块的数量过大导致数据异常。因此可整体考虑每块数据之间的关联性以纠正异常情况。首先定义基础数据块 $B_{l,kk}^t$ 和对比数据块 $B_{l,k}^t$，其中 $kk \in [1, k-1]$ 且 $k \in [2, s]$；其次计算基础数据块与对比数据块之间的距离，即用基础数据块 $B_{l,kk}^t$ 的最末坐标点 $p_{l,kk,m}^t$ 和第 $k$ 个数据块 $B_{l,k}^t$ 的第 1 个点 $p_{l,k,1}^t$ 之间的欧氏距离表示；然后将所得距离与预定阈值进行比较，若其在一定范围内，则同时保留基础数据块 $B_{l,kk}^t$ 和对比数据块 $B_{l,k}^t$，并将基础数据块 $B_{l,kk}^t$ 更新为数据块 $B_{l,k}^t$，对比数据块 $B_{l,k}^t$ 更新为数据块 $B_{l,k+1}^t$；若超出可信范围，则仅保留基础数据块 $B_{l,kk}^t$ 并清除对比数据块 $B_{l,k}^t$，基础数据块序号依旧为 $kk$，但对比数据块序号更新为 $k+1$。块间融合结果如图 2.4.11（d）所示。

模型拟合及重采样：首先对块间融合得到的护栏特征点在 $xOy$ 平面采用二次曲线模

型进行拟合；随后统计特征点集的高度范围；然后取每个特征点的 $x$ 值，通过二次曲线方程计算出 $y$ 值并加入高度范围的极值作为 $z$ 值，得出该护栏特征点在上边缘和下边缘对应的两个检测结果点，其模型拟合后重采样的三维结果如图 2.4.11（e）所示。

雷达点投影至图像：将重采样的三维激光雷达点通过已知配准矩阵投影至图像中，效果如图 2.4.11（f）所示。这里仅展示该数据帧左侧护栏的检测结果。

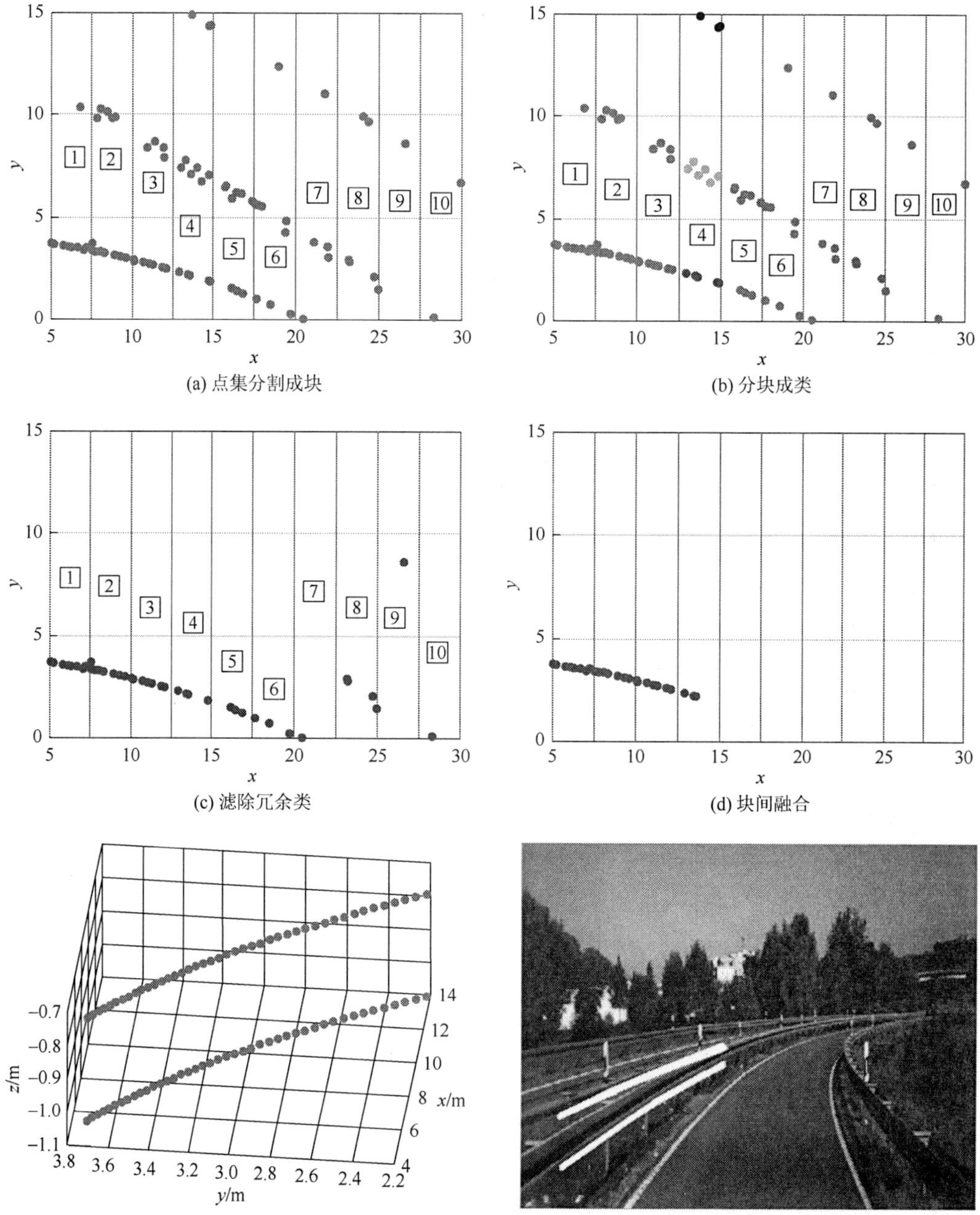


(a) 点集分割成块　(b) 分块成类

(c) 滤除冗余类　(d) 块间融合

(e) 模型拟合及重采样　(f) 雷达数据检测结果投影至图像

图 2.4.11　冗余特征点滤除算法效果图

### 2.4.3　护栏检测算法评价指标

常见的基于激光雷达的目标检测算法评价指标有重合度、均方根误差（root mean squared error，RMSE）[21]等，此类评价指标虽能较好地展现检测结果的准确性，但人工标定标准数据的工作量较大，故不宜与基于图像的护栏检测算法进行性能对比。本节通过计算检测结果与标定数据之间的夹角和交点等方式，按照道路实际标准制定合理、可信的阈值，能有效对基于图像和激光雷达的护栏检测算法进行评估，并辅以运行时间体现算法的实时性。本节同时对基于距离的冗余特征点滤除的高速公路护栏检测算法从有效性和实时性方面进行分析。

算法的有效性是指所提算法能满足算法设计时的功能和准确率的要求，这里将通过具体的评价指标来对算法的有效性进行评估。评价指标示意图如图 2.4.12 所示。其中，检测结果与真实标定数据的交点为 $p_c$，检测结果与 $y$ 轴的交点为 $p_d$，真实标定数据与 $y$ 轴的交点为 $p_p$，DP 为可信的范围区间，由道路边缘与护栏之间的距离确定。对于检测结果，其准确的具体判定规则如下：

$$\begin{cases} 1, & (|\overrightarrow{p_d p_p}| \leqslant \mathrm{DP} \cap p_c^x \geqslant 0) \\ 0, & \text{其他} \end{cases} \tag{2.4.6}$$

其中，$p_c^x$ 为点 $p_c$ 的 $x$ 值；“1”表示检测结果判定为正确；“0”表示检测结果判定为错误。

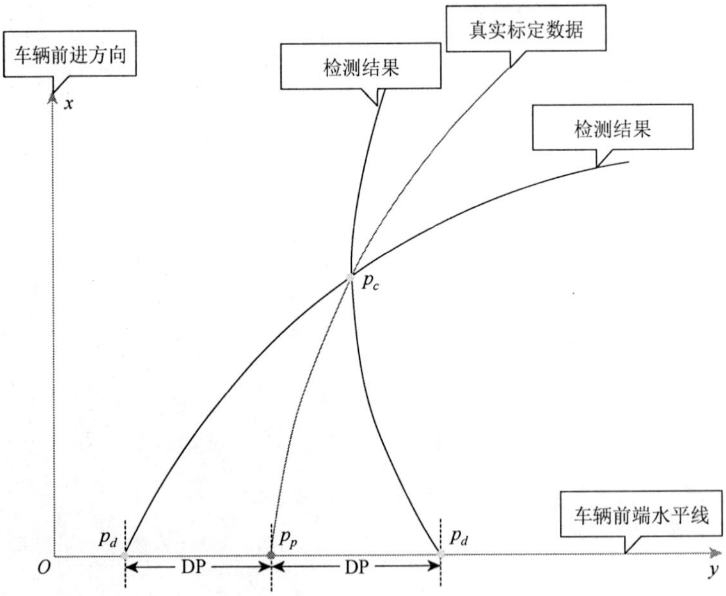


图 2.4.12　评价指标示意图

本节所提到护栏检测算法过程主要包括数据读取、数据处理和检测结果显示三个部分。由于该护栏检测结果将用于智能车的路径规划等，其数据读取时间和检测结果显示时间（结果传输时间）都属于智能车固定时间消耗，故这里不考虑。最后由高速公路车辆理论速度限制区间和测得检测时间计算出理论所需的检测距离，并与实际检测距离进行对比分析，若实际检测距离远于理论所需检测距离，则代表所提算法满足系统实时性要求，且两者距离差值越大，系统实时性越好。

### 2.4.4　面向整车集成的护栏检测与跟踪系统

本节综合考虑智能车对护栏检测的需求，将前面的研究内容进行整合，实现面向整车集成的护栏检测与跟踪系统。系统将重点描述联合检测与跟踪的护栏检测算法的建立，忽略数据采集和处理结果的使用。联合检测与跟踪的护栏检测算法原理图如图 2.4.13 所示。

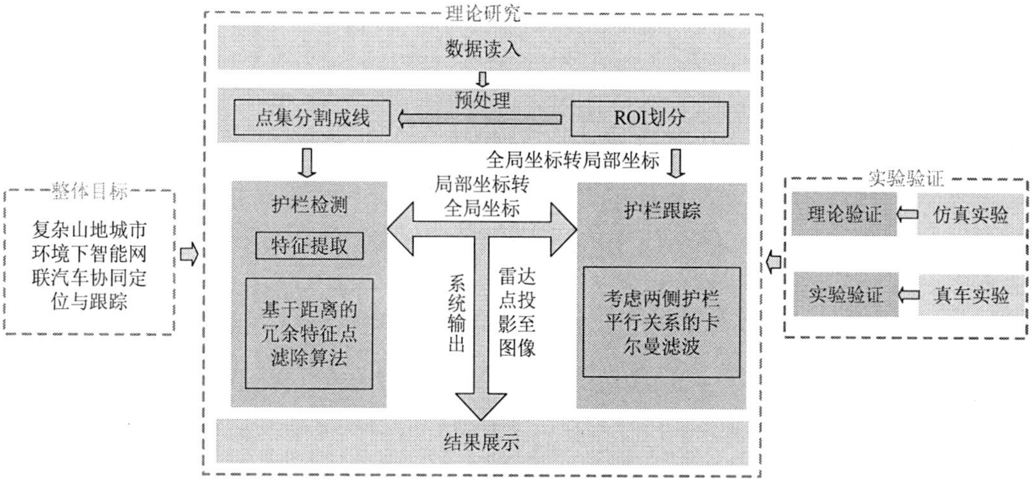


图 2.4.13　护栏检测系统原理图

由护栏检测系统原理分析发现，可将联合检测与跟踪的护栏检测系统划分为数据读取及预处理模块、护栏检测模块、护栏跟踪模块和检测结果展示模块。下面对其进行介绍并对各模块算法流程进行说明。

数据读取及预处理模块：主要负责数据的读取和预处理算法的实施。主要实现对激光雷达点云数据、图像数据、GPS/IMU 数据和激光雷达点云与图像数据配准矩阵的读取，并以前一时刻跟踪结果为依据构建自适应 ROI，以滤除激光雷达点云中不相关区域，最后将 ROI 内的点云分割成线以便后续特征提取。其算法流程设计如图 2.4.14 所示。

护栏检测模块：主要用于护栏特征点的提取和基于距离的冗余特征点滤除。以护栏在激光雷达的高度特征和角度特征为依据，提取 ROI 内点云的护栏特征点，并采用基于距离的冗余特征点滤除方法滤除其他车道护栏的特征点，其护栏检测算法流程设计图如图 2.4.15 所示。

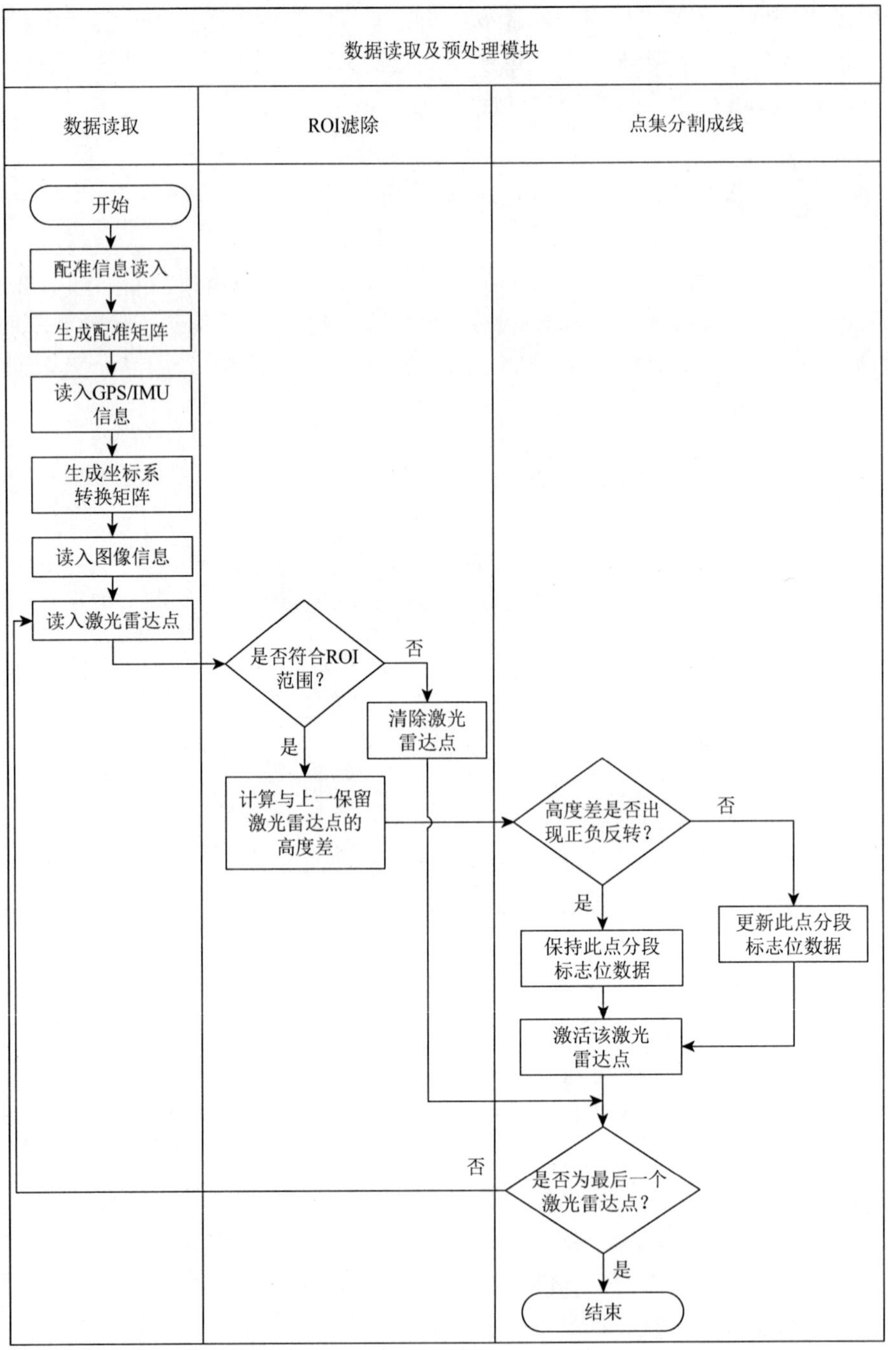


图 2.4.14　数据读取及预处理算法流程设计图

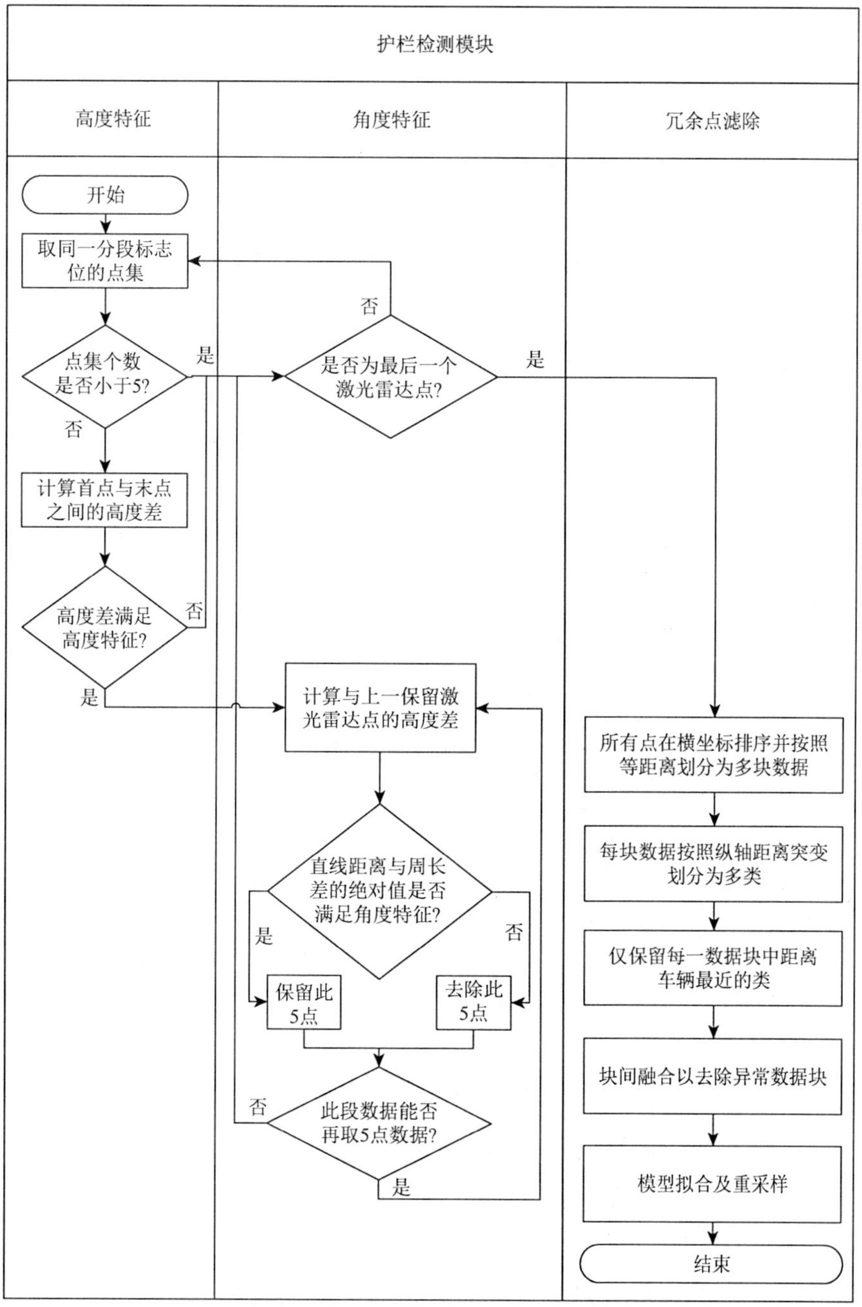


图 2.4.15　护栏检测算法流程设计图

护栏跟踪模块：主要包括对检测结果进行坐标系转换和目标匹配，对护栏点集的跟踪和联合上一帧跟踪结果的自适应 ROI 边界划分。以卡尔曼滤波原理为基础，考虑双侧护栏间的平行关系，通过双侧护栏同时跟踪算法，并将跟踪结果返回至数据读取及预处理模块作为构建自适应 ROI 的依据。其护栏跟踪算法流程如图 2.4.16 所示。

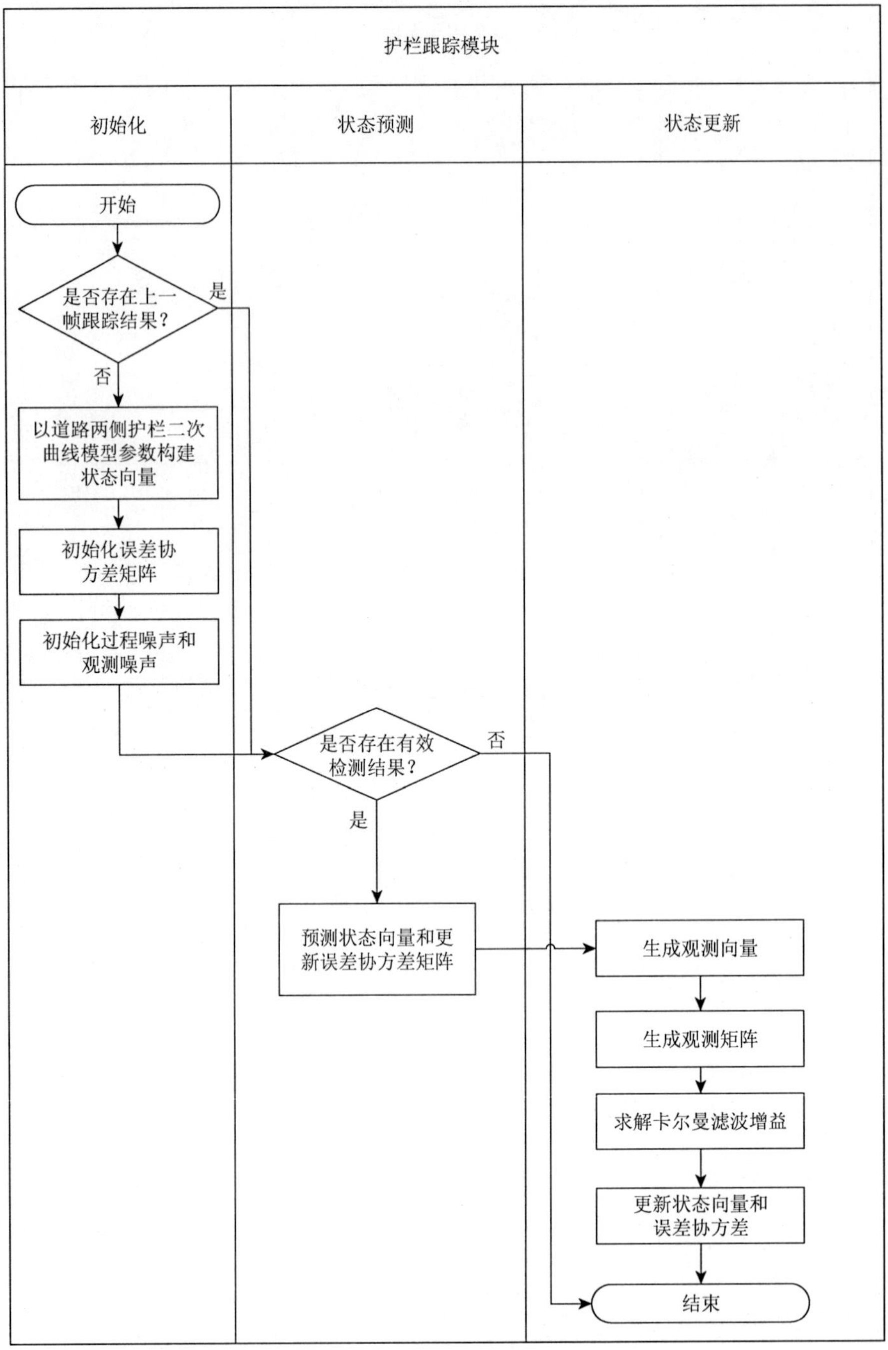


图 2.4.16　护栏跟踪算法流程设计图

检测结果展示模块：主要完成对检测结果的展示，其中包括车到道路两侧护栏的距离计算与显示、运行时间的计算与显示、护栏三维激光雷达点投影至图像数据、距离轨迹图和护栏边界显示。运用配准矩阵将激光雷达检测结果投影至图像，并对投影结果进行展示，同时计算车辆到两侧护栏的距离，绘制距离轨迹图，并且实时显示每秒传输帧数、车辆到左侧护栏的距离和车辆到右侧护栏的距离。其算法流程如图 2.4.17 所示。

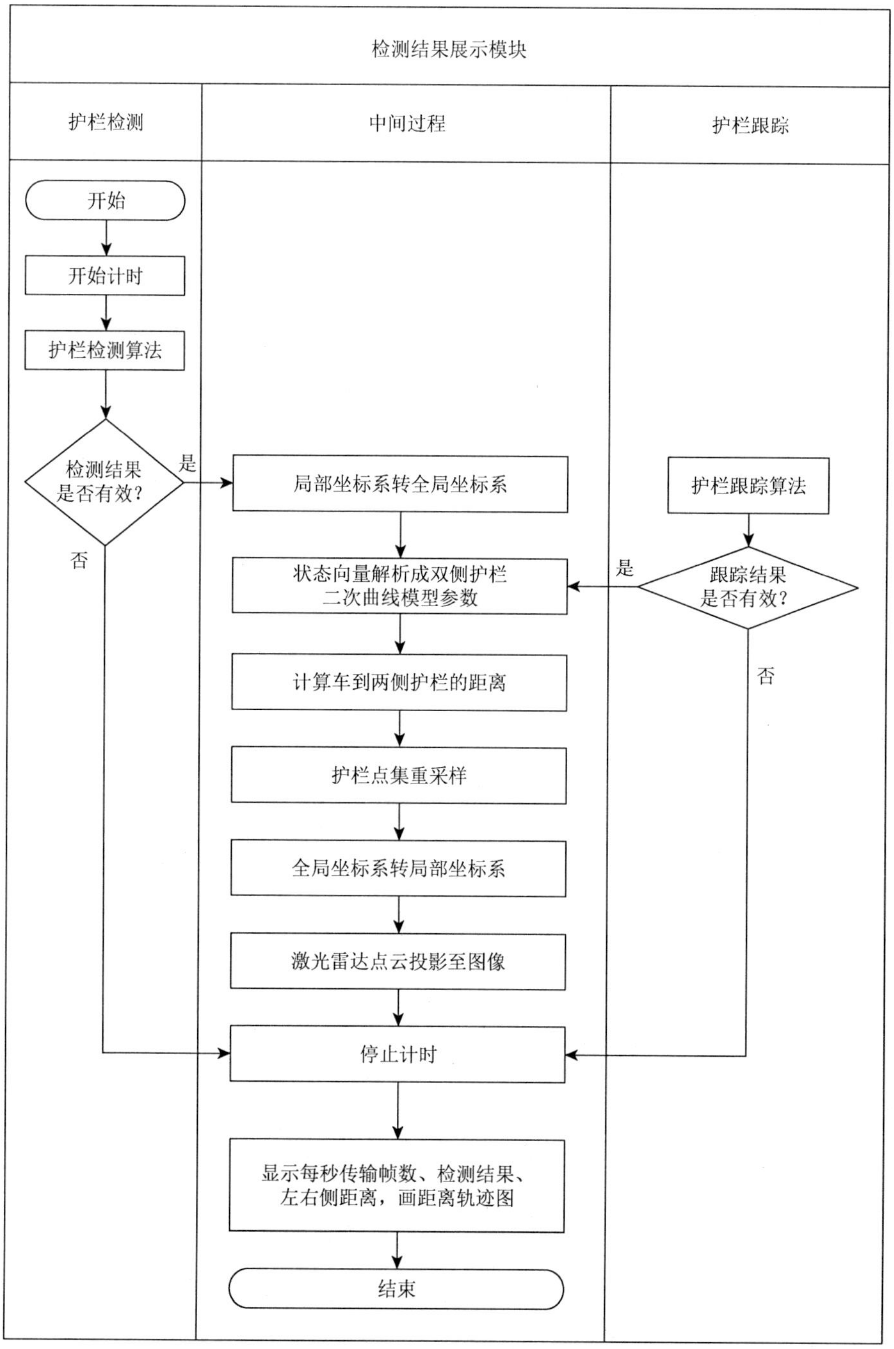


图 2.4.17　检测结果展示流程设计图

## 2.5 本章小结

本章介绍道路识别的基本概念、技术方法及其中的重点与难点，通过引入信息技术、计算机技术与通信技术等，从基于传统方法的车道线检测算法、基于深度学习的车道线检测算法和基于激光雷达的护栏检测算法三方面介绍道路识别中车道线与护栏的主要检测方法。

本章重点通过道路识别过程中车道线检测及护栏检测方法来完成智能网联汽车在道路识别上的环境感知。其中，在车道线检测方面，重点在于数据的预处理，采用多阈值分割的对比度拉深算法、几何特征筛选的轮廓处理算法、黑白突变点提取的斑马线滤除算法等为接下来的车道线数据的聚类、拟合提供保障。最后设计了车道线检测算法的仿真及对比实验，并在实验车上进行验证，得到了较好的反馈结果。同时对深度学习方法在车道线检测上的应用进行了简单的介绍，为车道线在更为恶劣的环境下的检测提供了思路。在护栏检测方面，介绍了基于距离的冗余特征点滤除的高速公路护栏检测方法和相应的护栏检测评价指标。基于卡尔曼滤波的护栏跟踪算法和基于双侧护栏位置关系的护栏跟踪算法说明了联合护栏检测与跟踪方法对护栏进行检测和跟踪的原理与方法，最后通过实验介绍了面向整车集成的护栏检测与跟踪系统。

## 参考文献


[1] Kassim A A，Tan T，Tan K H. A comparative study of efficient generalised Hough transform techniques[J]. Image and Vision Computing，1999，17（10）：737-748.

[2] Niedfeldt P C，Ingersoll K，Beard R W. Comparison and analysis of recursive-RANSAC for multiple target tracking[J]. IEEE Transactions on Aerospace and Electronic Systems，2017，53（1）：461-476.

[3] Zhu H，Guo B. A beam guardrail detection algorithm using lidar for intelligent vehicle[C]. 2018 IEEE 8th Annual International Conference on CYBER Technology in Automation，Control，and Intelligent Systems，Tianjin，2018：1398-1402.

[4] Griffin G，Holub A，Perona P. Caltech-256 object category dataset[R]. Technical Report 7694，California Institute of Technology，2007.

[5] Lu J，Behbood V，Hao P，et al. Transfer learning using computational intelligence：A survey[J]. Knowledge-Based Systems，2015，80：14-23.

[6] de Brabandere B，Neven D，van Gool L. Semantic instance segmentation with a discriminative loss function[J]. arXiv preprint arXiv：1708.02551，2017.

[7] Zhang W，Mi Z，Zheng Y，et al. Road marking segmentation based on siamese attention module and maximum stable external region[J]. IEEE Access，2019，7：143710-143720.

[8] Kim J，Kim J，Jang G J，et al. Fast learning method for convolutional neural networks using extreme learning machine and its application to lane detection[J]. Neural Networks，2017，87：109-121.

[9] Li J，Mei X，Prokhorov D，et al. Deep neural network for structural prediction and lane detection in traffic scene[J]. IEEE Transactions on Neural Networks and Learning Systems，2016，28（3）：690-703.

[10] Sainath T N，Vinyals O，Senior A，et al. Convolutional，long short-term memory，fully connected deep neural networks[C]. 2015 IEEE International Conference on Acoustics，Speech and Signal Processing，South Brisbane，2015：4580-4584.

[11] Creswell A，White T，Dumoulin V，et al. Generative adversarial networks：An overview[J]. IEEE Signal Processing Magazine，2018，35（1）：53-65.

[12] Alessandretti G，Broggi A，Cerri P. Vehicle and guard rail detection using radar and vision data fusion[J]. IEEE Transactions on Intelligent Transportation Systems，2007，8：95-105.

[13] Lee C，Moon J H. Robust lane detection and tracking for real-time applications[J]. IEEE Transactions on Intelligent Transportation Systems，2018，19（12）：4043-4048.

[14] Zhou H，Kong H，Wei L，et al. Efficient road detection and tracking for unmanned aerial vehicle[J]. IEEE Transactions on Intelligent Transportation Systems，2015，16（1）：297-309.

[15] Guan H，Li J，Yu Y，et al. Using mobile LiDAR data for rapidly updating road markings[J]. IEEE Transactions on Intelligent Transportation Systems，2015，16（5）：2457-2466.

[16] Zhang Y，Wang J，Wang X，et al. Road-segmentation-based curb detection method for self-driving via a 3D-LiDAR sensor[J]. IEEE Transactions on Intelligent Transportation Systems，2018，19（12）：3981-3991.

[17] Geiger A，Lenz P，Stiller C，et al. Vision meets robotics：The KITTI dataset[J]. The International Journal of Robotics Research，2013，32（11）：1231-1237.

[18] Lehtomäki M，Jaakkola A，Hyyppä J，et al. Detection of vertical pole-like objects in a road environment using vehicle-based laser scanning data[J]. Remote Sensing，2010，2（3）：641-664.

[19] Forlenza L，Carton P，Accardo D，et al. Real time corner detection for miniaturized electro-optical sensors onboard small unmanned aerial systems[J]. Sensors，2012，12（1）：863-877.

[20] Wolin A，Eoff B，Hammond T. ShortStraw：A simple and effective corner finder for polylines[J]. SBIM，2008，8：33-40.

[21] Lundquist C，Orguner U，Gustafsson F. Extended target tracking using polynomials with applications to road-map estimation[J]. IEEE Transactions on Signal Processing，2010，59（1）：15-26.

# 第 3 章　车辆定位技术

## 3.1　概　　述

车辆定位技术是智能汽车领域中一项基础而关键的技术。近年来，随着智能汽车的快速发展，人们对高精度的定位需求越来越强烈。车辆定位主要通过搭载一种或多种传感器，再利用融合算法将传感器采集的数据进行融合，以此为行驶过程中的车辆提供准确的位置、姿态等信息，犹如智能汽车领域中的“眼睛”。

在车辆与环境交互的过程中，车辆可以利用传感器获得与环境相关的信息。但由于噪声对传感器的干扰，许多信号不能直接检测，此时需要对信号进行滤波处理才能获取有用的信息。通常情况下假设噪声服从高斯分布，但是在城市高楼对信号的遮挡以及多径效应的影响下，传感器会产生异常值从而诱导出厚尾噪声，如图 3.1.1 所示。异常值的出现对传统滤波器的性能造成了较大的影响。许多学者提出使用 Student's *t* 分布（学生 *t* 分布）模拟异常值导致的厚尾噪声，但无法有效地模拟重度厚尾噪声。因此，汽车定位技术具有极为重要的实际应用价值和理论研究意义。

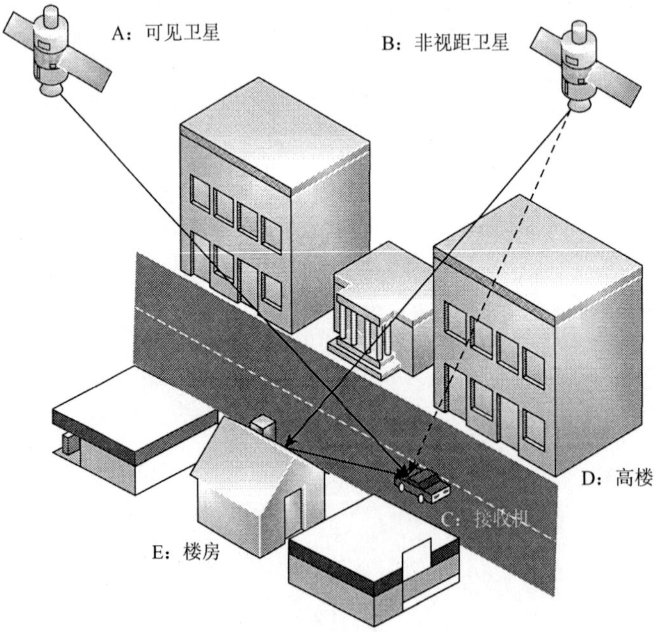


图 3.1.1　城市高楼卫星信号的多径效应

## 3.2　常用的车辆定位技术

目前，智能汽车定位技术主要包括全球导航卫星系统（global navigation satellite system，GNSS）定位、惯性导航系统定位、组合导航系统（integrated navigation system，INS）定位以及即时定位与地图构建（simultaneous localization and mapping，SLAM）导航系统定位。

（1）GNSS：能在地球表面或近地空间的任何地点为用户提供全天候的三维坐标、速度以及时间等信息的空基无线电导航定位系统，包括一个或多个卫星星座，同时它还支持特定工作所需的增强系统。

（2）惯性导航系统：是一种不依赖于外部信息，也不向外部辐射能量的自主式导航系统。其工作环境包括空中、地面和水下。惯性导航系统的基本工作原理是以牛顿力学定律为基础，通过测量载体在惯性参考系的加速度，将它对时间进行积分，再变换到导航坐标系中，以此得到导航坐标系中的速度、偏航角和位置等信息。

（3）INS：单一导航系统通常在某方面存在一定缺陷，因而研究人员在深入研究和改进单个系统自身不足的同时，提出了组合导航的模式。捷联惯性导航系统（strapdown inertial navigation system，SINS）作为当今最常用的导航系统，存在惯性误差随时间积累的缺点。为弥补这一不足，通常与其他不存在该问题的导航系统进行组合。捷联惯性/卫星组合导航系统（SINS/GNSS）可以充分发挥 SINS 和 GNSS 的优势，是目前应用最广、性能最佳的组合导航系统。但由于卫星信号自身限制，该组合导航系统容易受到压制、干扰乃至欺骗，出现信号拒止区，使得 SINS/GNSS 性能受到影响，无法正常工作，存在使用上的隐患。

（4）SLAM 导航系统：历史上最早并可能成为最有影响力的 SLAM 算法，基于扩展卡尔曼滤波（extended Kalman filter，EKF）发展而来，EKF-SLAM 算法使用最大似然（maximum likelihood，ML）数据关联将 EKF 应用于在线 SLAM。然而，EKF-SLAM 受限于一些近似和限制性假设。

在 EKF-SLAM 方法中，地图由点地标组成。由于计算的原因，点地标的数量通常比较小（如小于 1000），而且地标的不确定性越小，EKF 方法工作效果越好。因此，EKF-SLAM 算法对特征检测技术要求较高，有时运用人工信标作为特征。

## 3.3　基于变分贝叶斯的鲁棒车辆定位算法

### 3.3.1　引言

车辆定位技术在智能交通领域中扮演着重要的角色。定位的精度直接决定了无人驾驶汽车的安全性能。在空旷的环境下，定位的精度可以满足基本的需求。针对系统过程噪声、量测噪声参数已知且服从高斯分布的情况，卡尔曼滤波器是最优的滤波器。但是在拥有众多高楼的城市里，卫星信号在高楼遮挡和多径效应等各种不确定因素的影响下，常常会出现异常值，从而诱导出厚尾噪声，也就是噪声的厚尾特性。而卡尔曼滤波器对噪声的异常值尤为敏感，因此研究可以在厚尾噪声干扰下工作的定位算法具有极为重要的意义。

状态空间模型（state space model，SSM）广泛应用于智能汽车和军事系统[1]。利用卡尔曼滤波器已经实现了高斯噪声线性系统的最优估计。由于使用不准确的噪声协方差或厚尾噪声，卡尔曼滤波器的滤波性能显著降低。因此，研究在非高斯噪声干扰下正常工作的算法具有十分重要的实际意义。粒子滤波常应用于非高斯噪声[2]，但其计算量较大，实时性不高，因此，难以满足实际应用中对实时性要求较高的需要。

目前，研究人员开发了许多鲁棒自适应滤波器。文献[3]～文献[5]基于 Huber 理论提出了一个用于识别多个系统的广义鲁棒成本函数。最近，文献[6]和文献[7]提出了一种最大对应熵卡尔曼滤波器（maximum correntropy Kalman filter，MCKF），以提高对厚尾噪声的鲁棒性。在文献[8]中提出了一种新的自适应卡尔曼滤波器，通过对数据样本赋予权重，以减轻异常值的影响。值得注意的是，上述滤波器大多数都需要事先知道名义协方差。因此，为了解决需要已知名义协方差的问题，相关研究人员提出了 Student's $t$ 滤波器（Student's $t$ filter，STF）[9-11]和基于鲁棒 Student's $t$ 的卡尔曼滤波器（robust Student's $t$ Kalman filter，RSTKF）[1, 12, 13]。在 STF 中，利用 Student's $t$ 分布刻画状态后验分布。与之不同的是，RSTKF 假设状态后验分布服从高斯分布。随后，文献[12]、文献[14]、文献[15]提出了利用变分贝叶斯（Bayes）技术同时估计 RSTKF 算法中的状态和未知量测或过程协方差。

上述的鲁棒自适应滤波器仅考虑智能汽车在平稳环境中行驶。然而，智能汽车在行驶过程中其环境会不断变化，因此异常值的出现也可能是动态的。文献[1]考虑了噪声时而服从高斯分布，时而服从 Student's $t$ 分布的情况，从而提出了一种基于高斯-学生混合分布的卡尔曼滤波（Gaussian-Student's $t$ mixture Kalman filter，GSMKF）以解决标准协方差已知的问题。在实际的应用中，异常值可能诱导出中度或重度厚尾噪声，仅使用平稳分布的 GSMKF 难以近似动态异常值。因此，开发一种具有未知厚尾过程和测量噪声的鲁棒定位算法在实际应用中具有十分重要的意义。

在本节所介绍的基于混合高斯（mixture of two Gaussian，M2G）分布的状态估计方法中，其中一个高斯分布使用具有高概率的标准协方差，另一个高斯分布使用具有低概率的自适应大协方差。首先，将测量似然和一步状态预测分别建模为 M2G 分布；然后，在 M2G 分布中利用标准协方差乘以时变尺度参数以逼近自适应大协方差；再引入一个参数确定噪声是由名义协方差产生的还是由更大的协方差产生的。假设未知名义协方差的分布服从逆威沙特（Wishart）分布，利用二元指示变量和尺度参数的层次先验对异常值特征建模，然后使用变分贝叶斯框架联合估计状态和未知参数。

### 3.3.2　基于混合高斯的鲁棒车辆定位模型

一个线性离散系统的状态空间模型如下：

$$\begin{aligned} \boldsymbol{x}_k &= \boldsymbol{F}\boldsymbol{x}_{k-1} + \boldsymbol{w}_{k-1} \\ \boldsymbol{z}_k &= \boldsymbol{C}\boldsymbol{x}_k + \boldsymbol{v}_k \end{aligned} \tag{3.3.1}$$

其中，$k$ 是离散时间，$k \in \{1,2,\cdots,N\}$；$N$ 是总的量测数据；$\boldsymbol{x}_k \in \mathbf{R}^n$ 是状态向量；$\boldsymbol{F} \in \mathbf{R}^{n\times n}$ 是状态转移矩阵；$\boldsymbol{C} \in \mathbf{R}^{m\times n}$ 是量测矩阵；$z_k \in \mathbf{R}^m$ 是量测向量；在本小节中，$\boldsymbol{w}_k$ 和 $\boldsymbol{v}_k$ 是未知的非平稳厚尾噪声向量。量测似然和一步状态预测被建模为 M2G 分布，在 M2G 分布中，其中一个为高概率的具有标准协方差的高斯分布，另一个为低概率的具有大协方差的高斯分布。随后，量测似然函数和状态一步预测可以分别用混合高斯模型表示：

$$p(z_k \mid \boldsymbol{x}_k) = \delta_k \mathcal{N}(z_k; \boldsymbol{C}\boldsymbol{x}_k, \boldsymbol{R}_k) + (1-\delta_k)\mathcal{N}(z_k; \boldsymbol{C}\boldsymbol{x}_k, \tilde{\boldsymbol{R}}_k) \tag{3.3.2}$$

$$p(\boldsymbol{x}_k \mid z_{1:k-1}) = r_k \mathcal{N}(\boldsymbol{x}_k; \hat{\boldsymbol{x}}_{k|k-1}, \boldsymbol{P}_{k|k-1}) + (1-r_k)\mathcal{N}(\boldsymbol{x}_k; \hat{\boldsymbol{x}}_{k|k-1}, \tilde{\boldsymbol{P}}_{k|k-1}) \tag{3.3.3}$$

其中，$\delta_k$ 和 $r_k$ 为混合权重，并且 $0 < 1-\delta_k \ll \delta_k < 1$，$0 < 1-r_k \ll r_k < 1$；$\boldsymbol{R}_k$ 和 $\boldsymbol{P}_{k|k-1}$ 分别为标准量测噪声的协方差矩阵和标准一步状态预测协方差矩阵；$\tilde{\boldsymbol{R}}_k$ 和 $\tilde{\boldsymbol{P}}_{k|k-1}$ 是厚尾量测噪声和其一步状态预测的协方差矩阵，分别表示为 $\tilde{\boldsymbol{R}}_k = \boldsymbol{R}_k / \lambda_k$ 和 $\tilde{\boldsymbol{P}}_{k|k-1} = \boldsymbol{P}_{k|k-1} / \varepsilon_k$。其中，$\lambda_k$ 和 $\varepsilon_k$ 表示尺度参数，并且远小于 1。为了对尺度参数 $\lambda_k$、$\varepsilon_k$ 和混合权重 $\delta_k$、$r_k$ 的特征建模，其先验分别被定义为 $p(\lambda_k) = G(\lambda_k \mid 1, \vartheta_k)$，$p(\varepsilon_k) = G(\varepsilon_k \mid 1, \eta_k)$，$p(\delta_k) = \mathrm{Be}(\delta_k \mid \kappa_0, 1-\kappa_0)$，$p(r_k) = \mathrm{Be}(r_k \mid \upsilon_0, 1-\upsilon_0)$。其中，$G(\cdot)$ 和 $\mathrm{Be}(\cdot)$ 分别表示伽马分布和贝塔分布。然后 $\vartheta_k$、$\eta_k$ 的先验也被定义为伽马分布，即 $p(\vartheta_k) = G(\vartheta_k \mid a_0, b_0)$，$p(\eta_k) = G(\eta_k \mid e_0, f_0)$。除此之外，引入两个二元指示变量 $y_k$ 和 $\rho_k$，只能取 0 或 1，以此指示出噪声服从的分布。若 $y_k = 1$，则表示量测分布为具有标准协方差的高斯分布，否则为具有大协方差的高斯分布。若 $\rho_k = 1$，则表示状态预测分布为具有标准协方差的高斯分布，否则为具有大协方差的高斯分布。将高斯加权和形式的似然函数转化成指数相乘的形式，可以得到如下公式：

$$p(z_k \mid \boldsymbol{x}_k, y_k) = [\mathcal{N}(z_k; \boldsymbol{C}\boldsymbol{x}_k, \boldsymbol{R}_k)]^{y_k} \left[ \mathcal{N}\left( z_k; \boldsymbol{C}\boldsymbol{x}_k, \frac{\boldsymbol{R}_k}{\lambda_k} \right) \right]^{1-y_k} \tag{3.3.4}$$

$$p(\boldsymbol{x}_k \mid z_{1:k-1}, \rho_k) = [\mathcal{N}(\boldsymbol{x}_k; \boldsymbol{x}_{k|k-1}, \boldsymbol{P}_{k|k-1})]^{\rho_k} \left[ \mathcal{N}\left( \boldsymbol{x}_k; \boldsymbol{x}_{k|k-1}, \frac{\boldsymbol{P}_{k|k-1}}{\varepsilon_k} \right) \right]^{1-\rho_k} \tag{3.3.5}$$

其中，二元指示变量 $y_k$ 和 $\rho_k$ 表示如下：

$$\begin{aligned} p(y_k \mid \delta_k) &= \delta_k^{\,y_k} (1-\delta_k)^{1-y_k} \\ p(\rho_k \mid r_k) &= r_k^{\,\rho_k} (1-r_k)^{1-\rho_k} \end{aligned} \tag{3.3.6}$$

$\hat{\boldsymbol{x}}_{k|k-1}$ 和 $\boldsymbol{P}_{k|k-1}$ 近似为均值和协方差的标准一步状态预测，即

$$\hat{\boldsymbol{x}}_{k|k-1} \approx \boldsymbol{F}\hat{\boldsymbol{x}}_{k-1|k-1} \tag{3.3.7}$$

$$\boldsymbol{P}_{k|k-1} \approx \boldsymbol{F}\boldsymbol{P}_{k-1|k-1}\boldsymbol{F}^{\mathrm{T}} + \tilde{\boldsymbol{Q}}_k \tag{3.3.8}$$

其中，$\hat{\boldsymbol{x}}_{k-1|k-1}$ 表示第 $k-1$ 时刻状态均值的估计；$\boldsymbol{P}_{k-1|k-1}$ 表示第 $k-1$ 时刻协方差的估计；$\tilde{\boldsymbol{Q}}_k$ 表示过程噪声的协方差。为保证变分贝叶斯算法求解迭代过程中先验和后验的形式一致，将 $k$ 时刻噪声的先验分布建模为逆威沙特分布：

$$p(\boldsymbol{R}_k \mid \boldsymbol{z}_{1:k-1}) = \mathrm{IW}(\boldsymbol{R}_k; t_{k|k-1}, \boldsymbol{T}_{k|k-1}) \tag{3.3.9}$$

$$p(\boldsymbol{P}_{k|k-1} \mid \boldsymbol{z}_{1:k-1}) = \mathrm{IW}(\boldsymbol{P}_{k|k-1}; u_{k|k-1}, \boldsymbol{U}_{k|k-1}) \tag{3.3.10}$$

其中，$\mathrm{IW}(\cdot)$ 表示逆威沙特分布，令 $k-1$ 时刻 $\boldsymbol{R}_{k-1}$ 的后验概率密度函数为 $p(\boldsymbol{R}_{k-1} \mid z_{1:k-1}) = \mathrm{IW}(\boldsymbol{R}_{k-1}; t_{k-1|k-1}, \boldsymbol{T}_{k-1|k-1})$，逆威沙特分布中的参数更新如下：

$$t_{k|k-1} = \tau(t_{k-1|k-1} - m - 1) + m + 1 \tag{3.3.11}$$

$$\boldsymbol{T}_{k|k-1} = \tau \boldsymbol{T}_{k-1|k-1} \tag{3.3.12}$$

其中，参数 $\tau \in (0,1]$[14, 16]。令 $\boldsymbol{P}_{k|k-1} = \dfrac{\boldsymbol{U}_{k|k-1}}{u_{k|k-1} - n - 1}$，$u_{k|k-1} = n + \sigma + 1$，则有 $\boldsymbol{U}_{k|k-1} = \sigma \boldsymbol{P}_{k|k-1}$。

由于参数之间相互耦合，利用单一的方法无法有效求解，因此利用变分贝叶斯框架联合优化求解，变分贝叶斯框架求解模型如图 3.3.1 所示。

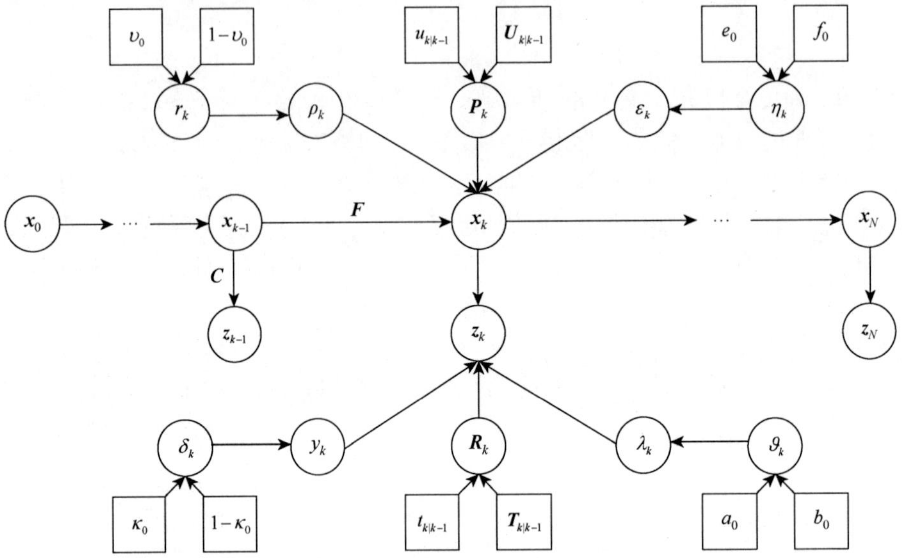


图 3.3.1　变分贝叶斯框架求解模型图形说明

### 3.3.3　模型参数估计

由贝叶斯定理可知：

$$p(\phi_k \mid z_{1:k}, \psi_k) = \frac{p(z_{1:k} \mid \phi_k) p(\phi_k \mid \psi_k)}{p(z_{1:k} \mid \psi_k)} \tag{3.3.13}$$

令 $\phi_k = \{\boldsymbol{x}_k, \boldsymbol{R}_k, \boldsymbol{P}_{k|k-1}, \lambda_k, \varepsilon_k, \vartheta_k, \eta_k, y_k, \rho_k, \delta_k, r_k\}$，$\psi_k = \{t_{k|k-1}, \boldsymbol{T}_{k|k-1}, u_{k|k-1}, \boldsymbol{U}_{k|k-1}, \kappa_0, a_0, b_0, \upsilon_0, e_0, f_0\}$，然后建立鲁棒自适应模型[17]如下：

$$\begin{aligned}
& p(z_{1:k} \mid \phi_k) p(\phi_k \mid \psi_k) \\
&= p(z_{1:k-1}) [\mathcal{N}(z_k; \boldsymbol{C}\boldsymbol{x}_k, \boldsymbol{R}_k)]^{y_k} \left[ \mathcal{N}\left( z_k; \boldsymbol{C}\boldsymbol{x}_k, \frac{\boldsymbol{R}_k}{\lambda_k} \right) \right]^{1-y_k} G(\lambda_k; 1, \vartheta_k) \\
&\quad \times [\mathcal{N}(\boldsymbol{x}_k; \hat{\boldsymbol{x}}_{k|k-1}, \boldsymbol{P}_{k|k-1})]^{\rho_k} \left[ \mathcal{N}\left( \boldsymbol{x}_k; \hat{\boldsymbol{x}}_{k|k-1}, \frac{\boldsymbol{P}_{k|k-1}}{\varepsilon_k} \right) \right]^{1-\rho_k} G(\vartheta_k; a_0, b_0) \\
&\quad \times G(\varepsilon_k; 1, \eta_k) G(\eta_k; e_0, f_0) p(y_k \mid \delta_k) p(\delta_k) \mathrm{Be}(\delta_k \mid \kappa_0, 1-\kappa_0) p(\rho_k \mid r_k) \\
&\quad \times p(r_k) \mathrm{Be}(r_k \mid \upsilon_0, 1-\upsilon_0) \mathrm{IW}(\boldsymbol{R}_k; t_{k|k-1}, \boldsymbol{T}_{k|k-1}) \mathrm{IW}(\boldsymbol{P}_{k|k-1}; u_{k|k-1}, \boldsymbol{U}_{k|k-1})
\end{aligned} \tag{3.3.14}$$

利用分布$q(\phi_k)$近似$p(\phi_k \mid \boldsymbol{z}_{1:k},\psi_k)$，利用平均场理论，可以得到

$$\log q(\varDelta) = E_{\phi_k^{(-\varDelta)}}[\log p(\boldsymbol{z}_{1:k} \mid \phi_k) p(\phi_k \mid \psi_k)] \tag{3.3.15}$$

其中，$\varDelta$表示$\phi_k$中的一个元素；$\phi_k^{(-\varDelta)}$表示$\phi_k$中除$\varDelta$元素以外的所有元素的集合；$E[\cdot]$表示期望运算。由于估计的参数相互耦合，所以无法直接求最优解，因此采用固定点迭代法求解式（3.3.15），在第$l+1$次迭代时利用$q^{(l)}(\phi_k^{(-\varDelta)})$更新$q^{(l+1)}(\varDelta)$。

令$\varDelta = \boldsymbol{x}_k$，并将式（3.3.14）代入式（3.3.15）中，可得

$$q^{(l+1)}(\boldsymbol{x}_k) \propto \mathcal{N}(\boldsymbol{z}_k;\boldsymbol{C}\boldsymbol{x}_k,\bar{\boldsymbol{R}}_k^{(l)})\mathcal{N}(\boldsymbol{x}_k;\hat{\boldsymbol{x}}_{k|k-1},\bar{\boldsymbol{P}}_{k|k-1}^{(l)}) \tag{3.3.16}$$

其中，$\bar{\boldsymbol{R}}_k^{(l)}$、$\bar{\boldsymbol{P}}_{k|k-1}^{(l)}$表示辅助参数，定义为

$$\bar{\boldsymbol{R}}_k^{(l)} = \frac{(E^{(l)}[\boldsymbol{R}_k^{-1}])^{-1}}{E^{(l)}[y_k] + (1 - E^{(l)}[y_k]E^{(l)}[\lambda_k])} \tag{3.3.17}$$

$$\bar{\boldsymbol{P}}_{k|k-1}^{(l)} = \frac{(E^{(l)}[\boldsymbol{P}_{k|k-1}^{-1}])^{-1}}{E^{(l)}[\rho_k] + (1 - E^{(l)}[\rho_k]E^{(l)}[\varepsilon_k])} \tag{3.3.18}$$

根据共轭先验知识，状态的近似后验分布$q^{(l+1)}(\boldsymbol{x}_k)$被更新为高斯分布：

$$q^{(l+1)}(\boldsymbol{x}_k) = \mathcal{N}(\boldsymbol{x}_k;\hat{\boldsymbol{x}}_{k|k}^{(l+1)},\boldsymbol{P}_{k|k}^{(l+1)}) \tag{3.3.19}$$

其中，$\hat{\boldsymbol{x}}_{k|k}^{(l+1)}$、$\boldsymbol{P}_{k|k}^{(l+1)}$可以通过下列公式表示；$\hat{\boldsymbol{x}}_{k|k-1}$是$k-1$时刻状态先验的估计，已在前面给出：

$$\begin{aligned} K_k^{(l+1)} &= \bar{\boldsymbol{P}}_{k|k-1}^{(l)}\boldsymbol{C}^{\mathrm{T}}(\boldsymbol{C}\bar{\boldsymbol{P}}_{k|k-1}^{(l)}\boldsymbol{C}^{\mathrm{T}} + \bar{\boldsymbol{R}}_k^{(l)})^{-1} \\ \hat{\boldsymbol{x}}_{k|k}^{(l+1)} &= \hat{\boldsymbol{x}}_{k|k-1} + K_k^{(l+1)}(\boldsymbol{z}_k - \boldsymbol{C}\hat{\boldsymbol{x}}_{k|k-1}) \\ \boldsymbol{P}_{k|k}^{(l+1)} &= \bar{\boldsymbol{P}}_{k|k-1}^{(l)} - K_k^{(l+1)}\boldsymbol{C}\bar{\boldsymbol{P}}_{k|k-1}^{(l)} \end{aligned} \tag{3.3.20}$$

分别令$\varDelta = y_k$，$\varDelta = \rho_k$，然后将式（3.3.14）代入式（3.3.15），$q^{(l+1)}(y_k)$和$q^{(l+1)}(\rho_k)$被更新为伯努利分布，如下：

$$\begin{aligned} \xi^{(l+1)}(y_k = 1) &= \varLambda \exp\{E^{(l)}[\log\delta_k] - 0.5\mathrm{Tr}(\varOmega_k^{(l+1)}E^{(l)}[\boldsymbol{R}_k^{-1}])\} \\ \xi^{(l+1)}(y_k = 0) &= \varLambda \exp\{E^{(l)}[\log(1-\delta_k)] + 0.5m \times E^{(l)}[\log\lambda_k] \\ &\quad - 0.5E^{(l)}[\lambda_k]\mathrm{Tr}(\varOmega_k^{(l+1)}E^{(l)}[\boldsymbol{R}_k^{-1}])\} \\ \xi^{(l+1)}(\rho_k = 1) &= \nabla \exp\{E^{(l)}[\log r_k] - 0.5\mathrm{Tr}(\varPi_k^{(l+1)}E^{(l)}[\boldsymbol{P}_{k|k-1}^{-1}])\} \\ \xi^{(l+1)}(\rho_k = 0) &= \nabla \exp\{E^{(l)}[\log(1-r_k)] + 0.5m \times E^{(l)}[\log\varepsilon_k] \\ &\quad - 0.5E^{(l)}[\varepsilon_k]\mathrm{Tr}(\varPi_k^{(l+1)}E^{(l)}[\boldsymbol{P}_{k|k-1}^{-1}])\} \end{aligned} \tag{3.3.21}$$

其中，$\varLambda$和$\nabla$为归一化常数；$\mathrm{Tr}(\cdot)$为迹运算；$\varOmega_k^{(l+1)}$和$\varPi_k^{(l+1)}$定义如下：

$$\varOmega_k^{(l+1)} = (\boldsymbol{z}_k - \boldsymbol{C}\hat{\boldsymbol{x}}_{k|k}^{(l+1)})(\boldsymbol{z}_k - \boldsymbol{C}\hat{\boldsymbol{x}}_{k|k}^{(l+1)})^{\mathrm{T}} + \boldsymbol{C}\hat{\boldsymbol{P}}_{k|k}^{(l+1)}\boldsymbol{C}^{\mathrm{T}} \tag{3.3.22}$$

$$\varPi_k^{(l+1)} = (\hat{\boldsymbol{x}}_{k|k}^{(l+1)} - \hat{\boldsymbol{x}}_{k|k-1})(\hat{\boldsymbol{x}}_{k|k}^{(l+1)} - \hat{\boldsymbol{x}}_{k|k-1})^{\mathrm{T}} + \boldsymbol{P}_{k|k}^{(l+1)} \tag{3.3.23}$$

则关于变分分布$q^{(l+1)}(y_k)$和$q^{(l+1)}(\rho_k)$的期望为

$$E^{(l+1)}[y_k] = \frac{\xi^{(l+1)}(y_k = 1)}{\xi^{(l+1)}(y_k = 1) + \xi^{(l+1)}(y_k = 0)} \tag{3.3.24}$$

$$E^{(l+1)}[\rho_k]=\frac{\xi^{(l+1)}(\rho_k=1)}{\xi^{(l+1)}(\rho_k=1)+\xi^{(l+1)}(\rho_k=0)} \tag{3.3.25}$$

分别令 $\varDelta=\delta_k$， $\varDelta=r_k$，将式（3.3.14）代入式（3.3.15）， $q^{(l+1)}(\delta_k)$ 和 $q^{(l+1)}(r_k)$ 被认为是贝塔分布，如下：

$$q^{(l+1)}(\delta_k)=\mathrm{Be}(\delta_k;\kappa_k^{(l+1)},\breve{\alpha}_k^{(l+1)}) \tag{3.3.26}$$

$$q^{(l+1)}(r_k)=\mathrm{Be}(r_k;\upsilon_k^{(l+1)},\breve{\beta}_k^{(l+1)}) \tag{3.3.27}$$

其中参数定义为

$$\kappa_k^{(l+1)}=\kappa_0+E^{(l+1)}[y_k] \tag{3.3.28}$$

$$\breve{\alpha}_k^{(l+1)}=2-\kappa_0-E^{(l+1)}[y_k] \tag{3.3.29}$$

$$\upsilon_k^{(l+1)}=\upsilon_0+E^{(l+1)}[\rho_k] \tag{3.3.30}$$

$$\breve{\beta}_k^{(l+1)}=2-\upsilon_0-E^{(l+1)}[\rho_k] \tag{3.3.31}$$

然后可以得到

$$E^{(l+1)}[\log\delta_k]=\varGamma(\kappa_k^{(l+1)})-\varGamma(\kappa_k^{(l+1)}+\breve{\alpha}_k^{(l+1)}) \tag{3.3.32}$$

$$E^{(l+1)}[\log(1-\delta_k)]=\varGamma(\breve{\alpha}_k^{(l+1)})-\varGamma(\kappa_k^{(l+1)}+\breve{\alpha}_k^{(l+1)}) \tag{3.3.33}$$

$$E^{(l+1)}[\log r_k]=\varGamma(\upsilon_k^{(l+1)})-\varGamma(\upsilon_k^{(l+1)}+\breve{\beta}_k^{(l+1)}) \tag{3.3.34}$$

$$E^{(l+1)}[\log(1-r_k)]=\varGamma(\breve{\beta}_k^{(l+1)})-\varGamma(\upsilon_k^{(l+1)}+\breve{\beta}_k^{(l+1)}) \tag{3.3.35}$$

其中， $\varGamma(\cdot)$ 为 Digamma 函数。

令 $\varDelta=\vartheta_k$， $\varDelta=\eta_k$，然后将式（3.3.14）代入式（3.3.15）， $q^{(l+1)}(\vartheta_k)$ 和 $q^{(l+1)}(\eta_k)$ 被更新为伽马分布，如下所示：

$$q^{(l+1)}(\vartheta_k)=G(\vartheta_k;a_k^{(l+1)},b_k^{(l+1)}) \tag{3.3.36}$$

$$q^{(l+1)}(\eta_k)=G(\eta_k;e_k^{(l+1)},f_k^{(l+1)}) \tag{3.3.37}$$

其中，超参数可以定义为

$$a_k^{(l+1)}=a_0+1 \tag{3.3.38}$$

$$b_k^{(l+1)}=b_0+E^{(l)}[\lambda_k] \tag{3.3.39}$$

$$e_k^{(l+1)}=e_0+1 \tag{3.3.40}$$

$$f_k^{(l+1)}=f_0+E^{(i)}[\varepsilon_k] \tag{3.3.41}$$

进而可以得到

$$E^{(l+1)}[\vartheta_k]=a_k^{(l+1)}/b_k^{(l+1)} \tag{3.3.42}$$

$$E^{(l+1)}[\eta_k]=e_k^{(l+1)}/f_k^{(l+1)} \tag{3.3.43}$$

令 $\varDelta=\lambda_k$，$\varDelta=\varepsilon_k$，然后将式（3.3.14）代入式（3.3.15），$q^{(l+1)}(\lambda_k)$ 和 $q^{(l+1)}(\varepsilon_k)$ 也被更新为伽马分布，如下：

$$q^{(l+1)}(\lambda_k)=G(\lambda_k;\breve{c}_k^{(l+1)},\breve{d}_k^{(l+1)}) \tag{3.3.44}$$

$$q^{(l+1)}(\varepsilon_k)=G(\varepsilon_k;\breve{g}_k^{(l+1)},\breve{h}_k^{(l+1)}) \tag{3.3.45}$$

其中，$\breve{c}_k^{(l+1)}$、$\breve{d}_k^{(l+1)}$、$\breve{g}_k^{(l+1)}$ 和 $\breve{h}_k^{(l+1)}$ 分别表示如下：

$$\breve{c}_k^{(l+1)}=\frac{m}{2}(1-E^{(l+1)}[y_k])+1 \tag{3.3.46}$$

$$\breve{d}_k^{(l+1)}=E^{(l+1)}[\vartheta_k]+\frac{1-E^{(l+1)}[y_k]}{2}\mathrm{Tr}(\varOmega_k^{(l+1)}E^{(l)}[\boldsymbol{R}_k^{-1}]) \tag{3.3.47}$$

$$\breve{g}_k^{(l+1)}=\frac{n}{2}(1-E^{(l+1)}[\rho_k])+1 \tag{3.3.48}$$

$$\breve{h}_k^{(l+1)}=E^{(l+1)}[\eta_k]+\frac{1-E^{(l+1)}[\rho_k]}{2}\mathrm{Tr}(\varPi_k^{(l+1)}E^{(l)}[\boldsymbol{P}_{k|k-1}^{-1}]) \tag{3.3.49}$$

进而可以得到

$$E^{(l+1)}[\lambda_k]=\breve{c}_k^{(l+1)}/\breve{d}_k^{(l+1)} \tag{3.3.50}$$

$$E^{(l+1)}[\varepsilon_k]=\breve{g}_k^{(l+1)}/\breve{h}_k^{(l+1)} \tag{3.3.51}$$

$$E^{(l+1)}[\log\lambda_k]=\varGamma(\breve{c}_k^{(l+1)})-\log(\breve{d}_k^{(l+1)}) \tag{3.3.52}$$

$$E^{(l+1)}[\log\varepsilon_k]=\varGamma(\breve{g}_k^{(l+1)})-\log(\breve{h}_k^{(l+1)}) \tag{3.3.53}$$

令 $\varDelta=\boldsymbol{R}_k$，$\varDelta=\boldsymbol{P}_{k|k-1}$，然后将式（3.3.14）代入式（3.3.15），可得

$$q^{(l+1)}(\boldsymbol{R}_k)=\mathrm{IW}(\boldsymbol{R}_k;t_k^{(l+1)},\boldsymbol{T}_k^{(l+1)}) \tag{3.3.54}$$

$$q^{(l+1)}(\boldsymbol{P}_{k|k-1})=\mathrm{IW}(\boldsymbol{P}_{k|k-1};u_k^{(l+1)},\boldsymbol{U}_k^{(l+1)}) \tag{3.3.55}$$

其中，$t_k^{(l+1)}$、$\boldsymbol{T}_k^{(l+1)}$、$u_k^{(l+1)}$ 和 $\boldsymbol{U}_k^{(l+1)}$ 分别表示如下：

$$t_k^{(l+1)}=t_{k|k-1}+1 \tag{3.3.56}$$

$$\boldsymbol{T}_k^{(l+1)}=\{E^{(l+1)}[y_k]+(1-E^{(l+1)}[y_k])E^{(l+1)}[\lambda_k]\}\varOmega_k^{(l+1)}+\boldsymbol{T}_{k|k-1} \tag{3.3.57}$$

$$u_k^{(l+1)}=u_{k|k-1}+1 \tag{3.3.58}$$

$$\boldsymbol{U}_k^{(l+1)}=\{E^{(l+1)}[\rho_k]+(1-E^{(l+1)}[\rho_k])E^{(l+1)}[\varepsilon_k]\}\varPi_k^{(l+1)}+\boldsymbol{U}_{k|k-1} \tag{3.3.59}$$

进而可以得到

$$E^{(l+1)}[\boldsymbol{R}_k^{-1}]=(t_k^{(l+1)}-m-1)(\boldsymbol{T}_k^{(l+1)})^{-1} \tag{3.3.60}$$

$$E^{(l+1)}[\boldsymbol{P}_{k|k-1}^{-1}]=(u_k^{(l+1)}-n-1)(\boldsymbol{U}_k^{(l+1)})^{-1} \tag{3.3.61}$$

为了使基于变分贝叶斯的鲁棒定位算法阐述更明确，给出其算法的伪代码，如算法 3.3.1 所示。

算法 3.3.1　基于变分贝叶斯的鲁棒定位算法

输入：$z_k$，$\hat{\boldsymbol{x}}_{k-1|k-1}$，$\boldsymbol{F}$，$\boldsymbol{C}$，$\boldsymbol{P}_{k-1|k-1}$，$\tilde{\boldsymbol{Q}}_k$，$t_{k-1|k-1}$，$\boldsymbol{T}_{k-1|k-1}$，$\sigma$，$\tau$，$\kappa_0$，$a_0$，$b_0$，$\upsilon_0$，$e_0$，$f_0$，$\eta$，$L$

输出：$\hat{\boldsymbol{x}}_{k|k}$，$\boldsymbol{P}_{k|k}$，$t_{k|k}$，$\boldsymbol{T}_{k|k}$

1：利用式（3.3.11）和式（3.3.12）初始化参数 $t_{k|k-1},\boldsymbol{T}_{k|k-1}$，令 $E^{(0)}[y_k]=1$，$E^{(0)}[\rho_k]=1$，$E^{(0)}[\vartheta_k]=a_0/b_0$，$E^{(0)}[\eta_k]=e_0/f_0$，$E^{(0)}[\lambda_k]=b_0/a_0$，$E^{(0)}[\varepsilon_k]=f_0/e_0$，$E^{(0)}[\log\delta_k]=\Gamma(\kappa_0)-\Gamma(1)$，$E^{(0)}[\log r_k]=\Gamma(\upsilon_0)-\Gamma(1)$，$E^{(0)}[\log(1-\delta_k)]=\Gamma(1-\kappa_0)-\Gamma(1)$，$E^{(0)}[\log(1-r_k)]=\Gamma(1-\upsilon_0)-\Gamma(1)$

2：利用式（3.3.7）和式（3.3.8）计算 $\hat{\boldsymbol{x}}_{k|k-1}$，$\boldsymbol{P}_{k|k-1}$

3：初始化 $u_{k|k-1}=n+\sigma+1,\boldsymbol{U}_{k|k-1}=\sigma\boldsymbol{P}_{k|k-1}$

4：for $l=0:L-1$ do

5：分别利用式（3.3.17）和式（3.3.18）更新 $\bar{\boldsymbol{R}}_k^{(l)}$，$\bar{\boldsymbol{P}}_{k|k-1}^{(l)}$

6：利用式（3.3.20）更新 $\hat{\boldsymbol{x}}_{k|k}^{(l+1)}$，$\boldsymbol{P}_{k|k}^{(l+1)}$

7：如果 $\dfrac{\|\hat{\boldsymbol{x}}_{k|k}^{(l+1)}-\hat{\boldsymbol{x}}_{k|k}^{(l)}\|}{\|\hat{\boldsymbol{x}}_{k|k}^{(l+1)}\|}\leqslant\eta$，停止迭代；否则迭代继续

8：分别利用式（3.3.24）和式（3.3.25）更新 $E^{(l+1)}[y_k]$，$E^{(l+1)}[\rho_k]$

9：利用式（3.3.32）～式（3.3.35）更新 $E^{(l+1)}[\log\delta_k]$，$E^{(l+1)}[\log r_k]$，$E^{(l+1)}[\log(1-\delta_k)]$ 和 $E^{(l+1)}[\log(1-r_k)]$

10：利用式（3.3.42）和式（3.3.43）更新 $E^{(l+1)}[\vartheta_k]$，$E^{(l+1)}[\eta_k]$

11：利用式（3.3.50）～式（3.3.53）更新 $E^{(l+1)}[\lambda_k]$，$E^{(l+1)}[\varepsilon_k]$，$E^{(l+1)}[\log\lambda_k]$，$E^{(l+1)}[\log\varepsilon_k]$

12：利用式（3.3.60）和式（3.3.61）更新 $E^{(l+1)}[\boldsymbol{R}_k^{-1}]$，$E^{(l+1)}[\boldsymbol{P}_{k|k-1}^{-1}]$

13：end for

14：$\hat{\boldsymbol{x}}_{k|k}=\hat{\boldsymbol{x}}_{k|k}^{(L)}$，$\boldsymbol{P}_{k|k}=\boldsymbol{P}_{k|k}^{(L)}$，$t_{k|k}=t_{k|k}^{(L)}$，$\boldsymbol{T}_{k|k}=\boldsymbol{T}_{k|k}^{(L)}$

## 3.4　面向数据传输中延时和丢包的鲁棒网联车辆定位方法

### 3.4.1　引言

在智能交通系统（intelligent transportation system，ITS）[1, 18-23]中，利用车车（vehicle to vehicle，V2V）通信技术进行辅助定位是一项重要的任务。智能汽车可以利用车车通信技术将自己的信息传输给周围其他智能汽车，例如，前车将自身的数据（如 GNSS 数据、摄像机数据、激光雷达数据等）传输给主车，主车根据自身的位置信息和前车传来的相对位置信息来估计出精度较高的位置信息。对于主车辆而言，可使用基于卡尔曼滤波的方法对前车[24-27]的状态进行估计。然而，由于高山、高楼等复杂环境因素的影响，GNSS 信号可能会中断或丢失[28]，而 GNSS 的纯噪声会被当成一种量测，同

时车车之间的通信也存在未知时变的延时和丢包的问题，导致普通的定位算法难以有效地估计智能汽车的状态。在实际应用中，网络系统的时间同步可能是一个大问题[29]，而变分贝叶斯卡尔曼滤波（variational Bayes Kalman filter，VB-Kalman）定位算法不需要任何时间戳信息就可以使用。而且在没有时间戳的情况下，基于卡尔曼滤波器的算法在处理带有延时和丢包的量测（delayed and lost measurements，DLM）时，其估计性能会有所降低。

近年来，研究人员开发了众多考虑已知量测延时和丢包概率的定位算法[30-38]。文献[30]通过考虑已知的量测损失概率，提出了一种间歇卡尔曼滤波器，文献[31]分析了该算法的稳定性和收敛性。在文献[34]和文献[35]中，分别基于一步随机延时量测设计出了卡尔曼滤波器和卡尔曼平滑器（Kalman smoother，KS）。文献[36]提出了一个增广状态卡尔曼滤波器以求解多步随机延时量测的状态估计方法。与文献[36]不同的是，文献[37]基于最小方差准则，提出了一个已知 DLM 概率的滤波器。然而，上述方法都假设延时的概率已知，无法解决延时概率未知且时变的问题。

如果事先无法得知量测丢包和延时的概率，则滤波问题将变得更加复杂。文献[39]对于具有随机延时量测的状态进行估计，提出了一种 KS 方法和一种期望最大化（expectation maximization，EM）方法来估计具有未知常数的随机延时量测（randomly delayed measurements，RDM）的状态。文献[40]提出了一种带有一步延时的卡尔曼滤波器（KF with one-step RDM，KFORDM），可以自适应地估计延时概率。在 KFORDM 中，引入一个服从伯努利分布的随机变量表示量测是否延时，再利用变分贝叶斯技术同时估计时变的延时概率和状态。对于具有随机丢包的状态估计，文献[41]研究了三种适用于传感器量测丢包未知的非线性状态估计的滤波器，即 Bayesian KF Ⅰ、Bayesian KF Ⅱ和 Rao-Blackwellised 粒子滤波器。Bayesian KF Ⅰ和 Bayesian KF Ⅱ基于贝叶斯方法和间歇卡尔曼滤波开发，而 Rao-Blackwellised 粒子滤波器是一种基于粒子滤波器的数值方法。文献[42]提出了一种带量测丢包的卡尔曼滤波器（KF with lost measurement，KFLM），该滤波能自适应地估计量测丢包的概率，同时文献[43]还开发了一种考虑量测丢包概率未知的交互式多模型滤波算法。此外，对于多步 DLM 滤波，文献[44]提出了一种改进的似然概率数据关联滤波器（modified likelihood probabilistic data association filter，MLPDAF），其形式类似于高斯和滤波器。在 MLPDAF 中，似然函数被更新为高斯混合函数，后验状态密度近似为单个高斯函数。进一步，文献[45]将 MLPDAF 推广到具有多步延时的非线性系统状态估计。

然而，文献[39]～文献[45]的方法不能同时自适应估计未知且时变的量测延时和丢包概率。在实际应用中，主车与前车之间的距离和行驶的环境不断变化，导致车车通信中数据的延时和丢包概率也不断变化。然而，很少有文献同时处理具有未知且时变的多步延时和丢包概率的智能汽车定位问题。而本节所介绍的 VB-Kalman 定位算法考虑了同时具有未知且时变的量测延时和丢包概率的智能汽车定位问题。首先，引入两个二元指示变量分别刻画丢包和延时；然后，构建一个鲁棒的分层高斯模型；最后，利用变分贝叶斯技术同时估计模型中的状态和未知参数。

### 3.4.2　基于层次贝叶斯的网联车辆定位模型

本节考虑了两辆车进行通信的场景，如图 3.4.1 所示。前一辆车 CV1 和主车 CV2 在路上移动。CV1 通过车车通信将其 GNSS 位置数据发送给另一辆车（CV2）。由于 GNSS 信号有时会丢失，车车通信中数据会随机发生延时和丢包，因此 CV2 接收到的位置信息是存在未知时变的延时和丢失的。车辆定位问题可以转化为处理未知延时和丢包的状态估计问题：

$$\boldsymbol{x}_t = \boldsymbol{F}\boldsymbol{x}_{t-1} + \boldsymbol{w}_{t-1} \tag{3.4.1}$$

$$\boldsymbol{y}_t = \rho_t \boldsymbol{C}\boldsymbol{x}_t + \boldsymbol{v}_t \tag{3.4.2}$$

$$\boldsymbol{z}_t = \sum_{i=0}^{I} s_t^i \boldsymbol{y}_{t-i} \tag{3.4.3}$$

其中，$t$ 表示离散时间；$\boldsymbol{x}_t \in \mathbf{R}^m$ 为状态；$\boldsymbol{F} \in \mathbf{R}^{m\times m}$ 为状态转移矩阵；$\boldsymbol{y}_t \in \mathbf{R}^n$ 为无量测延时的理想量测状态；$\boldsymbol{z}_t \in \mathbf{R}^n$ 表示利用车车通信接收的位置量测，即 DLM；$\boldsymbol{C} \in \mathbf{R}^{n\times m}$ 为量测矩阵；$\boldsymbol{w}_{t-1} \in \mathbf{R}^m$ 和 $\boldsymbol{v}_t \in \mathbf{R}^n$ 是均值为 0、协方差为 $\boldsymbol{Q}$ 和 $\boldsymbol{R}$ 的高斯分布的噪声；$\rho_t$ 是取值为 0 或 1 的二元指示变量，服从伯努利分布。设 $\boldsymbol{S}_t = [s_t^0, s_t^1, \cdots, s_t^I]$，其中 $s_t^i (0 \leqslant i \leqslant I)$ 是一个未知的二元指示变量，取值为 0 或 1，$I$ 是最大延时数。在 $\boldsymbol{S}_t$ 中，只有一个元素等于 1，其他的元素都等于 0。此外，变量 $\boldsymbol{x}_0$、$\boldsymbol{w}_{t-1}$、$\boldsymbol{v}_t$、$\rho_t$ 和 $\boldsymbol{S}_t$ 之间相互独立。

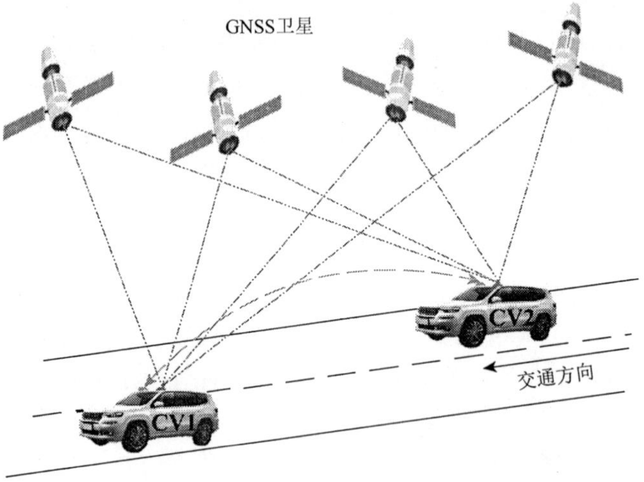


图 3.4.1　车车通信示意图

本节通过 4G 长期演进（4G long term evolution，4G-LTE）技术来研究车车通信中存在的问题。在 4G-LTE 中，当车辆的速度约为 60km/h[46]时，100 个数据包的平均延时约为 300ms。$I$ 的取值如下：$I = \lceil \tau_{\max} / \Delta t \rceil$，其中，$\tau_{\max}$ 为真实的最大延时，$\Delta t$ 为采样间隔，$\lceil \bullet \rceil$ 为向上取整函数。本节中，采样间隔 $\Delta t = 1\text{s}$。在现实实验中，实际数据表明，真正的最大延时小于 3s。因此，在实验中设置 $I = 3$。

本节中 $\rho_t = 1$ 和 $s_t^0 = 1$ 表示在 $t$ 时刻接收到理想的量测（即无丢包和延时），而 $\rho_t = 1$ 和 $s_t^i = 1$ 表示在 $t$ 时刻接收到 $i$ 步延时的量测。此外，$\rho_t = 0$ 表示量测信息在 $t$ 时刻丢失，因此可以得到似然概率密度函数（probability density function，PDF）：

$$p(z_t \mid \bar{\boldsymbol{x}}_t, \rho_t, \boldsymbol{S}_t) = \left\{ \prod_{i=0}^{I} [\mathcal{N}(z_t; \boldsymbol{C}\boldsymbol{x}_{t-i}, \boldsymbol{R})]^{s_t^i} \right\}^{\rho_t} [\mathcal{N}(z_t; 0, \boldsymbol{R})]^{(1-\rho_t)} \tag{3.4.4}$$

其中，$\bar{\boldsymbol{x}}_t = [\boldsymbol{x}_t^{\mathrm{T}}, \boldsymbol{x}_{t-1}^{\mathrm{T}}, \cdots, \boldsymbol{x}_{t-I}^{\mathrm{T}}]^{\mathrm{T}}$ 为智能网联汽车增广状态向量。

$$p(\rho_t \mid \eta_t) = \eta_t^{(1-\rho_t)} (1-\eta_t)^{\rho_t} \tag{3.4.5}$$

$$p(\boldsymbol{S}_t \mid \tau_0) = \prod_{i=0}^{I} \tau_0^{s_t^i} \tag{3.4.6}$$

其中，$\eta_t$ 为 $t$ 时刻量测丢包的概率且 $0 \leqslant \eta_t \leqslant 1$；$\tau_0$ 为权重。再假设：

$$p(\bar{\boldsymbol{x}}_t \mid z_{1:t-1}) = \mathcal{N}(\bar{\boldsymbol{x}}_t; \hat{\bar{\boldsymbol{x}}}_{t|t-1}; \bar{\boldsymbol{P}}_{t|t-1}) \tag{3.4.7}$$

其中，$\hat{\bar{\boldsymbol{x}}}_{t|t-1}$ 和 $\bar{\boldsymbol{P}}_{t|t-1}$ 分别表示智能网联汽车的增广状态向量和协方差矩阵，即

$$\hat{\bar{\boldsymbol{x}}}_{t|t-1} = \begin{bmatrix} \hat{\boldsymbol{x}}_{t|t-1} \\ \hat{\boldsymbol{x}}_{t-1|t-1} \\ \vdots \\ \hat{\boldsymbol{x}}_{t-I|t-1} \end{bmatrix} \tag{3.4.8}$$

$$\bar{\boldsymbol{P}}_{t|t-1} = \begin{bmatrix} \boldsymbol{P}_{t|t-1} & (\boldsymbol{P}_{t-1,t|t-1})^{\mathrm{T}} & \cdots & (\boldsymbol{P}_{t-I,t|t-1})^{\mathrm{T}} \\ \boldsymbol{P}_{t-1,t|t-1} & \boldsymbol{P}_{t-1|t-1} & \cdots & (\boldsymbol{P}_{t-I,t-1|t-1})^{\mathrm{T}} \\ \vdots & \vdots & & \vdots \\ \boldsymbol{P}_{t-I,t|t-1} & \boldsymbol{P}_{t-I,t-1|t-1} & \cdots & \boldsymbol{P}_{t-I|t-1} \end{bmatrix} \tag{3.4.9}$$

上述的 $\hat{\bar{\boldsymbol{x}}}_{t|t-1}$ 和 $\bar{\boldsymbol{P}}_{t|t-1}$ 可以按照文献[47]给出的方式计算：

$$\hat{\bar{\boldsymbol{x}}}_{t|t-1} = \bar{\boldsymbol{F}}\bar{\boldsymbol{x}}_{t-1} \tag{3.4.10}$$

$$\bar{\boldsymbol{P}}_{t|t-1} = \bar{\boldsymbol{F}}\bar{\boldsymbol{P}}_{t-1|t-1}\bar{\boldsymbol{F}}^{\mathrm{T}} + \bar{\boldsymbol{Q}} \tag{3.4.11}$$

其中，$\bar{\boldsymbol{x}}_{t-1}$ 和 $\bar{\boldsymbol{P}}_{t-1|t-1}$ 分别是 $t-1$ 时刻智能网联汽车状态向量和协方差矩阵的最优估计，$\bar{\boldsymbol{F}} \in \mathbf{R}^{(I+1)m\times(I+1)m}$ 和 $\bar{\boldsymbol{Q}} \in \mathbf{R}^{(I+1)m\times(I+1)m}$ 分别表示如下：

$$\bar{\boldsymbol{F}} = \begin{bmatrix} \boldsymbol{F} & 0 & \cdots & 0 & 0 \\ \boldsymbol{I}_m & 0 & \cdots & 0 & 0 \\ 0 & \boldsymbol{I}_m & \cdots & 0 & 0 \\ \vdots & \vdots & & \vdots & \vdots \\ 0 & 0 & \cdots & \boldsymbol{I}_m & 0 \end{bmatrix} \tag{3.4.12}$$

$$\bar{\boldsymbol{Q}} = \begin{bmatrix} \boldsymbol{Q} & 0 & \cdots & 0 \\ 0 & 0 & \cdots & 0 \\ \vdots & \vdots & & \vdots \\ 0 & 0 & \cdots & 0 \end{bmatrix} \tag{3.4.13}$$

由于 $\rho_t$ 的共轭先验分布服从 Beta 分布[48]，$a_0$ 和 $b_0$ 分别为形状参数和比例参数，所以丢包概率可以表示如下：

$$p(\eta_t) = \mathrm{Be}(\eta_t; a_0, b_0) \tag{3.4.14}$$

图 3.4.2 描述了利用变分贝叶斯框架求解考虑丢包和延时的智能网联汽车定位算法模型参数的情况。

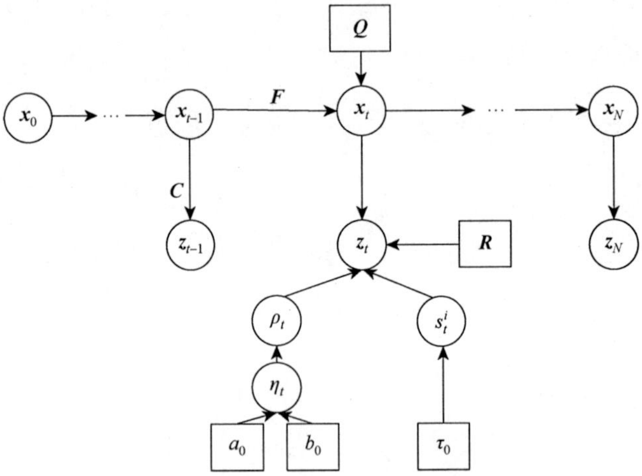


图 3.4.2　变分贝叶斯框架求解模型图形说明

### 3.4.3　模型参数估计

令 $\varPhi_t = \{\bar{\boldsymbol{x}}_t, \rho_t, \boldsymbol{S}_t, \eta_t\}$，$\varPsi_t = \{a_0, b_0, \tau_0\}$，可以得到

$$p(\varPhi_t \mid z_{1:t}, \varPsi_t) p(z_{1:t} \mid \varPsi_t) = p(z_{1:t} \mid \varPhi_t, \varPsi_t) p(\varPhi_t \mid \varPsi_t) \tag{3.4.15}$$

因为 $\varPsi_t$ 是超参数，可以得到

$$p(z_{1:t} \mid \varPhi_t, \varPsi_t) = p(z_{1:t} \mid \varPhi_t) \tag{3.4.16}$$

根据式（3.4.15）和式（3.4.16）可以得到 $p(\varPhi_t \mid z_{1:t}, \varPsi_t) = \dfrac{p(z_{1:t} \mid \varPhi_t, \varPsi_t) p(\varPhi_t \mid \varPsi_t)}{p(z_{1:t} \mid \varPsi_t)}$。根据文献[49]和文献[50]中的变分贝叶斯定理，可以得到

$$\log q(\varDelta) = E_{\varPhi_t(-\varDelta)}[\log p(z_{1:t} \mid \varPhi_t) p(\varPhi_t \mid \varPsi_t)] + c_\varDelta \tag{3.4.17}$$

其中，$\varDelta$ 表示 $\varPhi_t$ 中的任意一个元素；$\varPhi_t(-\varDelta)$ 表示 $\varPhi_t$ 中除 $\varDelta$ 外的所有元素；$c_\varDelta$ 表示一个关于 $\varDelta$ 的常数。式（3.4.17）常常用一种迭代的算法求解，其中 $q(\varDelta)$ 在 $l+1$ 次的迭代过程中用 $q^{(l)}(\varPhi_k^{(-\varDelta)})$ 计算为 $q^{(l+1)}(\varDelta)$。于是有

$$
\begin{aligned}
&p(z_{1:t} \mid \Phi_t)p(\Phi_t \mid \Psi_t) \\
&=\left\{\prod_{i=0}^{I}[\mathcal{N}(z_t;\boldsymbol{C}\boldsymbol{x}_{t-i},\boldsymbol{R})]^{s_t^i}\right\}^{\rho_t}[\mathcal{N}(z_t;0,\boldsymbol{R})]^{(1-\rho_t)} \\
&\times\mathcal{N}(\overline{\boldsymbol{x}}_t;\hat{\overline{\boldsymbol{x}}}_{t|t-1};\overline{\boldsymbol{P}}_{t|t-1})\eta_t^{(1-\rho_t)}(1-\eta_t)^{\rho_t} \\
&\times\prod_{i=0}^{I}\tau_0^{s_t^i}\mathrm{Be}(\eta_t;a_0,b_0)p(z_{1:t-1})
\end{aligned}
\tag{3.4.18}
$$

利用式（3.4.18），$p(z_{1:t} \mid \Phi_t)p(\Phi_t \mid \Psi_t)$ 可以表示为

$$
\begin{aligned}
&\log p(z_{1:t} \mid \Phi_t)p(\Phi_t \mid \Psi_t) \\
&\approx\sum_{i=0}^{I}-\frac{1}{2}s_t^i\rho_t(z_t-\boldsymbol{C}\boldsymbol{x}_{t-i})^{\mathrm{T}}\boldsymbol{R}^{-1}(z_t-\boldsymbol{C}\boldsymbol{x}_{t-i}) \\
&-\frac{1}{2}(1-\rho_t)z_t^{\mathrm{T}}\boldsymbol{R}^{-1}z_t-\frac{1}{2}(\overline{\boldsymbol{x}}_t-\hat{\overline{\boldsymbol{x}}}_{t|t-1})^{\mathrm{T}} \\
&\times\overline{\boldsymbol{P}}_{t|t-1}(\overline{\boldsymbol{x}}_t-\hat{\overline{\boldsymbol{x}}}_{t|t-1})+\sum_{i=0}^{I}s_t^i\log\tau_0 \\
&+(1-\rho_t)\log\eta_t+\rho_t\log(1-\eta_t) \\
&+(a_0-1)\log\eta_t+(b_0-1)\log(1-\eta_t)
\end{aligned}
\tag{3.4.19}
$$

令 $\varDelta=\overline{\boldsymbol{x}}_t$，把式（3.4.19）代入式（3.4.17），可得

$$
\begin{aligned}
&\log q^{(i+1)}(\overline{\boldsymbol{x}}_t) \\
&=\sum_{i=0}^{I}-\frac{1}{2}E^{(l)}[s_t^i]E^{(l)}[\rho_t](z_t-\boldsymbol{C}\boldsymbol{x}_{t-i})^{\mathrm{T}}\boldsymbol{R}^{-1}(z_t-\boldsymbol{C}\boldsymbol{x}_{t-i}) \\
&-\frac{1}{2}(\overline{\boldsymbol{x}}_t-\hat{\overline{\boldsymbol{x}}}_{t|t-1})^{\mathrm{T}}\overline{\boldsymbol{P}}_{t|t-1}(\overline{\boldsymbol{x}}_t-\hat{\overline{\boldsymbol{x}}}_{t|t-1})+c_{\overline{\boldsymbol{x}}_t} \\
&=\log[\mathcal{N}(\overline{z}_t;\overline{\boldsymbol{C}}_t\overline{\boldsymbol{x}}_t,\overline{\boldsymbol{R}}_t^{(l)})\mathcal{N}(\overline{\boldsymbol{x}}_t;\hat{\overline{\boldsymbol{x}}}_{t|t-1};\overline{\boldsymbol{P}}_{t|t-1})]+c_{\overline{\boldsymbol{x}}_t}
\end{aligned}
\tag{3.4.20}
$$

其中，$\overline{z}_t$ 表示真实的增广量测向量；$\overline{\boldsymbol{C}}_t$ 表示增广量测协方差矩阵；$\overline{\boldsymbol{R}}_t^{(l)}$ 表示修正量测噪声协方差矩阵。分别表示如下：

$$
\overline{z}_t=[(z_t)^{\mathrm{T}},(z_{t-1})^{\mathrm{T}},\cdots,(z_{t-I})^{\mathrm{T}}]^{\mathrm{T}} \tag{3.4.21}
$$

$$
\overline{\boldsymbol{C}}_t=\begin{bmatrix}\boldsymbol{C} & 0 & \cdots & 0\\ 0 & \boldsymbol{C} & \cdots & 0\\ \vdots & \vdots & & \vdots\\ 0 & 0 & \cdots & \boldsymbol{C}\end{bmatrix} \tag{3.4.22}
$$

$$
\overline{\boldsymbol{R}}_t^{(l)}=\begin{bmatrix}\dfrac{\boldsymbol{R}}{E^{(l)}[s_t^0]E^{(l)}[\rho_t]} & 0 & \cdots & 0\\ 0 & \dfrac{\boldsymbol{R}}{E^{(l)}[s_t^1]E^{(l)}[\rho_t]} & \cdots & 0\\ \vdots & \vdots & & \vdots\\ 0 & 0 & \cdots & \dfrac{\boldsymbol{R}}{E^{(l)}[s_t^I]E^{(l)}[\rho_t]}\end{bmatrix} \tag{3.4.23}
$$

$q^{(l+1)}(\overline{\boldsymbol{x}}_t)$ 更新为高斯分布，其概率密度函数如下：

$$q^{(l+1)}(\overline{\boldsymbol{x}}_t)=\mathcal{N}(\overline{\boldsymbol{x}}_t;\hat{\overline{\boldsymbol{x}}}_{t|t}^{(l+1)},\overline{\boldsymbol{P}}_{t|t}^{(l+1)}) \tag{3.4.24}$$

其中，$\hat{\overline{\boldsymbol{x}}}_{t|t}^{(l+1)}$ 和 $\overline{\boldsymbol{P}}_{t|t}^{(l+1)}$ 分别是第 $l+1$ 次迭代后增广状态向量均值和方差的迭代结果，它们分别是

$$\hat{\overline{\boldsymbol{x}}}_{t|t}^{(l+1)}=\begin{bmatrix}\hat{\boldsymbol{x}}_{t|t}^{(l+1)}\\ \hat{\boldsymbol{x}}_{t-1|t}^{(l+1)}\\ \vdots\\ \hat{\boldsymbol{x}}_{t-I|t}^{(l+1)}\end{bmatrix} \tag{3.4.25}$$

$$\overline{\boldsymbol{P}}_{t|t}^{(l+1)}=\begin{bmatrix}\boldsymbol{P}_{t|t}^{(l+1)} & (\boldsymbol{P}_{t-1,t|t}^{(l+1)})^{\mathrm{T}} & \cdots & (\boldsymbol{P}_{t-I,t|t}^{(l+1)})^{\mathrm{T}}\\ \boldsymbol{P}_{t-1,t|t}^{(l+1)} & \boldsymbol{P}_{t-1|t}^{(l+1)} & \cdots & (\boldsymbol{P}_{t-I,t-1|t}^{(l+1)})^{\mathrm{T}}\\ \vdots & \vdots & & \vdots\\ \boldsymbol{P}_{t-I,t|t}^{(l+1)} & \boldsymbol{P}_{t-I,t-1|t}^{(l+1)} & \cdots & \boldsymbol{P}_{t-I|t}^{(l+1)}\end{bmatrix} \tag{3.4.26}$$

其中，$\hat{\boldsymbol{x}}_{t|t}^{(l+1)}$ 和 $\boldsymbol{P}_{t|t}^{(l+1)}$ 分别是第 $l+1$ 次迭代后的状态向量和协方差矩阵；$\hat{\boldsymbol{x}}_{t-j|t}^{(l+1)}(1\leqslant j\leqslant I)$ 是第 $j$ 步的均值平滑估计；$\boldsymbol{P}_{t-j|t}^{(l+1)}$ 的是第 $l+1$ 次迭代后的协方差矩阵的估计结果；$\boldsymbol{P}_{t-j,t-m|t}^{(l+1)}$ 表示第 $l+1$ 次迭代后满足 $0\leqslant m<j\leqslant I$ 的互协方差。根据标准卡尔曼滤波算法可得

$$\begin{cases}K_t^{(l+1)}=\overline{\boldsymbol{P}}_{t|t-1}^{1}\overline{\boldsymbol{C}}_t^{\mathrm{T}}(\overline{\boldsymbol{C}}_t\overline{\boldsymbol{P}}_{t|t-1}\overline{\boldsymbol{C}}_t^{\mathrm{T}}+\overline{\boldsymbol{R}}_t^{(l)})^{-1}\\ \hat{\boldsymbol{x}}_{t|t}^{(l+1)}=\hat{\boldsymbol{x}}_{t|t-1}+K_t^{(l+1)}(\overline{z}_t-\overline{\boldsymbol{C}}_t\hat{\overline{\boldsymbol{x}}}_{t|t-1})\\ \boldsymbol{P}_{t|t}^{(l+1)}=\boldsymbol{P}_{t|t-1}-K_t^{(l+1)}\overline{\boldsymbol{C}}_t\boldsymbol{P}_{t|t-1}\end{cases} \tag{3.4.27}$$

$$\begin{cases}K_{j,t}^{(l+1)}=\overline{\boldsymbol{P}}_{t|t-1}^{j+1}\overline{\boldsymbol{C}}_t^{\mathrm{T}}(\overline{\boldsymbol{C}}_t\overline{\boldsymbol{P}}_{t|t-1}\overline{\boldsymbol{C}}_t^{\mathrm{T}}+\overline{\boldsymbol{R}}_t^{(l)})^{-1}\\ \hat{\boldsymbol{x}}_{t-j|t}^{(l+1)}=\hat{\boldsymbol{x}}_{t-j|t-1}+K_{j,t}^{(l+1)}(\overline{z}_t-\overline{\boldsymbol{C}}_t\hat{\overline{\boldsymbol{x}}}_{t|t-1})\\ \boldsymbol{P}_{t-j|t}^{(l+1)}=\boldsymbol{P}_{t-j|t-1}-K_{j,t}^{(l+1)}\overline{\boldsymbol{C}}_t\boldsymbol{P}_{t-j|t-1}\\ \boldsymbol{P}_{t-j,t-m|t}^{(l+1)}=\boldsymbol{P}_{t-j,t-m|t-1}-K_{j,t}^{(l+1)}(\overline{\boldsymbol{C}}_t\overline{\boldsymbol{P}}_{t|t-1}\overline{\boldsymbol{C}}_t^{\mathrm{T}}+\overline{\boldsymbol{R}}_t^{(l)})K_t^{(l+1)}\end{cases} \tag{3.4.28}$$

其中，$\overline{\boldsymbol{P}}_{t|t-1}^{n}(1\leqslant n\leqslant I+1)$ 表示 $\overline{\boldsymbol{P}}_{t|t-1}$ 的第 $n$ 列。

令 $\varDelta=\rho_t$ 并把式（3.4.19）代入式（3.4.17），得到

$$\begin{aligned}\log q^{(l+1)}(\rho_t)=&\sum_{i=0}^{I}-\frac{1}{2}E^{(l)}[s_t^i]\rho_t\operatorname{Tr}(\boldsymbol{A}_{t,i}^{(l+1)}\boldsymbol{R}^{-1})\\&-\frac{1}{2}(1-\rho_t)\operatorname{Tr}(z_t z_t^{\mathrm{T}}\boldsymbol{R}^{-1})+(1-\rho_t)E^{(l)}[\log\eta_t]\\&+\rho_t E^{(l)}[\log(1-\eta_t)]+c_{\rho_t}\end{aligned} \tag{3.4.29}$$

其中，$\boldsymbol{A}_{t,i}^{(l+1)}$ 可表示为

$$\begin{aligned}\boldsymbol{A}_{t,i}^{(l+1)}&=E^{(l+1)}[(z_t-\boldsymbol{C}\boldsymbol{x}_{t-i})(z_t-\boldsymbol{C}\boldsymbol{x}_{t-i})^{\mathrm{T}}]\\&=(z_t-\boldsymbol{C}\hat{\boldsymbol{x}}_{t-i|t}^{(l+1)})(z_t-\boldsymbol{C}\hat{\boldsymbol{x}}_{t-i|t}^{(l+1)})^{\mathrm{T}}+\boldsymbol{C}\boldsymbol{P}_{t-i|t}^{(l+1)}\boldsymbol{C}^{\mathrm{T}}\end{aligned} \tag{3.4.30}$$

$q^{(l+1)}(\rho_t)$ 被更新为伯努利分布：

$$\boldsymbol{P}^{(l+1)}(\rho_t=1)=\varDelta^{(l+1)}\exp\left\{E^{(l+1)}[\log(1-\eta_t)]-0.5\sum_{i=0}^{I}E^{(l)}[s_t^i]\operatorname{Tr}(\boldsymbol{A}_{t,i}^{(i+1)}\boldsymbol{R}^{-1})\right\} \tag{3.4.31}$$

$$\boldsymbol{P}^{(l+1)}(\rho_t=0)=\varDelta^{(l+1)}\exp\{E^{(l+1)}[\log\eta_t]-0.5\operatorname{Tr}(\boldsymbol{z}_t\boldsymbol{z}_t^{\mathrm{T}}\boldsymbol{R}^{-1})\} \tag{3.4.32}$$

其中，$\varDelta^{(l+1)}$ 是归一化常数。因此 $\rho_t$ 的期望为

$$E^{(l+1)}[\rho_t]=\frac{\boldsymbol{P}^{(l+1)}(\rho_t=1)}{\boldsymbol{P}^{(l+1)}(\rho_t=1)+\boldsymbol{P}^{(l+1)}(\rho_t=0)} \tag{3.4.33}$$

令 $\varDelta=\eta_t$ 并把式（3.4.19）代入式（3.4.17），可以得到

$$\begin{aligned}\log q^{(l+1)}(\eta_t)=&(1-E^{(l+1)}[\rho_t])\log\eta_t+E^{(l+1)}[\rho_t]\log(1-\eta_t)\\&+(a_0-1)\log\eta_t+(b_0-1)\log(1-\eta_t)+c_{\eta_t}\end{aligned} \tag{3.4.34}$$

$q^{(l+1)}(\eta_t)$ 被更新为 Beta 分布：

$$q^{(l+1)}(\eta_t)=\mathrm{Be}(\eta_t;a_t^{(l+1)},b_t^{(l+1)}) \tag{3.4.35}$$

其中，$a_t^{(l+1)}$ 和 $b_t^{(l+1)}$ 更新方式如下：

$$a_t^{(l+1)}=a_0+1-E^{(l+1)}[\rho_t] \tag{3.4.36}$$

$$b_t^{(l+1)}=b_0+E^{(l+1)}[\rho_t] \tag{3.4.37}$$

$E^{(l+1)}[\log\eta_t]$ 和 $E^{(l+1)}[\log(1-\eta_t)]$ 分别为

$$E^{(l+1)}[\log\eta_t]=\varphi(a_t^{(l+1)})-\varphi(a_t^{(l+1)}+b_t^{(l+1)}) \tag{3.4.38}$$

$$E^{(l+1)}[\log(1-\eta_t)]=\varphi(b_t^{(l+1)})-\varphi(a_t^{(l+1)}+b_t^{(l+1)}) \tag{3.4.39}$$

令 $\varDelta=s_t^i$ 并将式（3.4.19）代入式（3.4.17），可以得到

$$\log q^{(l+1)}(s_t^i)=-\frac{1}{2}\sum_{i=0}^{I}E^{(l+1)}[\rho_t]s_t^i\operatorname{Tr}(\boldsymbol{A}_{t,i}^{(l+1)}\boldsymbol{R}^{-1})+\sum_{i=0}^{I}s_t^i\log\tau_0+c_{s_t^i} \tag{3.4.40}$$

$q^{(l+1)}(s_t^i)$ 更新为 Multi 分布（multinomial distribution）：

$$q^{(l+1)}(s_t^i)=\mathrm{Multi}(s_t^i;\omega_{t,i}^{(l+1)}) \tag{3.4.41}$$

其中，$\omega_{t,i}^{(l+1)}$ 为

$$\omega_{t,i}^{(l+1)}=\frac{\varpi_{t,i}^{(l+1)}}{\sum_{i=0}^{I}\varpi_{t,i}^{(l+1)}} \tag{3.4.42}$$

$$\varpi_{t,i}^{(l+1)}=\exp\left\{-\frac{1}{2}E^{(l+1)}[\rho_t]\operatorname{Tr}(\boldsymbol{A}_{t,i}^{(l+1)}\boldsymbol{R}^{-1})+\log\tau_0\right\} \tag{3.4.43}$$

因此，$E^{(l+1)}[s_t^i]$ 的期望可以表示为

$$E^{(l+1)}[s_t^i]=\omega_{t,i}^{(l+1)} \tag{3.4.44}$$

为了使 VB-Kalman 定位算法阐述更明确，给出算法的伪代码，如算法 3.4.1 所示。

算法 3.4.1　VB-Kalman 定位算法

输入：$\boldsymbol{z}_t,\hat{\boldsymbol{x}}_{t-1|t-1},\boldsymbol{F},\boldsymbol{C},\overline{\boldsymbol{P}}_{t-1|t-1},\boldsymbol{Q},\boldsymbol{R},a_0,b_0,\tau_0,\delta,L,I$

输出：$\hat{\boldsymbol{x}}_{t|t}$，$\overline{\boldsymbol{P}}_{t|t}$

1：if $t<I$ then

2：根据标准卡尔曼滤波算法计算出状态

3：else

4：分别利用式（3.4.12）和式（3.4.13）计算 $\bar{\boldsymbol{F}},\bar{\boldsymbol{Q}}$

5：分别利用式（3.4.10）和式（3.4.11）计算 $\hat{\bar{\boldsymbol{x}}}_{t|t-1},\bar{\boldsymbol{P}}_{t|t-1}$

6：初始化 $E^{(0)}(\boldsymbol{S}_t)=[1,0,\cdots,0]$ 和 $E^{(0)}(\rho_t)=1$

7：分别利用式（3.4.21）和式（3.4.22）计算 $\bar{z}_t,\bar{\boldsymbol{C}}_t$

8：for $l=0:L-1$ do

9：利用式（3.4.23）计算 $\bar{\boldsymbol{R}}_t^{(l)}$

10：分别利用式（3.4.25）和式（3.4.26）计算 $\hat{\bar{\boldsymbol{x}}}_{t|t}^{(l+1)}$、$\bar{\boldsymbol{P}}_{t|t}^{(l+1)}$，将 $q^{(l+1)}(\bar{\boldsymbol{x}}_t)$ 更新为高斯分布

11：若 $\dfrac{\|\hat{\bar{\boldsymbol{x}}}_{t|t}^{(l+1)}-\hat{\bar{\boldsymbol{x}}}_{t|t}^{(l)}\|}{\|\hat{\bar{\boldsymbol{x}}}_{t|t}^{(l+1)}\|}\leqslant\delta$，则停止迭代；否则迭代继续

12：利用式（3.4.33）计算 $E^{(l+1)}[\rho_t]$，将 $q^{(l+1)}(\rho_t)$ 更新为伯努利分布

13：利用式（3.4.44）计算 $E^{(l+1)}[s_t^i]$，将 $q^{(l+1)}(s_t^i)$ 更新为 Multi 分布

14：分别利用式（3.4.38）和式（3.4.39）计算 $E^{(l+1)}[\log\eta_t]$ 和 $E^{(l+1)}[\log(1-\eta_t)]$，将 $q^{(l+1)}(\bar{\boldsymbol{x}}_t)$ 更新为高斯分布

15：end for

16：$\hat{\bar{\boldsymbol{x}}}_{t|t}=\hat{\bar{\boldsymbol{x}}}_{t|t}^{(L)},\bar{\boldsymbol{P}}_{t|t}=\bar{\boldsymbol{P}}_{t|t}^{(L)}$

17：end if

在变分贝叶斯框架中，不动点迭代方法通过最大化下界[51-53]来保证局部收敛。在VB-Kalman 定位算法中，引入了两个随机变量 $\rho_t$ 和 $\boldsymbol{S}_t$，分别表示量测值是否丢包和延时。$E^{(l)}(\rho_t)$ 在每次迭代时逼近 1，$E^{(l)}(\boldsymbol{S}_t)\approx[1,0,0,\cdots,0]$ 表示每次量测都是准时提供的，然后，VB-Kalman 定位算法成为标准的增广卡尔曼滤波算法。如果 $E^{(l)}(\rho_t)$ 在每次迭代时逼近 1，并且 $E^{(l)}(\boldsymbol{S}_t)\approx[0,1,0,\cdots,0]$，表示每个量测值都具有一步延时，则 VB-Kalman 定位算法退化为 KFORDM[40]。

## 3.5　本 章 小 结

本章针对智能汽车在城市高楼环境中定位精度不足的问题，介绍了智能汽车定位算法中的常见问题，并主要介绍了两种定位算法。首先，针对智能汽车定位算法中广泛存在的厚尾噪声，介绍了一种混合高斯模型来模拟噪声的定位算法，该算法在建立模型后通过变分贝叶斯估计状态和未知参数；然后，针对车车通信过程中存在的多步延时和丢包问题，使用二元指示变量刻画丢包和延时，进而介绍了一种同时考虑多步延时和丢包的鲁棒定位算法。

## 参 考 文 献

[1] Huang Y，Zhang Y，Zhao Y，et al. A novel robust Gaussian-Student's t mixture distribution based Kalman filter[J]. IEEE Transactions on Signal Processing，2019，67（13）：3606-3620.

[2] Arulampalam M S，Maskell S，Gordon N，et al. A tutorial on particle filters for online nonlinear/non-Gaussian Bayesian

tracking[J]. IEEE Transactions on Signal Processing，2002，50（2）：174-188.

[3] Bar-Shalom Y，Li X R，Kirubarajan T. Estimation with Applications to Tracking and Navigation：theory algorithms and software[M]. New York：Wiley，2001.

[4] Stojanovic V，Nedic N. Identification of time-varying OE models in presence of non-Gaussian noise：Application to pneumatic servo drives[J]. International Journal of Robust and Nonlinear Control，2016，26（18）：3974-3995.

[5] Stojanovic V，Nedic N. Joint state and parameter robust estimation of stochastic nonlinear systems[J]. International Journal of Robust and Nonlinear Control，2016，26（14）：3058-3074.

[6] Stojanovic V，Nedic N. Robust identification of oe model with constrained output using optimal input design[J]. Journal of the Franklin Institute，2016，353：576-593.

[7] Chen B，Liu X，Zhao H，et al. Maximum correntropy Kalman filter[J]. Automatica，2017，76：70-77.

[8] Izanloo R，Fakoorian S，Yazdi H，et al. Kalman filtering based on the maximum correntropy criterion in the presence of non-Gaussian noise[C]. 2016 Annual Conference on Information Science and Systems，Princeton，2016：500-505.

[9] Ting J，Theodorou E，Schaal S. A Kalman filter for robust outlier detection[C]. 2007 IEEE/RSJ International Conference on Intelligent Robots and Systems，San Diego，2007：1514-1519.

[10] Huang Y，Zhang Y，Chambers J A. A novel Kullback-Leibler divergence minimization-based adaptive Student's t-filter[J]. IEEE Transactions on Signal Processing，2019，67（20）：5417-5432.

[11] Huang Y，Zhang Y，Li N，et al. A robust Student's t based nonlinear filter and smoother[J]. IEEE Transactions on Aerospace and Electronic Systems，2016，52（5）：2586-2596.

[12] Roth M，Özkan E，Gustafsson F. A Student's t filter for heavy tailed process and measurement noise[C]. 2013 IEEE International Conference on Acoustics，Speech and Signal Processing，Vancouver，2013：5770-5774.

[13] Huang Y，Zhang Y，Li N，et al. A novel robust Student's t-based Kalman filter[J]. IEEE Transactions on Aerospace and Electronic Systems，2017，53（3）：1545-1554.

[14] Piché R，Särkkä S，Hartikainen J. Recursive outlier-robust filtering and smoothing for nonlinear systems using the multivariate Student-t distribution[C]. 2012 IEEE International Workshop on Machine Learning for Signal Processing，Santander，2012：1-6.

[15] Zhu H，Leung H，He Z. State estimation in unknown non-Gaussian measurement noise using variational Bayesian technique[J]. IEEE Transactions on Aerospace and Electronic Systems，2013，49（4）：2601-2614.

[16] Zhu H，Leung H，He Z. A variational Bayesian approach to robust sensor fusion based on Student-t distribution[J]. Information Sciences，2013，221：201-214.

[17] Särkkä S，Nummenmaa A. Recursive noise adaptive Kalman filtering by variational Bayesian approximations[J]. IEEE Transactions on Automatic Control，2009，54（3）：596-600.

[18] Bishop C. Pattern Recognition and Machine Learning[M]. New York：Springer，2006.

[19] Huang Y，Zhang Y，Wu Z，et al. A novel adaptive Kalman filter with inaccurate process and measurement noise covariance matrices[J]. IEEE Transactions on Automatic Control，2018，63（2）：594-601.

[20] Huang Y，Zhang Y，Xu B，et al. A new outlier-robust Student's t based Gaussian approximate filter for cooperative localization[J]. IEEE/ASME Transactions on Mechatronics，2017，22（5）：2380-2386.

[21] Zhu H，Yuen K，Mihaylova L，et al. Overview of environment perception for intelligent vehicles[J]. IEEE Transactions on Intelligent Transportation Systems，2017，18（10）：2584-2601.

[22] Chen Y，Zha J，Wang J. An autonomous t-intersection driving strategy considering oncoming vehicles based on connected vehicle technology[J]. IEEE/ASME Transactions on Mechatronics，2019，24（6）：2779-2790.

[23] Fiengo G，Lui D，Petrillo A，et al. Distributed robust PID control for leader tracking in uncertain connected ground vehicles with V2V communication delay[J]. IEEE/ASME Transactions on Mechatronics，2019，24（3）：1153-1165.

[24] Youn W，Huang Y，Myung H. Robust localization using IMM filter based on skew Gaussian-Gamma mixture distribution in mixed LOS/NLOS condition[J]. IEEE Transactions on Instrumentation and Measurement，2020，69（7）：5166-5182.

[25] Liu J, Cai B, Wang J. Cooperative localization of connected vehicles: Integrating GNSS with DSRC using a robust cubature Kalman filter[J]. IEEE Transactions on Intelligent Transportation Systems, 2017, 18 (8): 2111-2125.

[26] Bai M, Huang Y, Zhang Y, et al. A novel heavy-tailed mixture distribution based robust Kalman filter for cooperative localization[J]. IEEE Transactions on Industrial Informatics, 2021, 17 (5): 3671-3681.

[27] Huang Y, Zhang Y, Xu B, et al. A new outlier-robust Student's t based Gaussian approximate filter for cooperative localization[J]. IEEE/ASME Transactions on Mechatronics, 2017, 22 (5): 2380-2386.

[28] Zhu N, Marais J, Btaille D, et al. GNSS position integrity in urban environments: A review of literature[J]. IEEE Transactions on Intelligent Transportation Systems, 2018, 19 (9): 2762-2778.

[29] Ye K, Yan Y, Wu H. Time synchronization algorithm for networked control systems based on stochastic search[J]. IEEE Transactions on Industrial Informatics, 2021, 18 (1): 26-34.

[30] Sinopoli B, Schenato L, Franceschetti M, et al. Kalman filtering with intermittent observations[J]. IEEE Transactions on Automatic Control, 2004, 49 (9): 1453-1464.

[31] You K, Fu M, Xie L. Mean square stability for Kalman filtering with Markovian packet losses[J]. Automatica, 2011, 47(12): 2647-2657.

[32] Rohr E, Marelli D, Fu M. Kalman filtering with intermittent observations: On the boundedness of the expected error covariance[J]. IEEE Transactions on Automatic Control, 2014, 59 (10): 2724-2738.

[33] Rezaei H, Esfanjani R, Sedaaghi M. Improved Kalman filtering for systems with randomly delayed and lost measurements[J]. Circuits Systems and Signal Processing, 2014, 33 (7): 2217-2236.

[34] Wang X, Liang Y, Pan Q, et al. Gaussian filter for nonlinear systems with one-step randomly delayed measurements[J]. Automatica, 2013, 49 (4): 976-986.

[35] Wang X, Pan Q, Liang Y, et al. Gaussian smoothers for nonlinear systems with one-step randomly delayed measurements[J]. IEEE Transactions on Automatic Control, 2013, 58 (7): 1828-1835.

[36] Challa S, Evans R, Wang X. A Bayesian solution and its approximations to out-of-sequence measurement problems[J]. Information Fusion, 2003, 4 (3): 185-199.

[37] Sun S. Optimal linear filters for discrete-time systems with randomly delayed and lost measurements with/without time stamps[J]. IEEE Transactions on Automatic Control, 2013, 58 (6): 1551-1556.

[38] Singh A, Date P, Bhaumik S. A modified Bayesian filter for randomly delayed measurements[J]. IEEE Transactions on Automatic Control, 2017, 62 (1): 419-424.

[39] Huang Y, Zhang Y, Li N. Latency probability estimation of non-linear systems with one-step randomly delayed measurements[J]. IET Control Theory Applications, 2016, 10 (7): 843-852.

[40] Wang Z, Huang Y, Zhang Y, et al. An improved Kalman filter with adaptive estimate of latency probability[J]. IEEE Transactions on Circuits and Systems II: Express Briefs, 2020, 67 (10): 2259-2263.

[41] Zhang J, You K, Xie L. Bayesian filtering with unknown sensor measurement losses[J]. IEEE Transactions on Control of Network Systems, 2019, 6 (1): 163-175.

[42] Jia G, Huang Y, Zhang Y, et al. A novel adaptive Kalman filter with unknown probability of measurement loss[J]. IEEE Signal Processing Letters, 2019, 26 (12): 1862-1866.

[43] Youn W, Ko N, Gadsden S, et al. A novel multiple-model adaptive Kalman filter for an unknown measurement loss probability[J]. IEEE Transactions on Instrumentation and Measurement, 2021, 70: 1-11.

[44] Esmzad R, Esfanjani R M. Modified likelihood probabilistic data association filter for tracking systems with delayed and lost measurements[J]. Digital Signal Processing, 2018, 76 (66): 66-74.

[45] Esmzad R, Esfanjani R. Bayesian filter for nonlinear systems with randomly delayed and lost measurements[J]. Automatica, 2019, 107: 36-42.

[46] Xu Z, Li X, Zhao X, et al. DSRC versus 4G-LTE for connected vehicle applications: A study onfield experiments of vehicular communication performance[J]. Journal of Advanced Transportation, 2017, 435 (89): 1-10.

[47] Sarkka S. Bayesian Filtering and Smoothing[M]. Cambridge：Cambridge University Press，2013.

[48] Bishop C. Pattern Recognition and Machine Learning[M]. New York：Springer，2006.

[49] Zhu H，Zhang G，Li Y，et al. A novel robust Kalman filter with unknown non-stationary heavy-tailed noise[J]. Automatica，2021，127：109511.

[50] Zhu H，Zhang G，Li Y，et al. An adaptive Kalman filter with inaccurate noise covariances in the presence of outliers[J]. IEEE Transactions on Automatic Control，2021，67（1）：374-381.

[51] Huang Y，Zhang Y，Wu Z，et al. A novel adaptive Kalman filter with inaccurate process and measurement noise covariance matrices[J]. IEEE Transactions on Automatic Control，2018，63（2）：594-601.

[52] Huang Y，Zhang Y，Zhao Y，et al. A novel outlier-robust Kalman filtering framework based on statistical similarity measure[J]. IEEE Transactions on Automatic Control，2021，66（6）：2677-2692.

[53] Zhu H，Zou K，Li Y，et al. Robust sensor fusion with heavy-tailed noises[J]. Signal Processing，2020，175：107659.

# 第 4 章　目标跟踪技术

## 4.1　概　　述

随着计算机视觉结合人工智能技术不断应用在道路交通管理系统中，智能交通系统应运而生，已然成为未来智慧交通的发展方向，该领域新理论和新算法层出不穷，成为各国科研人员研究和开发的热门领域[1-3]。在智能交通系统中的智能车领域[4]，目标跟踪系统作为环境感知中极为重要一环，可以预测前方车辆运动状态并实现对目标车辆的稳定跟踪，是智能车控制决策和目标车辆行为分析的重要数据基础。

目标跟踪研究最早源于军事领域，应用于导弹制导系统中，随着计算机视觉技术的发展和社会的进步，目标跟踪系统在民用领域的需求逐渐增加。目标跟踪按所跟踪目标数目的不同可以分为单目标跟踪和多目标跟踪[5]。单目标跟踪旨在针对某一特定目标，根据视频初始帧给定目标状态，起始方式视应用场景而定，在后续帧中持续定位该目标的位置，并预测目标位置，获取目标运动轨迹。而多目标跟踪旨在将视频中多个目标分配唯一的身份并维持下去，获得目标运动轨迹并预估目标在下一时刻的位置。智能车目标跟踪示意图如图 4.1.1 所示（图中序列及检测结果来源于 KITTI 数据集）。除此之外，目标跟踪系统还能应用在安防监控领域，通过自动识别目标信息进行分析判断并自动追踪目标，让安防监控变得更加智能。总之，目标跟踪系统能够极大地为人们的生活提供便利，可广泛地应用于生活中的方方面面，其重要性不言而喻。

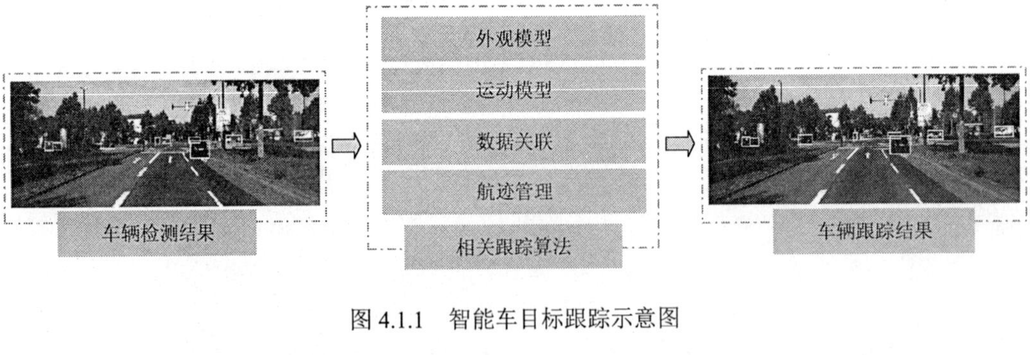


图 4.1.1　智能车目标跟踪示意图

目标的外观变化、遮挡、位置漂移及新目标的产生和旧目标的消失是多目标跟踪中极具挑战性的问题。解决上述问题的关键是构建鲁棒的数据关联方法，数据关联在多传感器和多目标跟踪系统中起着极其重要的作用[6]，大多数数据关联方法通过计算轨迹与量测的相似性成本将轨迹与量测相关联。此外，基于概率推导的目标跟踪算法建立在贝叶斯理论框架的基础上，利用迭代的方法估计目标状态的后验概率分布。比较典型的例子是卡尔曼滤波算法和粒子滤波算法，这类算法的整个过程大致可以分为预测和更新两部分，其中经典卡尔曼滤波算法能够较好地解决线性复杂度的最优解问题，但是对非线性系统优化问题还无法进行处理。

近年来，随着深度学习的不断发展，相较于传统外观特征，深度特征具有更加准确地描述目标之间外观差异的优势，基于深度学习的多目标跟踪方法逐渐成为研究热点。基于深度学习的多目标跟踪方法虽然跟踪精度在一定程度上有所提高，但较为耗时并且需要大量的训练数据，无法满足实时目标跟踪需求。虽然上述方法在一定程度上提高了跟踪准确率，但均未考虑相机未知的全局运动，它们无法应用于智能车移动平台的环境感知中。

二维在线智能车多目标跟踪中，仅凭外观特征不足以区分外观较为相似的多个目标，如车辆、行人等，因此，多数跟踪算法将外观和运动信息相结合[7]，通过构建目标运动模型来描述目标的运动，从而预测目标下一时刻的位置，再计算运动相似度，减少搜索空间，提高运算速度。然而由于智能车的运动属性，在移动平台下，相机的平移、旋转及俯仰运动会引起不可预知的全局相机运动，导致跟踪目标位置漂移，运动预测失效，从而影响多目标跟踪数据关联效果。

通过对目标跟踪方法研究现状的分析发现，目标跟踪作为极具挑战性的研究方向，其难点在于如何同时有效地处理视觉信息和运动信息。随着计算机视觉技术和深度学习的不断发展，人们提出了大量有针对性的模型和算法，在目标跟踪准确率、跟踪精度以及鲁棒性等方面取得了一定的成绩。接下来，在本章中介绍了一些相关的智能车目标跟踪方法。

## 4.2　面向车辆未知运动下的目标跟踪方法

### 4.2.1　引言

在智能交通系统中，智能车的目标通常是行人或车辆，当智能车在交通场景中行驶时，无法避免急转弯、相机抖动、遮挡以及定位失效的情况，在此复杂场景下，智能车单目相机拍摄视频的前后帧坐标系极易发生不确定性变化，导致目标在图像中的位置与实际位置不符，目标位置在前后帧图像中发生较大偏移，从而造成运动预测失效、漏跟、误跟、跟踪身份跳变等问题。通过对现有跟踪算法的分析发现，现有算法大多集中于表征目标外观或运动特征，未考虑在定位失效的情况下发生不确定性的相机运动对跟踪造成的影响。对于智能车目标跟踪方法而言，虽然 Yoon 等[8]通过结构约束的方式来处理未知的相机运动，但该方法对于处理剧烈的相机运动和目标快速运动的情况仍然效果不佳，且目标数量较多时，该方法实时性较差。

基于上述分析，为提高基于单目相机的智能车的目标跟踪性能，避免相机运动对智能车目标跟踪的影响，考虑智能车的运动属性，介绍一种基于一致性点漂移（coherent point drift，CPD）的智能车目标跟踪方法。该方法首先利用空间变换函数刻画智能车的运动，并构建智能车的目标状态空间模型；其次，基于 CPD 求解智能车目标状态空间模型中的未知参数；然后，基于状态空间模型预测轨迹状态并计算轨迹与量测间的相似度矩阵，从而求取轨迹与量测的对应关系；最后，根据所求对应关系和相应轨迹状态通过轨迹管理方法实现跟踪。

### 4.2.2　基于 CPD 的多目标跟踪算法

1. CPD

CPD[9]是基于概率的点集配准领域中最主流的方法。CPD 方法将两个点集的配准视为概率密度估计问题，其中一个点集表示高斯混合模型（Gaussian mixed model，GMM）重心，而另一个点集为第一个点集的数据点。该方法中的刚性配准部分根据数据点的 GMM 后验概率最大值，即通过 ML 估计获取对应关系，并将整个点集一致性地移动，以保留点集的拓扑结构。定义 $D$ 为点集的维度，$N$、$M$ 为点集中点的个数，则数据点集定义为 $\boldsymbol{X}_{N\times D}=(x_1,\cdots,x_N)^{\mathrm{T}}$，GMM 重心点集定义为 $\boldsymbol{Y}_{M\times D}=(y_1,\cdots,y_M)^{\mathrm{T}}$，则高斯概率密度函数定义为

$$p(x)=\sum_{m=1}^{M+1}P(m)p(x\mid m) \tag{4.2.1}$$

其中，$P(m)$ 为隶属概率；$p(x\mid m)$ 的定义如下：

$$p(x\mid m)=\frac{1}{(2\pi\sigma^2)^{D/2}}\mathrm{e}^{-\frac{\|x-y_m\|^2}{2\sigma^2}} \tag{4.2.2}$$

其中，$\sigma^2$ 为各向同性协方差。将离群点的比率表示为 $w$，混合模型表示如下：

$$p(x)=w\frac{1}{N}+(1-w)\sum_{m=1}^{M}\frac{1}{M}p(x\mid m) \tag{4.2.3}$$

通过使用变换参数 $\theta$ 重置 GMM 重心位置参数，并通过 ML 进行估计，也可等效为最小化负对数似然函数：

$$E(\theta,\sigma^2)=-\sum_{n=1}^{N}\log\sum_{m=1}^{M+1}P(m)p(x\mid m) \tag{4.2.4}$$

进一步使用 EM[10]算法优化 ML，从而求取 $\theta$ 和 $\sigma^2$，EM 算法首先给定参数值，并利用贝叶斯定理计算混合模型中的后验概率分布 $P^{\mathrm{old}}(m\mid x_n)$，称为 E 步，然后通过最大化似然函数找到新的参数值，称为 M 步，EM 算法通过在 E 步和 M 步之间交替进行，直到收敛则获得最优结果。为获取参数 $\theta$ 和 $\sigma^2$，构建新的目标函数如下：

$$Q(\theta,\sigma^2)=\frac{1}{2\sigma^2}\sum_{n=1}^{N}\sum_{m=1}^{M}P^{\mathrm{old}}(m\mid x_n)\|x_n-\Gamma(y_m,\theta)\|^2+\frac{N_P D}{2}\log\sigma^2 \tag{4.2.5}$$

其中，$\Gamma(y_m,\theta)$ 表示对 $y_m$ 进行变换；$N_P=\sum_{n=1}^{N}\sum_{m=1}^{M}P^{\mathrm{old}}(m\mid x_n)\leqslant N$（当且仅当 $w=0$ 时，$N=N_P$）；$P^{\mathrm{old}}$ 表示使用先前参数值计算的 GMM 分量的后验概率：

$$P^{\mathrm{old}}(m \mid x_n)=\frac{\mathrm{e}^{-\frac{1}{2}\left\|\frac{x_n-\Gamma(y_m,\theta^{\mathrm{old}})}{\sigma^{\mathrm{old}}}\right\|}}{\sum_{m=1}^{M}\mathrm{e}^{-\frac{1}{2}\left\|\frac{x_n-\Gamma(y_m,\theta^{\mathrm{old}})}{\sigma^{\mathrm{old}}}\right\|}+c} \tag{4.2.6}$$

其中，$c=(2\pi\sigma^2)^{D/2}\frac{w}{1-w}\frac{M}{N}$。最后，通过最小化目标函数 $Q$ 求取变换参数。

根据点阵配准方法能较好地处理各类形变和噪声扰动问题的思想，本节利用 CPD 方法处理单目移动平台定位失效下的数据关联问题，将其空间变换用于统一前后帧坐标系，为解决此问题，本节根据 CPD 刚性配准思想，将其 GMM 空间变换定义为 $\Gamma(y_m;\boldsymbol{R},\boldsymbol{t},s)=s\boldsymbol{R}y_m+\boldsymbol{t}$，其中，$\boldsymbol{R}$ 为旋转矩阵，$\boldsymbol{t}$ 为平移矩阵，$s$ 为仿射系数，则目标函数变为

$$Q(\boldsymbol{R},\boldsymbol{t},s,\sigma^2)=\frac{1}{2\sigma^2}\sum_{n=1}^{N}\sum_{m=1}^{M}P^{\mathrm{old}}(m \mid x_n)\|x_n-s\boldsymbol{R}y_m-\boldsymbol{t}\|^2+\frac{N_P D}{2}\log\sigma^2 \tag{4.2.7}$$

对于CPD刚性变换，即只存在旋转和平移变换的前后帧坐标系变换示意图，如图4.2.1所示，可根据 CPD 空间变换函数将两坐标系进行统一，从而减少目标在前后帧图像中的位置误差，其中旋转矩阵 $\boldsymbol{R}(\theta)$定义为

$$\boldsymbol{R}(\theta)=\begin{bmatrix}\cos\theta & -\sin\theta\\ \sin\theta & \cos\theta\end{bmatrix} \tag{4.2.8}$$

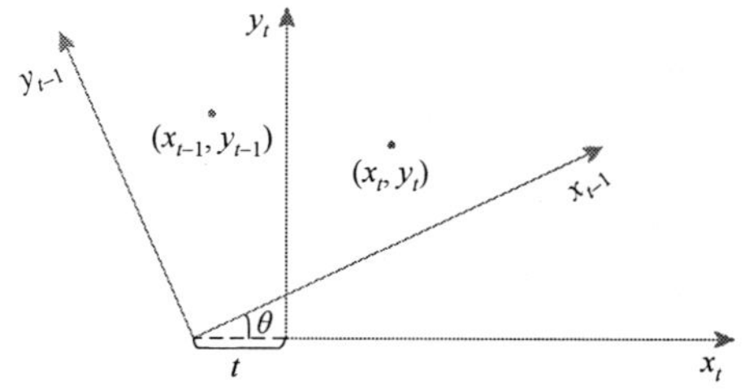


图 4.2.1　CPD 坐标系变换示意图

2. 模型建立

为刻画智能车运动下的目标运动状态，引入一致性点漂移变换参数，考虑智能车目标跟踪中目标发生缩放的概率较小，因此令仿射系数 $s$ 为 1，仅考虑旋转和平移变换，构建考虑智能车相机运动情况下的目标状态空间模型，如下：

$$\boldsymbol{x}_t=\boldsymbol{F}_{t,t-1}\boldsymbol{R}\boldsymbol{x}_{t-1}+\boldsymbol{t}+q_{t-1} \tag{4.2.9}$$

$$\boldsymbol{y}_t=\boldsymbol{H}_t\boldsymbol{x}_t+m_t \tag{4.2.10}$$

其中，$\boldsymbol{x}_{t-1}$ 为 $t$–1 时刻轨迹状态值，定义 $\boldsymbol{x}_{t-1}=[x,y,w,h,\dot{x},\dot{y},\dot{w},\dot{h}]$，状态值中 $x$、$y$、$w$、$h$ 表示目标中心点位置和宽、高，$\dot{x}$、$\dot{y}$、$\dot{w}$、$\dot{h}$ 表示目标在二维平面的位置和宽高变化速率；$\boldsymbol{x}_t$ 为 $t$ 时刻的系统状态向量；$\boldsymbol{y}_t$ 为 $t$ 时刻的观测向量；$q_{t-1}$ 为过程噪声；$m_t$ 为观测

噪声；$\boldsymbol{R}$、$\boldsymbol{t}$ 分别是旋转矩阵和平移矩阵；用于对轨迹 $x$ 进行仿射以及非刚性变换；$\boldsymbol{F}_{t,t-1}$ 为状态转移矩阵；$\boldsymbol{H}_t$ 为观测矩阵，定义如下：

$$\boldsymbol{F}_{t,t-1}=\begin{bmatrix}1&0&0&0&\Delta t&0&0&0\\0&1&0&0&0&\Delta t&0&0\\0&0&1&0&0&0&\Delta t&0\\0&0&0&1&0&0&0&\Delta t\\0&0&0&0&1&0&0&0\\0&0&0&0&0&1&0&0\\0&0&0&0&0&0&1&0\\0&0&0&0&0&0&0&1\end{bmatrix} \tag{4.2.11}$$

$$\boldsymbol{H}_t=\begin{bmatrix}1&0&0&0&0&0&0&0\\0&1&0&0&0&0&0&0\\0&0&1&0&0&0&0&0\\0&0&0&1&0&0&0&0\end{bmatrix} \tag{4.2.12}$$

其中，$\Delta t$ 为采样间隔时间。

3. 数据关联聚合

为求解状态空间二维目标运动几何学模型中的未知参数，将轨迹与量测的初始对应关系引入 CPD 方法中，本节通过计算轨迹与量测间外观代价矩阵获取其初始对应关系。本节利用目标颜色直方图特征和大小特征刻画目标外观。考虑到 HSV 颜色空间比 RGB 颜色空间在光照变化下更稳定，因此，将 H 和 S 变体应用于直方图匹配。在检测框的基础上，提取目标在 HSV 空间下的颜色直方图特征和目标框大小特征，并根据如下公式计算其颜色相似度概率矩阵和大小相似度概率矩阵：

$$\boldsymbol{P}_a(x_n,y_m)=\sum_{b=1}^{B}\sqrt{p^b(x_n)p^b(y_m)} \tag{4.2.13}$$

$$\boldsymbol{P}_s(x_n,y_m)=1-\frac{|h_{x_n}-h_{y_m}|}{2(h_{x_n}+h_{y_m})}-\frac{|w_{x_n}-w_{y_m}|}{2(w_{x_n}+w_{y_m})} \tag{4.2.14}$$

其中，$\boldsymbol{P}_a$ 为轨迹与量测的颜色相似度矩阵；$p^b(x_n)$、$p^b(y_m)$ 分别为轨迹和量测的颜色直方图；$B$ 为颜色直方图 bins 的数量；$\boldsymbol{P}_s$ 为目标的大小相似度矩阵；$w_{x_n}$、$h_{x_n}$、$w_{y_m}$、$h_{y_m}$ 分别对应轨迹和量测的宽和高。利用相应门限策略对相似度概率矩阵进行处理，并将颜色相似度矩阵和大小相似度成本矩阵线性融合，获得轨迹与量测外观代价矩阵 $\boldsymbol{C}_a$ 为

$$\boldsymbol{C}_a=-\ln(\boldsymbol{P}_a)+[-\ln(\boldsymbol{P}_s)]=-\ln(\boldsymbol{P}_a\cdot\boldsymbol{P}_s) \tag{4.2.15}$$

根据所求轨迹与量测的外观代价矩阵，利用匈牙利线性分配算法求解轨迹与量测间的初始对应关系矩阵，为更好地获取轨迹与量测间的变换关系，本节将目标外观特征引入 CPD，即将初始化对应关系引入 CPD。首先，定义轨迹点集 $\boldsymbol{X}_{N\times D}=(x_1,\cdots,x_N)^{\mathrm{T}}$，量测点集 $\boldsymbol{Y}_{M\times D}=(y_1,\cdots,y_M)^{\mathrm{T}}$，$D$ 为点集的维度，$N$ 为轨迹点集个数，$M$ 为量测点集个数。构建包含轨迹与量测的初始对应关系的 GMM 如下：

$$p(y_m \mid \theta) = w\frac{1}{a} + (1-w)\sum_{n=1}^{N} \frac{\ell_{nm}}{(2\pi\sigma^2)^{D/2}} \mathrm{e}^{-\frac{\|y_m - f(x_n)\|^2}{2\sigma^2}} \tag{4.2.16}$$

其中，$\theta = \{f, \sigma^2, w\}$ 表示未知参数集；$w$ 为离群点的比率，离群点假设为均匀分布 $1/a$；$\sigma^2$ 为各向同性协方差；$f(x_n)$ 为轨迹与量测的 CPD 空间变换函数，其定义为 $f(x_n) = \boldsymbol{R}x_n + \boldsymbol{t}$；$\ell_{nm}$ 为混合系数，由前面所获得的初始对应关系矩阵元素 $\delta_{nm}$ 并通过以下准则进行初始化：

$$\ell_{nm} = \begin{cases} \tau, & \delta_{nm} = 1 \\ \dfrac{1-\tau}{m-1}, & \delta_{nm} = 0 \end{cases} \tag{4.2.17}$$

其中，参数 $\tau(0 \leqslant \tau \leqslant 1)$ 可以看作外观特征所求对应关系的置信度。

相应地，引入初始对应关系的目标函数可变为

$$Q(\boldsymbol{R}, \boldsymbol{t}, \sigma^2) = \frac{1}{2\sigma^2}\sum_{m=1}^{M}\sum_{n=1}^{N} P_{nm}^{\text{old}} \| y_m - \boldsymbol{R}x_n - \boldsymbol{t} \|^2 + \frac{M_P D}{2}\log\sigma^2 \tag{4.2.18}$$

其中，$M_P = \sum_{m=1}^{M}\sum_{n=1}^{N} P_{nm}^{\text{old}} \leqslant M$（当且仅当 $w=0$ 时，$M = M_P$）。$P_{nm}^{\text{old}}$ 表示使用先前参数值计算的 GMM 分量的后验概率，表示量测点与轨迹点在当前估计出的变换函数下的吻合程度，可通过贝叶斯准则来计算，称为 EM 算法中的 E 步：

$$P_{nm}^{\text{old}} = \frac{\ell_{nm}\mathrm{e}^{-\frac{\|y_m - f(x_n)\|^2}{2\sigma^2}}}{\sum_{n=1}^{N} \ell_{nm}\mathrm{e}^{-\frac{\|y_m - f(x_n)\|^2}{2\sigma^2}} + \dfrac{w(2\pi\sigma^2)^{D/2}}{(1-w)a}} \tag{4.2.19}$$

然后通过最大化似然函数求出新的参数值，被称为 M 步，首先，变换目标函数为 $\mathrm{Tr}(\boldsymbol{A}^{\mathrm{T}}\boldsymbol{R})$ 的形式，从目标函数中消除平移矩阵 $\boldsymbol{t}$，取目标函数 $Q$ 相对于 $\boldsymbol{t}$ 的偏导数令其等于 0，可以获得

$$\boldsymbol{t} = \frac{1}{M_P}\boldsymbol{Y}^{\mathrm{T}}\boldsymbol{P}\boldsymbol{1} - \boldsymbol{R}\frac{1}{M_P}\boldsymbol{X}^{\mathrm{T}}\boldsymbol{P}^{\mathrm{T}}\boldsymbol{1} = \boldsymbol{\mu}_y - \boldsymbol{R}\boldsymbol{\mu}_x \tag{4.2.20}$$

其中，$\boldsymbol{P}$ 属于 $P_{nm}^{\text{old}}$，并且定义平均向量 $\boldsymbol{\mu}_x$ 和 $\boldsymbol{\mu}_y$ 为

$$\boldsymbol{\mu}_x = \frac{1}{M_P}\boldsymbol{X}^{\mathrm{T}}\boldsymbol{P}^{\mathrm{T}}\boldsymbol{1}, \quad \boldsymbol{\mu}_y = \frac{1}{M_P}\boldsymbol{Y}^{\mathrm{T}}\boldsymbol{P}\boldsymbol{1} \tag{4.2.21}$$

将 $\boldsymbol{t}$ 代入目标函数并以矩阵形式重写，可以得出

$$Q = \frac{1}{2\sigma^2}\{\mathrm{Tr}[\hat{\boldsymbol{Y}}^{\mathrm{T}}d(\boldsymbol{P}\boldsymbol{1})\hat{\boldsymbol{Y}}] - 2\mathrm{Tr}(\hat{\boldsymbol{X}}^{\mathrm{T}}\boldsymbol{P}^{\mathrm{T}}\hat{\boldsymbol{Y}}\boldsymbol{R}^{\mathrm{T}}) + \mathrm{Tr}[\hat{\boldsymbol{X}}^{\mathrm{T}}d(\boldsymbol{P}^{\mathrm{T}}\boldsymbol{1})\hat{\boldsymbol{X}}]\} + \frac{M_P D}{2}\log\sigma^2 \tag{4.2.22}$$

其中，$\hat{\boldsymbol{X}} = \boldsymbol{X} - \boldsymbol{1}\boldsymbol{\mu}_x^{\mathrm{T}}$ 且 $\hat{\boldsymbol{Y}} = \boldsymbol{Y} - \boldsymbol{1}\boldsymbol{\mu}_y^{\mathrm{T}}$。则可得 $\boldsymbol{A} = \hat{\boldsymbol{X}}^{\mathrm{T}}\boldsymbol{P}^{\mathrm{T}}\hat{\boldsymbol{Y}}$，即可求解出 $\boldsymbol{A}$ 的奇异值分解 $\boldsymbol{USSV}^{\mathrm{T}}$，其中 $\boldsymbol{R} = \boldsymbol{UCV}^{\mathrm{T}}$。为求解 $\sigma^2$，可将式（4.2.22）中相应偏导等效为 0，如下：

$$\sigma^2 = \frac{1}{M_P D}\{\mathrm{Tr}[\hat{\boldsymbol{Y}}^{\mathrm{T}} d(\boldsymbol{P1})\hat{\boldsymbol{Y}}] - \mathrm{Tr}(\boldsymbol{A}^{\mathrm{T}}\boldsymbol{R})\} \tag{4.2.23}$$

EM 算法通过在 E 步和 M 步之间交替进行直到收敛，则得到最优结果。从而获取变换参数 $\boldsymbol{R}$ 和 $\boldsymbol{t}$，并根据空间变换函数 $f(x_n) = \boldsymbol{R}x_n + \boldsymbol{t}$ 计算出变换后的轨迹位置 $x_n'$。

将所求旋转矩阵 $\boldsymbol{R}$ 和平移矩阵 $\boldsymbol{t}$ 代入状态方程中，获得轨迹预测位置，并根据预测后的轨迹框与量测框计算面积交并比，从而获得运动相似度矩阵 $\boldsymbol{C}_m$，如下：

$$\boldsymbol{C}_m(x_n, y_m) = -\ln\left\{\frac{\mathrm{area}[\mathrm{box}(x_n') \cap \mathrm{box}(y_m)]}{\mathrm{area}[\mathrm{box}(x_n') \cup \mathrm{box}(y_m)]}\right\} \tag{4.2.24}$$

为更加准确地描述轨迹与量测间的对应关系，将外观和运动代价矩阵线性融合，如下：

$$\boldsymbol{C} = \boldsymbol{C}_a + \boldsymbol{C}_m \tag{4.2.25}$$

最后将融合后的代价矩阵 $\boldsymbol{C}$ 利用匈牙利分配算法求解，从而获得轨迹与量测的对应关系。

4. 轨迹管理

当获取到轨迹与量测间对应的关系后，会出现三种情况：有对应关系的轨迹与量测、无对应关系的轨迹、无对应关系的量测。需要对有对应关系的轨迹状态进行更新并恢复漏检，对无对应关系的轨迹和量测的状态进行管理，主要包含以下步骤。

1）轨迹状态更新

根据卡尔曼预测方程，获得轨迹状态矩阵和协方差矩阵的先验估计值，如下：

$$\boldsymbol{x}_{t,t-1} = \boldsymbol{F}_{t,t-1}\boldsymbol{R}\boldsymbol{x}_{t-1} + \boldsymbol{t} + q_{t-1} \tag{4.2.26}$$

$$\boldsymbol{P}_{t,t-1} = \boldsymbol{F}_{t,t-1}\boldsymbol{P}_{t-1}\boldsymbol{F}_{t,t-1}^{\mathrm{T}} + \boldsymbol{Q}_t \tag{4.2.27}$$

其中，$\boldsymbol{x}_{t,t-1}$ 为轨迹状态估计值；$\boldsymbol{P}_{t,t-1}$ 为 $\boldsymbol{x}_{t,t-1}$ 的协方差矩阵；$\boldsymbol{Q}_t$ 为 $q_{t-1}$ 的协方差矩阵。

然后根据所求数据的关联对应关系，利用卡尔曼滤波状态更新方程对轨迹状态进行更新，如下：

$$\boldsymbol{K}_t = \boldsymbol{P}_{t,t-1}\boldsymbol{H}_t^{\mathrm{T}}(\boldsymbol{H}_t\boldsymbol{P}_{t,t-1}\boldsymbol{H}_t^{\mathrm{T}} + \boldsymbol{M}_t)^{-1} \tag{4.2.28}$$

$$\boldsymbol{x}_t = \boldsymbol{x}_{t,t-1} + \boldsymbol{K}_t(\boldsymbol{y}_t - \boldsymbol{H}_t\boldsymbol{x}_{t,t-1}) \tag{4.2.29}$$

$$\boldsymbol{P}_t = (\boldsymbol{I} - \boldsymbol{K}_t\boldsymbol{H}_t)\boldsymbol{P}_{t,t-1} \tag{4.2.30}$$

其中，$\boldsymbol{x}_t$ 为卡尔曼滤波状态更新后的最优估计位置；$\boldsymbol{M}_t$ 为 $m_t$ 协方差矩阵；$\boldsymbol{K}_t$ 为卡尔曼增益矩阵；$\boldsymbol{H}_t$ 为观测矩阵。

最后，根据已更新轨迹位置及大小获取轨迹颜色统计直方图，从而更新轨迹外观。

2）轨迹状态管理

对于已关联并更新的轨迹，根据轨迹状态记录判断更新轨迹是否存在漏检，对于存在漏检的轨迹，利用漏检的前后帧轨迹位置的平均值对漏检位置进行恢复。对于无对应关系的轨迹，根据轨迹历史运动信息对轨迹位置进行预测，并判断预测后的轨迹位置是否超出图像边界，若超出图像边界，则标记轨迹状态为终止状态，否则记录轨迹无对应关系的次数，若无对应关系的次数大于 3 次，标记轨迹状态为终止，并将经过预测后且状态未终止的轨迹代入下一帧进行数据关联。对于无对应关系的量测，将其代入轨迹初始化步骤中，使用 Breitenstein 等[11]开发的基于前后两帧量测距离和大小的匹配方法，对未匹配量测进行关联，进而初始化轨迹。

### 4.2.3 仿真和实验验证

1. 多目标跟踪评价指标

本节采用多目标跟踪基准 MOT Challenge Benchmark 提供的评价算法，评价标准包括多目标跟踪准确率（multiple object tracking accuracy，MOTA）、多目标跟踪精度（multiple object tracking precision，MOTP）、误跟数（false positives，FP）、漏跟数（false negatives，FN）、身份跳变数（identity switches，IDs）、大部分被跟踪轨迹（mostly tracked，MT）、大部分丢失轨迹（mostly lost，ML）和每秒处理帧数（frames per second，FPS）等指标，具体含义如表 4.2.1 所示。

表 4.2.1 多目标跟踪评价指标的具体含义

| 指标 | 含义 |
|---|---|
| MOTA（↑） | 多目标跟踪准确率 |
| MOTP（↑） | 多目标跟踪精度 |
| Rec（↑） | 召回率：正确跟踪的数目/真实目标数目 |
| Prec（↑） | 精确率：正确匹配的检测目标数/检测出的目标数 |
| MT（↑） | 目标的大部分被跟踪到的轨迹占比（大于 80%） |
| ML（↓） | 目标的大部分跟丢的轨迹占比（小于 20%） |
| FP（↓） | 跟踪假轨迹的总次数 |
| FN（↓） | 轨迹漏跟的总次数 |
| IDs（↓） | 轨迹改变目标标号的总次数 |
| FPS（↑） | 每秒处理图像帧数 |

上述指标中，MOTA 是使用最广泛的评价指标，其定义如下：

$$\mathrm{MOTA}=1-\frac{\sum_t(\mathrm{FN}_t+\mathrm{FP}_t+\mathrm{IDs}_t)}{\sum_t \mathrm{GT}_t} \tag{4.2.31}$$

其中，$FN_t$、$FP_t$、$IDs_t$分别表示第 $t$ 帧时漏跟的个数、错误跟踪的次数及轨迹身份跳变的次数；$GT_t$为真实标注数目。多目标跟踪的另一个重要指标 MOTP 的定义如下：

$$\mathrm{MOTP}=\frac{\sum_{t,i} d_{t,i}}{\sum_{t,i} c_t} \tag{4.2.32}$$

其中，$d_{t,i}$表示第 $t$ 帧时第 $i$ 个目标与目标真实注释框的重叠率；$c_t$表示第 $t$ 帧时目标匹配的数目。

2. 实验结果与分析

1）实验结果定性分析

本节根据 KITTI 数据集[12]提供的检测结果进行跟踪实验。该数据集包含市区、乡村和高速公路等场景采集的真实图像数据，每张图像中最多达 15 辆车和 30 个行人，还有各种程度的遮挡与截断，并提供了两种算法的检测结果，分别为动态可变部分检测模型（deformable parts models，DPM）[13]和 Regionlet[14]的检测结果。随机选取 KITTI 数据集中三个序列的 Regionlet 检测结果并显示采样时间间隔 30 帧的智能车多目标跟踪结果，如图 4.2.2 所示。

图 4.2.2　基于 CPD 的目标跟踪算法在 KITTI 数据集上的跟踪效果图

从图 4.2.2 可以看出，算法保持跟踪目标身份的一致性。为验证基于 CPD 目标跟踪算法处理误检和漏检的能力，在实验室采集数据集下进行验证，算法能对误检进行有效删除，对漏检进行恢复。

2）实验结果定量分析

本节选取 MOTA、MOTP、Rec、Prec、MT、ML、FP、FN、IDs 这九个指标，将基于 CPD 的目标跟踪算法（表 4.2.2 中 Ours）与研究现状所述当前最为先进的考虑相机运动的结构约束事件聚合（structural constraint event aggregation，SCEA）多目标跟踪算法进行比较，采取 KITTI 数据集进行实验验证。随机选取四个序列，实验结果如表 4.2.2 所示。

表 4.2.2　KITTI 数据集实验结果（加粗部分为最优结果）

| 序列 | 方法 | MOTA | MOTP | Rec | Prec | MT | ML | FP | FN | IDs |
|---|---|---|---|---|---|---|---|---|---|---|
| 0001 | SCEA | 64.3892 | 80.8499 | 78.7785 | 85.0279 | **55** | 13 | 402 | 615 | 15 |
| | Ours | **67.1843** | **81.3232** | **79.6066** | **86.7946** | 53 | **13** | **351** | **591** | **9** |
| 0004 | SCEA | 73.7460 | **79.5705** | 82.7108 | **90.6433** | 15 | 5 | **80** | 162 | 4 |
| | Ours | **76.3074** | 78.0800 | **85.6990** | 90.5299 | **19** | **4** | 84 | **134** | 4 |
| 0008 | SCEA | 66.7641 | 77.8290 | 73.1191 | **92.6852** | **19** | 5 | **79** | 368 | 8 |
| | Ours | **67.3484** | **77.9623** | **74.4339** | 91.5544 | 17 | 5 | 94 | **350** | **3** |
| 0014 | SCEA | 57.4953 | **78.4550** | 59.7723 | 97.5232 | 4 | 3 | 8 | 212 | **4** |
| | Ours | **59.0133** | 77.5059 | **61.2903** | **97.8788** | 4 | **2** | **7** | **204** | 5 |

由表 4.2.2 可以看出，基于 CPD 的目标跟踪算法的 MOTA 优于 SCEA 算法，且保持了较高的 MOTP，验证了基于 CPD 的目标跟踪算法的有效性。此外，基于 CPD 的目标跟踪算法的 FN 明显低于 SCEA 算法，验证了基于 CPD 的目标跟踪算法恢复漏检的有效性。

## 4.3　分布式跟踪方法

### 4.3.1　引言

传感器融合是传感器网络中用于传感和监测的重要组成部分[15-17]。它可以在集中式或分布式传感器网络中进行。在集中式传感器网络中，传感器融合实现了融合中心的大部分处理流程。而在分布式传感器网络中，融合首先对传感器进行检测和跟踪等局部处理，然后在融合中心进行决策或特征级融合。通常，集中式融合更精确，但其代价是较大的通信和计算成本[18]。由于通信带宽和能量的限制，分布式传感器网络引起了广泛的关注。

在融合来自不同传感器的信息之前，传感器必须正确配准。否则会产生较大的传感器偏差，从而导致目标跟踪精度下降。由于传感器偏差是量测产生的，传感器配准通常在量测层面执行。近年来，学者提出了许多量测级的传感器配准算法，如最小二乘方法和 ML 方法[19]。此外，也有人提出将配准和融合过程一起进行，以便在非平稳环境中同时进行跟踪和配准[20, 21]。然而，这些方法中的配准过程是在量测层面上进行的，为了实现真正的分布式传感器网络融合，应该在航迹层面进行配准，以避免将所有传感器量测数据发送到融合中心。

在文献[22]中，提出了一种等效的测量方法，通过利用状态向量增强传感器偏差来获得在轨迹层面上的估计。在文献[23]中，通过减去两个传感器输出，提出了关于传感器偏差的伪测量。在文献[24]中，另一种伪测量方法实现了配准偏差的无偏估计。与等效测量方法相比，伪测量方法具有更高的测量精度和更低的通信成本[24]。

数据关联是多传感器多目标系统的另一个重要组成部分。目前已经开发了许多数据关联算法，其中包括最近邻算法、联合概率数据关联方法、多假设跟踪方法，还有很多其他的用于各种类型的关联算法[25-31]，如目标量测的关联以及航迹到航迹的关联。值得注意的是，数据关联和配准是两个相互关联的过程。近年来，有人提出在传感器网络中同时进行配准和关联以实现多目标跟踪的方法。表 4.3.1 给出了配准、关联和融合一体化方法的一些代表性研究。

**表 4.3.1　一些关于联合方法的代表性研究**

| 相关研究 | 方法 | 结构 |
| --- | --- | --- |
| Li 和 Leung[21] | 联合配准融合方法 | 集中式 |
| Huang 和 Leung[20] | 联合配准融合方法 | 集中式 |
| Särkkä 等[32] | 联合关联融合方法 | 集中式 |
| Li 等[33] | 联合配准关联融合方法 | 集中式 |
| Zeng[34] | 联合配准融合方法 | 集中式 |
| Okello 和 Challa[22] | 联合配准融合方法 | 分布式 |
| Papageorgiou 和 Holender[35] | 联合配准关联方法 | 分布式 |
| Huang 等[24] | 联合配准融合方法 | 分布式 |

从表 4.3.1 可以看出，配准、关联和融合一体化方法仅应用于量测级集中处理。而当前还没有在分布式架构中同时执行配准、关联和融合的研究。本小节介绍一种分布式传感器网络联合数据关联、配准和融合的新方法。在该结构中，每个传感器向融合中心提供局部估计的航迹，融合中心将这些航迹进行关联和融合。进而提出使用伪测量在航迹水平上进行配准，然后应用 EM 算法同时进行数据关联、配准和融合。EM 算法通过迭代增加完整数据的似然值，保证在似然函数空间中找到局部极大值[36-41]。在 E 步中，利用卡尔曼滤波器计算基于当前参数估计的对数似然函数的近似期望。在 M 步中，计算新的参数估计，包括配准参数。

### 4.3.2　基于联合数据关联、配准和融合的分布式跟踪算法

1. 关联、配准及融合联合模型建立

在多传感器多目标跟踪中，目标状态可以表示为

$$\boldsymbol{x}_{t,k}=\boldsymbol{F}\boldsymbol{x}_{t,k-1}+\boldsymbol{w}_{t,k},\quad k=1,2,\cdots,N,\quad t=1,2,\cdots,N_t(k) \tag{4.3.1}$$

式中，$\boldsymbol{x}_{t,k}=[x_{t,k}\quad \dot{x}_{t,k}\quad y_{t,k}\quad \dot{y}_{t,k}]^{\mathrm{T}}\in\mathbf{R}^d$ 为目标 $t$ 在 $k$ 时刻的状态向量，上标 T 表示一个矩阵的转置；$N_t(k)$ 为 $k$ 时刻目标的个数；$N$ 为测量样本的总数；$\boldsymbol{F}$ 为已知的过度矩阵；$\boldsymbol{w}_{k,t}$ 是均值为零、协方差矩阵为 $\boldsymbol{Q}$ 的高斯白噪声。传感器 $s$ 对目标 $t$ 的目标量测表示为

$$\boldsymbol{z}_{t,k}^{s}=\boldsymbol{H}_s\boldsymbol{x}_{t,k}+\boldsymbol{\eta}_s+\boldsymbol{v}_{s,k},\quad s=1,2,\cdots,N_s \tag{4.3.2}$$

其中，$z_{t,k}^{s} \in \mathbf{R}^{n}$ 是传感器 $s$ 在 $k$ 时刻对目标 $t$ 的量测，$\boldsymbol{H}_{s}=\begin{bmatrix}1&0&0&0\\0&0&1&0\end{bmatrix}$ 是观测矩阵；$\eta_{s}$ 表示传感器 $s$ 的传感器偏差；$\boldsymbol{v}_{s,k}$ 是均值为零、协方差矩阵为 $\boldsymbol{R}_{s}$ 的高斯白噪声；$N_{s}$ 为传感器的数目。

对于分布式跟踪，局部进程通常采用局部跟踪器获取局部的状态估计并报告给全局节点进行融合。这些局部跟踪器不知道传感器的偏差，并生成未配准的目标状态估计和协方差，即

$$\{\hat{\boldsymbol{x}}_{j,k}^{s},\hat{\boldsymbol{P}}_{j,k}^{s},s=1,2,\cdots,N_{s},\quad j=1,2,\cdots,N_{ts}(k)\} \tag{4.3.3}$$

其中，$\hat{\boldsymbol{x}}_{j,k}^{s}$ 和 $\hat{\boldsymbol{P}}_{j,k}^{s}$ 分别为 $k$ 时刻跟踪目标 $j$ 在传感器 $s$ 处未配准的目标状态估计值和协方差；$N_{ts}(k)$ 为传感器 $s$ 在 $k$ 时刻跟踪的目标数目。

在传感器层面上，传感器偏差是未知的，表示为一个零向量 $\boldsymbol{\eta}_{0}$。如果一个量测 $\boldsymbol{z}_{j,k}^{s}$ 是由一个目标 $\hat{\boldsymbol{x}}_{j,k}^{s}$ 在该传感器层面上生成的，则目标 $j$ 在 $k$ 时刻的状态估计可描述为

$$\hat{\boldsymbol{x}}_{j,k}^{s}=\boldsymbol{F}\hat{\boldsymbol{x}}_{j,k-1}^{s}+\boldsymbol{K}_{j,k}^{s}(\boldsymbol{z}_{j,k}^{s}-\boldsymbol{H}_{s}\boldsymbol{F}\hat{\boldsymbol{x}}_{j,k-1}^{s}-\boldsymbol{\eta}_{0}) \tag{4.3.4}$$

其中，$\boldsymbol{K}_{j,k}^{s}$ 为在 $k$ 时刻传感器对于目标 $j$ 的卡尔曼增益。

然后得到

$$\begin{aligned}
&\hat{\boldsymbol{x}}_{j,k}^{s}-\boldsymbol{F}\hat{\boldsymbol{x}}_{j,k-1}^{s}+\boldsymbol{K}_{j,k}^{s}\boldsymbol{H}_{s}\boldsymbol{F}\hat{\boldsymbol{x}}_{j,k-1}^{s}+\boldsymbol{K}_{j,k}^{s}\boldsymbol{\eta}_{0}\\
&=\boldsymbol{K}_{j,k}^{s}\boldsymbol{z}_{j,k}^{s}[(\boldsymbol{K}_{j,k}^{s})^{\mathrm{T}}\boldsymbol{K}_{j,k}^{s}]^{-1}(\boldsymbol{K}_{j,k}^{s})^{\mathrm{T}}(\hat{\boldsymbol{x}}_{j,k}^{s}-\boldsymbol{F}\hat{\boldsymbol{x}}_{j,k-1}^{s}+\boldsymbol{K}_{j,k}^{s}\boldsymbol{H}_{s}\boldsymbol{F}\hat{\boldsymbol{x}}_{j,k-1}^{s}+\boldsymbol{K}_{j,k}^{s}\boldsymbol{\eta}_{0})\\
&=[(\boldsymbol{K}_{j,k}^{s})^{\mathrm{T}}\boldsymbol{K}_{j,k}^{s}](\boldsymbol{K}_{j,k}^{s})^{\mathrm{T}}\boldsymbol{K}_{j,k}^{s}\boldsymbol{z}_{j,k}^{s}[(\boldsymbol{K}_{j,k}^{s})^{\mathrm{T}}\boldsymbol{K}_{j,k}^{s}]^{-1}(\boldsymbol{K}_{j,k}^{s})^{\mathrm{T}}\\
&\quad\cdot(\hat{\boldsymbol{x}}_{j,k}^{s}-\boldsymbol{F}\hat{\boldsymbol{x}}_{j,k-1}^{s}+\boldsymbol{K}_{j,k}^{s}\boldsymbol{H}_{s}\boldsymbol{F}\hat{\boldsymbol{x}}_{j,k-1}^{s}+\boldsymbol{K}_{j,k}^{s}\boldsymbol{\eta}_{0})\\
&=\boldsymbol{z}_{j,k}^{s}
\end{aligned} \tag{4.3.5}$$

$\boldsymbol{x}_{j,k}$ 的伪测量记为 $\boldsymbol{m}_{j,k}^{s}$，由式（4.3.5）可以得到

$$\boldsymbol{m}_{j,k}^{s}=[(\boldsymbol{K}_{j,k}^{s})^{\mathrm{T}}\boldsymbol{K}_{j,k}^{s}]^{-1}(\boldsymbol{K}_{j,k}^{s})^{\mathrm{T}}(\hat{\boldsymbol{x}}_{j,k}^{s}-\boldsymbol{F}\hat{\boldsymbol{x}}_{j,k-1}^{s}+\boldsymbol{K}_{j,k}^{s}\boldsymbol{H}_{s}\boldsymbol{F}\hat{\boldsymbol{x}}_{j,k-1}^{s}+\boldsymbol{K}_{j,k}^{s}\boldsymbol{\eta}_{0}) \tag{4.3.6}$$

式（4.3.6）适用于量测维数小于状态向量维数的情况，即 $n<d$。传递 $\{\hat{\boldsymbol{x}}_{j,k}^{s},\boldsymbol{K}_{j,k}^{s}\}$ 到全局融合中心。总共有 $(n+1)d$ 个实数需要转移。在等效测量方法中，当需要 $(d+1)d$ 个实数时，需要传递 $\hat{\boldsymbol{x}}_{j,k}^{s}$ 和 $\hat{\boldsymbol{P}}_{j,k}^{s}$。因此，与等效测量方法相比，伪测量方法可以将通信成本降低 $(d-n)d$ 个实数。

然后，介绍目标关联矩阵 $\boldsymbol{\Phi}_{k}^{s}$ 的伪测量方法。设 $\boldsymbol{\Phi}_{k}^{s}$ 是一个 $N_{ts}(k)\times N_{t}(k)$ 且元素为 $(j,t)$ 的矩阵，使得

$$\boldsymbol{\Phi}_{k}^{s}(j,t)=\begin{cases}1, & \text{如果伪测量来自目标}t\\0, & \text{其他}\end{cases} \tag{4.3.7}$$

每一行 $\boldsymbol{\Phi}_{k}^{s}$ 对应于伪测量 $\boldsymbol{m}_{j,k}^{s}$ 并且描述了对第 $j$ 次伪测量有贡献的目标。每一列的 $\boldsymbol{\Phi}_{k}^{s}$ 对应第 $t$ 个目标，描述了由该目标产生的伪测量值。假设每个传感器在传感器级别对每个目标最多有一个测量值，即 $N_{ts}(k)\leqslant N_{t}(k)$，$k=1,2,\cdots,N$，需要注意的是，伪测量是由局部跟踪器产生的，每个传感器的伪测量都与主动目标有关。

因此，有一个约束作用于$\boldsymbol{\Phi}_k^s$，即

$$\sum_{t=1}^{N_t(k)} \boldsymbol{\Phi}_k^s(j,t)=1 \tag{4.3.8}$$

根据上述建模假设，得到未知参数$\rho=\{\{\eta_s\}_{s=1}^{N_s},\bar{\boldsymbol{X}}_0,\bar{\boldsymbol{\Sigma}}_0,\{\boldsymbol{\Phi}_k\}_{k=1}^{N}\}$，其中$\bar{\boldsymbol{X}}_0$和$\bar{\boldsymbol{\Sigma}}_0$分别是系统初始状态的先验信息，即$\bar{\boldsymbol{X}}_0=[\bar{\boldsymbol{x}}_{1,0},\bar{\boldsymbol{x}}_{2,0},\cdots,\bar{\boldsymbol{x}}_{N_t(0),0}]$，$\bar{\boldsymbol{\Sigma}}_0=[\bar{\boldsymbol{\Sigma}}_{1,0},\bar{\boldsymbol{\Sigma}}_{2,0},\cdots,\bar{\boldsymbol{\Sigma}}_{N_t(0),0}]$，$\boldsymbol{\Phi}_k=\{\boldsymbol{\Phi}_k^s\}_{s=1}^{N_s}$，其中，$N_t(0)$表示初始目标数。在全局节点上，完整的数据是$\boldsymbol{\Omega}^N=[\boldsymbol{\Omega}_1,\boldsymbol{\Omega}_2,\cdots,\boldsymbol{\Omega}_N]$，其中$\boldsymbol{\Omega}_k=[\boldsymbol{X}_k,\boldsymbol{M}_k]$，$\boldsymbol{X}_k=\{\boldsymbol{x}_{t,k}\}_{t=1}^{N_t(k)}$，$\boldsymbol{M}_k=\{\boldsymbol{m}_k^s\}_{s=1}^{N_s}$，$\boldsymbol{m}_k^s=\{\boldsymbol{m}_{j,k}^s\}_{j=1}^{N_{ts}(k)}$。不完整的数据为$\boldsymbol{M}^N=\{\boldsymbol{M}_k\}_{k=1}^{N}$，缺失的数据为$\boldsymbol{X}^N=\{\boldsymbol{X}_k\}_{k=0}^{N}$。因此，给出完整的数据对数似然函数为

$$\begin{aligned}L(\rho\mid\boldsymbol{\Omega}^N)&=\log p(\boldsymbol{\Omega}^N\mid\rho)\\&=\log p(\boldsymbol{X}^N,M^N\mid\rho)\\&=\log\left[p(\boldsymbol{X}_0\mid\rho)\prod_{k=1}^{N}p(\boldsymbol{X}_k\mid\boldsymbol{X}_{k-1},\rho)\prod_{k-1}^{N}p(M_k\mid\boldsymbol{X}_k,\rho)\right]\end{aligned} \tag{4.3.9}$$

假设初始目标状态服从高斯分布，有

$$p(\boldsymbol{X}_0)=(2\pi)^{-\frac{d}{2}}\left|\bar{\boldsymbol{\Sigma}}_0\right|^{-\frac{1}{2}}\exp\left[-\frac{1}{2}(\boldsymbol{X}_0-\bar{\boldsymbol{X}}_0)^{\mathrm{T}}\bar{\boldsymbol{\Sigma}}_0^{-1}(\boldsymbol{X}_0-\bar{\boldsymbol{X}}_0)\right] \tag{4.3.10}$$

目标状态的条件概率密度函数由式（4.3.11）给出：

$$p(\boldsymbol{X}_k\mid\boldsymbol{X}_{k-1})=(2\pi)^{-\frac{d}{2}}\mid\boldsymbol{Q}\mid^{-\frac{1}{2}}\exp\left[-\frac{1}{2}(\boldsymbol{X}_k-\boldsymbol{F}\boldsymbol{X}_{k-1})^{\mathrm{T}}\boldsymbol{Q}^{-1}(\boldsymbol{X}_k-\boldsymbol{F}\boldsymbol{X}_{k-1})\right] \tag{4.3.11}$$

为了推出$p(\boldsymbol{M}_k\mid\boldsymbol{X}_k,\rho)$，关联矩阵$\boldsymbol{\Phi}_k^s$被划分成列，即$\boldsymbol{\Phi}_k^s=[\boldsymbol{\Phi}_k^{s,1},\boldsymbol{\Phi}_k^{s,2},\cdots,\boldsymbol{\Phi}_k^{s,N_t(k)}]$，其中$\boldsymbol{\Phi}_k^{s,t}=[\boldsymbol{\Phi}_k^s(1,t),\boldsymbol{\Phi}_k^s(2,t),\cdots,\boldsymbol{\Phi}_k^s(N_{ts}(k),t)]^{\mathrm{T}}$。每一个$\boldsymbol{\Phi}_k^{s,t}$对应一个目标$t$。

每个目标都被假定为独立的。因此，$\boldsymbol{M}_k$的对数似然函数可以写成：

$$\log p(\boldsymbol{M}_k\mid\boldsymbol{X}_k,\rho)=\sum_{t=1}^{N_t(k)}\log p(\boldsymbol{M}_k\mid\boldsymbol{x}_{t,k},\boldsymbol{\Phi}_k^{1,t},\boldsymbol{\Phi}_k^{2,t},\cdots,\boldsymbol{\Phi}_k^{N,t}) \tag{4.3.12}$$

各个传感器是有条件独立的，给定关联，式（4.3.12）可以重写为

$$\log p(\boldsymbol{M}_k\mid\boldsymbol{X}_k,\rho)=\sum_{t=1}^{N_t(k)}\sum_{s=1}^{N_s}\boldsymbol{\Phi}_k^{s,t}\Upsilon(\boldsymbol{m}_k^s\mid\boldsymbol{x}_{t,k}) \tag{4.3.13}$$

其中

$$\Upsilon(\boldsymbol{m}_k^s\mid\boldsymbol{x}_{t,k})=[\log p(\boldsymbol{m}_1^s\mid\boldsymbol{x}_{t,k}),\log p(\boldsymbol{m}_2^s\mid\boldsymbol{x}_{t,k}),\cdots,\log p(\boldsymbol{m}_{N_{ts}(k),k}^s\mid\boldsymbol{x}_{t,k})]^{\mathrm{T}} \tag{4.3.14}$$

如果量测$\boldsymbol{m}_{j,k}^s$来源于目标$t$，可以得到

$$\begin{aligned}\log p(\boldsymbol{m}_{j,k}^s\mid\boldsymbol{x}_{t,k})=&-\frac{n}{2}\log 2\pi-\frac{1}{2}\log\boldsymbol{R}_s(k)\\&-\frac{1}{2}(\boldsymbol{m}_{j,k}^s-\boldsymbol{H}_s\boldsymbol{x}_{t,k}-\eta_s)^{\mathrm{T}}\boldsymbol{R}_s(k)^{-1}(\boldsymbol{m}_{j,k}^s-\boldsymbol{H}_s\boldsymbol{x}_{t,k}-\eta_s)\end{aligned} \tag{4.3.15}$$

总地来说，式（4.3.9）中完整数据的对数似然函数可以表示为

$$L(\rho\mid\boldsymbol{\Omega}^N)=-\frac{dN_t(0)}{2}\log 2\pi-\frac{1}{2}\sum_{t=1}^{N_t(0)}\log|\bar{\boldsymbol{\Sigma}}_{t,0}|-\sum_{t=1}^{N_t(0)}\frac{1}{2}(\boldsymbol{x}_{t,0}-\bar{\boldsymbol{x}}_{t,0})^{\mathrm{T}}\bar{\boldsymbol{\Sigma}}_{t,0}^{-1}(\boldsymbol{x}_{t,0}-\bar{\boldsymbol{x}}_{t,0})$$
$$-\sum_{k=1}^{N}\sum_{t=1}^{N_t(k)}\left[\frac{d}{2}\log 2\pi+\frac{1}{2}\log|\boldsymbol{Q}|+\frac{1}{2}(\boldsymbol{x}_{t,k}-\boldsymbol{F}\boldsymbol{x}_{t,k-1})^{\mathrm{T}}\boldsymbol{Q}^{-1}(\boldsymbol{x}_{t,k}-\boldsymbol{F}\boldsymbol{x}_{t,k-1})\right]$$
$$+\sum_{k=1}^{N}\sum_{t=1}^{N_t(k)}\sum_{s=1}^{N_s}\boldsymbol{\Phi}_k^{s,t}\Upsilon(\boldsymbol{m}_k^s\mid\boldsymbol{x}_{t,k})\tag{4.3.16}$$

其中，$\Upsilon(\boldsymbol{m}_k^s\mid\boldsymbol{x}_{t,k})$在式（4.3.14）中给出。

2. 算法求解

为了获得上述参数和状态的ML估计，应用EM算法。EM算法包括以下两个步骤：

（1）$E_L(\rho,\hat{\rho}^{(l)})=E[\log L(\rho\mid\boldsymbol{\Omega}^N)\mid\boldsymbol{M}^N,\rho^{(l)}]$；

（2）$\hat{\rho}^{(l+1)}=\arg\max_{\rho}E_L(\rho,\hat{\rho}^{(l)})$。

其中，$l$为算法的第$l$次迭代。第（1）步是利用参数$\hat{\rho}^{(l)}$的当前估计和观测值计算条件期望。第（2）步通过最大似然函数提供更新的参数估计。通过这两步迭代，在确定参数的同时也可以增加似然函数。

1）E步

对于状态空间模型，这里应用卡尔曼滤波求条件均值和协方差函数。定义条件均值和协方差函数为$\hat{\boldsymbol{x}}_{t,k|j}=E(\boldsymbol{x}_{t,k}\mid\boldsymbol{M}_1,\boldsymbol{M}_2,\cdots,\boldsymbol{M}_j)$，$\boldsymbol{P}_{t,k|j}=\mathrm{cov}(\boldsymbol{x}_{t,k}\mid\boldsymbol{M}_1,\boldsymbol{M}_2,\cdots,\boldsymbol{M}_j)$，$\boldsymbol{P}_{t,k,k-1|j}=\mathrm{cov}(\boldsymbol{x}_{t,k},\boldsymbol{x}_{t,k-1}\mid\boldsymbol{M}_1,\boldsymbol{M}_2,\cdots,\boldsymbol{M}_j)$。

式（4.3.16）的条件期望可以计算得到

$$E_L(\rho,\hat{\rho}^{(l)})=-\frac{1}{2}\sum_{t=1}^{N_t(0)}\log\left|\bar{\boldsymbol{\Sigma}}_{t,0}\right|-\frac{1}{2}\mathrm{Tr}\left\{\sum_{t=1}^{N_t(0)}\bar{\boldsymbol{\Sigma}}_{t,0}^{-1}[\boldsymbol{P}_{t,0|N}+(\hat{\boldsymbol{x}}_{t,0|N_t}-\hat{\boldsymbol{x}}_{t,0})(\hat{\boldsymbol{x}}_{t,0|N_t}-\hat{\boldsymbol{x}}_{t,0})^{\mathrm{T}}]\right\}$$
$$-\frac{1}{2}\sum_{k=1}^{N}\sum_{t=1}^{N_t(k)}\left\{\frac{1}{2}\log|\boldsymbol{Q}|-\frac{1}{2}\mathrm{Tr}[\boldsymbol{Q}^{-1}(\boldsymbol{D}+\boldsymbol{A}-\boldsymbol{G}-\boldsymbol{G}^{\mathrm{T}})]\right\}$$
$$+\sum_{k=1}^{N}\sum_{t=1}^{N_t(k)}\sum_{s=1}^{N_s}\boldsymbol{\Phi}_k^{s,t}E[\Upsilon(\boldsymbol{m}_k^s\mid\boldsymbol{x}_{t,k})]\tag{4.3.17}$$

其中，Tr是一个矩阵的迹；中间变量$\boldsymbol{D}$、$\boldsymbol{A}$、$\boldsymbol{G}$定义为

$$\boldsymbol{D}=\hat{\boldsymbol{x}}_{t,k|N}(\hat{\boldsymbol{x}}_{t,k|N})^{\mathrm{T}}+\boldsymbol{P}_{t,k|N}\tag{4.3.18}$$

$$\boldsymbol{A}=\boldsymbol{F}[\hat{\boldsymbol{x}}_{t,k-1|N}(\hat{\boldsymbol{x}}_{t,k-1|N})^{\mathrm{T}}+\boldsymbol{P}_{t,k-1|N}]\boldsymbol{F}^{\mathrm{T}}\tag{4.3.19}$$

$$\boldsymbol{G}=[\hat{\boldsymbol{x}}_{t,k|N}(\hat{\boldsymbol{x}}_{t,k-1|N})^{\mathrm{T}}+\boldsymbol{P}_{t,k-1|N}]\boldsymbol{F}^{\mathrm{T}}\tag{4.3.20}$$

式（4.3.17）中的$E[\Upsilon(\boldsymbol{m}_k^s\mid\boldsymbol{x}_{t,k})]$可以表示为

$$E[\Upsilon(\boldsymbol{m}_k^s\mid\boldsymbol{x}_{t,k})]=\{E[\log p(\boldsymbol{m}_1^s\mid\boldsymbol{x}_{t,k})],E[\log p(\boldsymbol{m}_2^s\mid\boldsymbol{x}_{t,k})],\cdots,E[\log p(\boldsymbol{m}_{N_{ts}(k),k}^s\mid\boldsymbol{x}_{t,k})]\}^{\mathrm{T}}\tag{4.3.21}$$

其中

$$E[\log p(\boldsymbol{m}_{j,k}^{s} \mid \boldsymbol{x}_{t,k})] = -\frac{n}{2}\log 2\pi - \frac{1}{2}\log \boldsymbol{R}_s(k) - \frac{1}{2}\mathrm{Tr}\{\boldsymbol{R}_s(k)^{-1}[(\boldsymbol{m}_{j,k}^{s} - \boldsymbol{H}_s\boldsymbol{x}_{t,k|N} - \eta_s)(\boldsymbol{m}_{j,k}^{s} - \boldsymbol{H}_s\boldsymbol{x}_{t,k|N} - \eta_s)^{\mathrm{T}}]\} \tag{4.3.22}$$

根据上面的推导，计算 $E_L$ 需要评估系统状态的条件期望及其协方差。对于线性动态系统，可以通过使用卡尔曼滤波来实现。卡尔曼滤波可以表示如下。

滤波器：

$$\hat{\boldsymbol{x}}_{t,k|k-1} = \boldsymbol{F}\hat{\boldsymbol{x}}_{t,k-1} \tag{4.3.23}$$

$$\boldsymbol{P}_{t,k|k-1} = \boldsymbol{F}\boldsymbol{P}_{t,k-1}\boldsymbol{F}^{\mathrm{T}} + \boldsymbol{Q} \tag{4.3.24}$$

$$\boldsymbol{K}_{t,k} = \boldsymbol{P}_{t,k|k-1}(\boldsymbol{H}_s)^{\mathrm{T}}[\boldsymbol{H}_s\boldsymbol{P}_{t,k|k-1}(\boldsymbol{H}_s)^{\mathrm{T}} + \boldsymbol{R}_s(k)]^{-1} \tag{4.3.25}$$

$$\hat{\boldsymbol{x}}_{t,k} = \hat{\boldsymbol{x}}_{t,k|k-1} + \boldsymbol{K}_{t,k}(\boldsymbol{m}_{j,k}^{s} - \boldsymbol{H}_s\hat{\boldsymbol{x}}_{t,k|k-1} - \eta_s) \tag{4.3.26}$$

$$\boldsymbol{P}_{t,k} = \boldsymbol{P}_{t,k|k-1} - \boldsymbol{K}_{t,k}\boldsymbol{H}_s\boldsymbol{P}_{t,k|k-1} \tag{4.3.27}$$

其中，$\hat{\boldsymbol{x}}_{t,k}$ 和 $\boldsymbol{P}_{t,k}$ 分别表示目标 $t$ 在 $k$ 时刻的状态估计和协方差估计；$\hat{\boldsymbol{x}}_{t,k|k-1}$ 和 $\boldsymbol{P}_{t,k|k-1}$ 分别表示 $k-1$ 时刻对目标 $t$ 的预测状态和协方差估计。

平滑器：

$$\boldsymbol{Kb}_{t,k} = \boldsymbol{P}_{t,k}\boldsymbol{F}^{\mathrm{T}}(\boldsymbol{P}_{t,k+1|k})^{-1} \tag{4.3.28}$$

$$\hat{\boldsymbol{x}}_{t,k|N} = \hat{\boldsymbol{x}}_{t,k} + \boldsymbol{Kb}_{t,k}(\hat{\boldsymbol{x}}_{t,k+1|N} - \boldsymbol{F}\hat{\boldsymbol{x}}_{t,k}) \tag{4.3.29}$$

$$\boldsymbol{P}_{t,k|N} = \boldsymbol{P}_{t,k} + \boldsymbol{Kb}_{t,k}(\boldsymbol{P}_{t,k+1|N} - \boldsymbol{P}_{t,k+1|k})(\boldsymbol{Kb}_{t,k})^{\mathrm{T}} \tag{4.3.30}$$

其中，$\boldsymbol{Kb}_{t,k}$、$\hat{\boldsymbol{x}}_{t,k|N}$、$\boldsymbol{P}_{t,k|N}$ 分别表示目标 $t$ 在 $k$ 时刻的卡尔曼增益、平滑状态估计和协方差估计。

然后可以确定关联矩阵为

$$\boldsymbol{\Phi}_k^{s,t} = \max_{\boldsymbol{\Phi}_k^{s,t}} \sum_{t=1}^{N_t(k)} \sum_{s=1}^{N_s} \boldsymbol{\Phi}_k^{s,t} E[\Upsilon(\boldsymbol{m}_k^{s} \mid \boldsymbol{x}_{t,k})] \tag{4.3.31}$$

受到式（4.3.8）的约束。

2）M 步

该系统参数为 $\overline{x}_{t,0}$、$\overline{\Sigma}_{t,0}$ 和 $\eta_s$。它们的估计通过相应的期望对数似然的偏导数进行迭代更新。

$$\overline{\boldsymbol{x}}_{t,0} = \hat{\boldsymbol{x}}_{t,0|N} \tag{4.3.32}$$

$$\overline{\boldsymbol{\Sigma}}_{t,0} = \boldsymbol{P}_{t,0|N} \tag{4.3.33}$$

$$\frac{\partial E_L(\rho)}{\partial \eta_s} = \frac{\partial\left\{\sum_{k=1}^{N}\sum_{t=1}^{N_t(k)}\sum_{s=1}^{N_s}\sum_{j=1}^{N_{ts}(k)} \boldsymbol{\Phi}_k^{s}(j,t)\mathrm{Tr}[\boldsymbol{R}_s(k)^{-1}(\boldsymbol{V}\boldsymbol{V}^{\mathrm{T}})]\right\}}{\partial \eta_s} = 0 \tag{4.3.34}$$

其中，$\boldsymbol{V} = \boldsymbol{m}_{j,k}^{s} - \boldsymbol{H}_s\boldsymbol{x}_{t,k|N} - \eta_s$。

$$\eta_s = \frac{\sum_{k=1}^{N}\sum_{t=1}^{N_t(k)}\sum_{s=1}^{N_s}\sum_{j=1}^{N_{ts}(k)} \boldsymbol{\Phi}_k^s(j,t)\boldsymbol{R}_s(k)^{-1}[(\boldsymbol{m}_{j,k}^s - \boldsymbol{H}_s\boldsymbol{x}_{t,k|N})]}{\sum_{k=1}^{N}\sum_{t=1}^{N_t(k)}\sum_{s=1}^{N_s}\sum_{j=1}^{N_{ts}(k)} \boldsymbol{\Phi}_k^s(j,t)\boldsymbol{R}_s(k)^{-1}} \tag{4.3.35}$$

该方法在算法 4.3.1 中给出。

算法 4.3.1　基于联合数据关联、配准和融合的分布式跟踪算法

1：在传感器级别跟踪其中每个传感器，执行一种跟踪算法来获得跟踪估计值
2：转换传感器级别跟踪估计值到伪测量
3：将伪测量数据传输到融合中心
4：while 在融合中心时，执行：
5：　for $k = 1, 2, \cdots, N$，执行：
6：　　数据关联，如式（4.3.31）所示
7：　　估计融合航迹为式（4.3.23）～式（4.3.30）
8：end for
9：当数据长度 $N$ 如式（4.3.32）、式（4.3.33）和式（4.3.35）所示时，估计初始轨迹和传感器偏差
10：end while

算法流程图如图 4.3.1 所示。

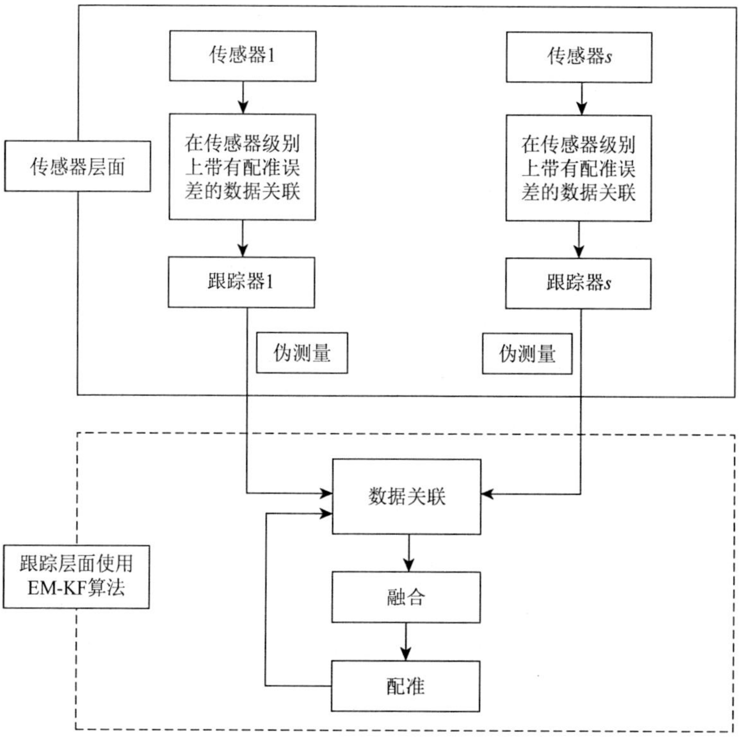


图 4.3.1　算法流程图

## 4.4 本章小结

本章以面向智能网联汽车的目标跟踪为研究目标，介绍了目标跟踪的背景及意义，以及当前研究的现状，并介绍了一些相应的目标跟踪算法。本章首先介绍了基于 CPD 的多目标跟踪算法，通过 CPD，利用目标之间的结构约束不变的特性，进行目标跟踪，解决智能网联汽车剧烈运动导致的定位失效问题。然后介绍了基于联合数据关联、配准和融合的分布式跟踪方法，利用分布式传感器网络，并通过构建数据关联、配准和融合的联合求解方法，同时求得状态与参数，降低通信成本。最后通过真车实验验证基于 CPD 的多目标跟踪算法和基于联合数据关联、配准和融合的分布式跟踪方法的有效性与鲁棒性。

## 参考文献


[1] 夏元清，闫策，王笑京，等. 智能交通信息物理融合云控制系统[J]. 自动化学报，2019，45（1）：132-142.

[2] 刘彩虹，张磊，黄华. 交通路口监控视频跨视域多目标跟踪的可视化[J]. 计算机学报，2018，41（1）：221-235.

[3] Zhu Li，Yu F R，Wang Y G，et al. Big data analytics in intelligent transportation systems：A survey[J]. IEEE Transactions on Intelligent Transportation Systems，2019，20（1）：383-398.

[4] Zhu H，Yuen K V，Mihaylova L，et al. Overview of environment perception for intelligent vehicles[J]. IEEE Transactions on Intelligent Transportation Systems，2017，18（10）：2584-2601.

[5] 李玺，查宇飞，张天柱，等. 深度学习的目标跟踪算法综述[J]. 中国图象图形学报，2019，24（12）：2057-2080.

[6] Tian Y C，Afshin D，Mubarak S. On detection，data association and segmentation for multi-target tracking[J]. IEEE Transactions on Pattern Analysis and Machine Intelligence，2019，41（9）：2146-2160.

[7] Gwak J. Multi-object tracking through learning relational appearance features and motion patterns[J]. Computer Vision and Image Understanding：CVIV，2017，162：103-115.

[8] Yoon J H，Lee C R，Yang M H，et al. Structural constraint data association for online multi-object tracking[J]. International Journal of Computer Vision，2019，127（1）：1-21.

[9] Myronenko A，Song X B. Point set registration：Coherent point drift[J]. IEEE Transactions on Pattern Analysis and Machine Intelligence，2010，32（12）：2262-2275.

[10] Dempster A P，Laird N M，Rubin D B. Maximum likelihood from incomplete data via the EM algorithm[J]. Journal of Royal Statistical Society，1977，39（1）：1-38.

[11] Breitenstein M D，Reichlin F，Leibe B，et al. Online multi-person tracking-by-detection from a single，uncalibrated camera[J]. IEEE Transactions on Pattern Analysis and Machine Intelligence，2011，33（9）：1820-33.

[12] Geiger A，Lenz P，Stiller C，et al. Vision meets robotics：The KITTI dataset[J]. International Journal of Robotics Research，2013，32（11）：1231-1237.

[13] Felzenszwalb P F，Girshick R B，McAllester D，et al. Object detection with discriminatively trained part based models[J]. IEEE Transactions on Pattern Analysis and Machine Intelligence，2010，32（9）：1627-1645.

[14] Wang X Y，Yang M，Zhu S H，et al. Regionlets for generic object detection[J]. IEEE Transactions on Pattern Analysis and Machine Intelligence，2015，37（10）：2071-2084.

[15] Luo R C，Yih C C，Su K L. Multisensor fusion and integration：Approaches，applications，and future research directions[J]. IEEE Sensors Journal，2002，2（2）：107-119.

[16] Mahmoud M S，Emzir M F. State estimation with asynchronous multi-rate multi-smart sensors[J]. Information Sciences，

2012，196：15-27.

[17] Yager R R. A framework for multi-source data fusion[J]. Information Sciences，2004，163（1-3）：175-200.

[18] Zhu H，Leung H，He Z. A variational Bayesian approach to robust sensor fusion based on Student-t distribution[J]. Information Sciences，2013，221：201-214.

[19] Okello N，Ristic B. Maximum likelihood registration for multiple dissimilar sensors[J]. IEEE Transactions on Aerospace and Electronic Systems，2003，39（3）：1074-1083.

[20] Huang D，Leung H. An expectation-maximization-based interacting multiple model approach for cooperative driving systems[J]. IEEE Transactions on Intelligent Transportation Systems，2005，6（2）：206-228.

[21] Li W，Leung H. Simultaneous registration and fusion of multiple dissimilar sensors for cooperative driving[J]. IEEE Transactions on Intelligent Transportation Systems，2004，5（2）：84-98.

[22] Okello N N，Challa S. Joint sensor registration and track-to-track fusion for distributed trackers[J]. IEEE Transactions on Aerospace and Electronic Systems，2004，40（3）：808-823.

[23] Lin X，Bar-Shalom Y，Kirubarajan T. Exact multisensor dynamic bias estimation with local tracks[J]. IEEE Transactions on Aerospace and Electronic Systems，2004，40（2）：576-590.

[24] Huang D，Leung H，Bosse E. A pseudo-measurement approach to simultaneous registration and track fusion[J]. IEEE Transactions on Aerospace and Electronic Systems，2012，48（3）：2315-2331.

[25] Battistelli G，Chisci L，Fantacci C，et al. Distributed peer-to-peer multitarget tracking with association-based track fusion[C]. 17th International Conference on Information Fusion，Salamanca，2014：1-7.

[26] Deb S，Yeddanapudi M，Pattipati K，et al. A generalized SD assignment algorithm for multisensor-multitarget state estimation[J]. IEEE Transactions on Aerospace and Electronic Systems，1997，33（2）：523-538.

[27] Kaplan L M，Bar-Shalom Y，Blair W D. Assignment costs for multiple sensor track-to-track association[J]. IEEE Transactions on Aerospace and Electronic Systems，2008，44（2）：655-677.

[28] Mahler R P S. Multitarget Bayes filtering via first-order multitarget moments[J]. IEEE Transactions on Aerospace and Electronic Systems，2003，39（4）：1152-1178.

[29] Vermaak J，Godsill S J，Perez P. Monte Carlo filtering for multi target tracking and data association[J]. IEEE Transactions on Aerospace and Electronic Systems，2005，41（1）：309-332.

[30] Vo B N，Ma W K. The Gaussian mixture probability hypothesis density filter[J]. IEEE Transactions on Signal Processing，2006，54（11）：4091-4104.

[31] Vo B N，Singh S，Doucet A. Sequential Monte Carlo methods for multitarget filtering with random finite sets[J]. IEEE Transactions on Aerospace and Electronic Systems，2005，41（4）：1224-1245.

[32] Särkkä S，Vehtari A，Lampinen J. Rao-Blackwellized particle filter for multiple target tracking[J]. Information Fusion，2007，8（1）：2-15.

[33] Li Z，Chen S，Leung H，et al. Joint data association，registration，and fusion using EM-KF[J]. IEEE Transactions on Aerospace and Electronic Systems，2010，46（2）：496-507.

[34] Zeng S. Fast optimal joint tracking-registration for multisensor systems[J]. IEEE Transactions on Instrumentation and Measurement，2011，60（10）：3461-3470.

[35] Papageorgiou D J，Holender M. Track-to-track association and ambiguity management in the presence of sensor bias[C]. 2009 12th International Conference on Information Fusion，Seattle，2009：2012-2019.

[36] Dempster A P，Laird N M，Rubin D B. Maximum likelihood from incomplete data via the EM algorithm[J]. Journal of the Royal Statistical Society：Series B（Methodological），1977，39（1）：1-22.

[37] Hu J，Wang Z，Gao H. Recursive filtering with random parameter matrices，multiple fading measurements and correlated noises[J]. Automatica，2013，49（11）：3440-3448.

[38] Leung H，Chandana S，Wei S. Distributed sensing based on intelligent sensor networks[J]. IEEE Circuits and Systems Magazine，2008，8（2）：38-52.

[39] Molnar K J，Modestino J W. Application of the EM algorithm for the multitarget/multisensor tracking problem[J]. IEEE Transactions on Signal Processing，1998，46（1）：115-129.

[40] Saha R K. Track-to-track fusion with dissimilar sensors[J]. IEEE Transactions on Aerospace and Electronic Systems，1996，32（3）：1021-1029.

[41] Zia A，Kirubarajan T，Reilly J P，et al. An EM algorithm for nonlinear state estimation with model uncertainties[J]. IEEE Transactions on Signal Processing，2008，56（3）：921-936.

# 第 5 章　智能网联汽车协同检测技术

## 5.1　概　　述

在智能交通领域中，准确的目标检测是在复杂环境下安全运行的关键问题[1]。智能车通过高级驾驶员辅助系统（advanced driving assistance system，ADAS）或自动驾驶功能进行辅助驾驶，而目前大多数检测失败的事故是汽车行驶过程中周围目标（车辆或行人）被遮挡或存在传感器的盲区而引起的。与单独的智能车相比，智能网联汽车可以相互共享它们所收集的数据，协作弥补数据短缺，并为需要的车辆提供一个全新的感知范围，从而获得更高的可靠性和准确性[2]。

## 5.2　基于多激光雷达点云联合配准的三维目标协同检测方法

### 5.2.1　引言

三维物体检测是自动驾驶汽车感知系统中的一个常见功能，它在感兴趣的物体周围输出一个三维边界框列表。当前智能网联汽车的环境感知部分主要使用激光雷达、毫米波雷达和视觉摄像头等传感器采集车辆行驶过程中周围的环境信息。其中，车载激光雷达不仅抗干扰能力强，其在角度、距离和测速范围上的优势是能够精确地定位目标的多种信息，同时激光雷达点云在空间维度上优于二维图像和视频[3]。目标识别通常涉及不同时间、角度的同一场景的两组或多组数据之间的计算，而所获取的数据中特征点存在平移、旋转和尺度差异等。通过三维点云集成配准来处理所获取的数据，为解决该问题带来一个新思路。将多个智能网联汽车车载激光雷达所采集的数据共享并进行配准融合，以避免后车由于前方车辆或障碍物的遮挡无法检测目标车辆的情况。

在自动驾驶系统中，3D 目标检测是环境感知系统的核心功能，估计指定环境中目标的尺寸、3D 位姿（位置和方向）和类别的 3D 边界框。与 2D 目标检测相比，3D 目标检测更具挑战性，因为 3D 目标检测需要估计目标到自我车辆的距离。现有 3D 目标检测模型可根据输入数据的模式大概分为两类：①来自单目相机的彩色图像[4]；②来自激光雷达或深度相机的点云[5]。虽然相机图像提供了丰富的纹理信息且主要用于目标分类[6]，但激光雷达和深度相机所产生的深度信息可用于估计目标的位姿。因此，激光雷达传感器提供的准确深度信息是非常有益的。

利用来自雷达或深度相机的点云数据进行 3D 目标检测，通常将输入点云投影到鸟瞰图（bird eye view，BEV）[7]或圆柱坐标[8]中，以获得结构化的固定大小的表示，该表示可馈送到卷积神经网络用于目标检测。但由于空间量化和选择，投影的方式会导致部分有用信息丢失。与投影技术相反，Voxelnet[9]从原始 3D 点学习表示以获得结构化输入；Point Region-CNN（PointRCNN）[10]和 Sparse to Dense（STD）[11]为两级检测器，使用 PointNet 作为主干来获得成对的 3D 点信息，然后使用特定的网络进行完善。大多数现有的方法依赖于针对不同传感器的数据融合[12]，以克服单一传感器的限制并提高检测性能。

传感器融合主要包括三个不同的类别：早期融合、特征级融合和后期融合。早期融合包括原始数据的融合，不需要对数据进行任何的预处理[13]。特征级融合是在融合前从原始数据中提取特征[14]。后期融合为从每个单独的传感器获取检测到的对象，并对对象检测结果进行融合[15]。由于后期融合算法不太复杂，通常选择后期融合而不是其他两级融合，但后期融合只有当两辆车在其检测中共享同一个参考目标时才会起作用，并未解决未被检测到的目标的问题，此类目标即使在融合后也不会被检测到。因此，本节将目标转向另外两个类别。数据交互将为安全驾驶提供无限的可能性，通过多辆车合作来弥补数据的不足，并为有需要的车辆提供一个全新的范围[16]。相比于从单一角度进行 3D 目标检测，协同目标检测应当被重点关注[17]。Chen 等[18]首次提出了一种针对原始数据水平进行处理的基于点云的三维物体检测方法，用于处理多种对齐的点云。进而，Chen 等[19]提出了一种基于点云特征的网联自动驾驶车辆协同感知框架，以获得更高的目标检测精度。Arnold 等[20]提出了两种使用单模态传感器的协同三维目标检测方案。

配准是融合的基础，来自不同传感器的数据所在的空间坐标系不同，需要将数据空间对齐进而进行数据融合。点集配准分为两两配准和集成配准，目前绝大多数现有技术解决了成对（两组）配准问题，如 ICP（iterative closest point）[21]、CPD（coherent point drift）[22]、ECMPR（expectation conditional maximization for point registration）[23]，这些方法采用一组作为“模板”，另一组作为数据进行配准，这种非对称处理的方法会导致有偏解。而多组配准问题相对较少受到关注，并且此类问题通常是通过重复求解成对配准来近似解决的，或者是顺序地依次成对配准，或者是采用一对多的策略完成多组配准。另外，上述两种方法缺乏闭环信息，因此，Evangelidis 等[24]提出了一种将所有点集平等对待的多点集联合配准算法，并利用概率生成的方式实现。然而，上述方法利用 GMM 进行模拟点集的分布，忽略了离群值的存在。

故本节介绍一种基于 Student's $t$ 混合模型的多点集集成配准（ensemble registration algorithm of multiple point clouds based on Student's $t$ mixture model，ERSMM）方法，将多个智能车的传感器信息进行空间对齐，进而扩展智能车的视野。它利用 ERSMM 方法构建协同三维目标检测方案。

### 5.2.2 基于 Student's $t$ 混合模型的多点集集成配准方法

1. 多点集集成配准模型建立

令 $\boldsymbol{Y}_j = [\boldsymbol{y}_{j1} \cdots \boldsymbol{y}_{ji} \cdots \boldsymbol{y}_{jN_j}]$ 为第 $j$ 个点云的 $N_j$ 个点组成的 $\mathbf{R}^{3\times N_j}$ 矩阵，且 $j = 1,\cdots,M$，$i = 1,\cdots,N_j$，$M$ 为点云的个数。本节定义 $\boldsymbol{Y} = \{\boldsymbol{Y}_j\}_{j=1}^{M}$ 为所有点云数据的并集。假设多个点

云中存在刚性变换 $\phi_j:\mathbf{R}^3\to\mathbf{R}^3$，即一个旋转矩阵和一个平移向量，将 $\boldsymbol{y}_{ji}$ 从该点云坐标系映射到模型中心坐标系，即将来自不同点云的所有点转移至同一模型坐标系中表示。其目的是在假设观测点来自同一混合模型的情况下，估计 $M$ 个点集到模型集的转换参数。假设点云是一个未知“中心”Student’s $t$ 混合模型（Student’s $t$ mixture model，SMM）的刚性变换：

$$p(\boldsymbol{y}_{ji})=\sum_{k=1}^{K}p_k\mathrm{St}[\phi(\boldsymbol{y}_{ji})\mid\boldsymbol{x}_k,\boldsymbol{\Sigma}_k,v_k]\tag{5.2.1}$$

其中，$\phi(\boldsymbol{y}_{ji})=\boldsymbol{R}_j\boldsymbol{y}_{ji}+\boldsymbol{t}_j$，$\boldsymbol{R}_j$ 为一个 $3\times3$ 的旋转矩阵，$\boldsymbol{t}_j$ 为一个 $3\times1$ 的平移矩阵；$p_k$ 是混合系数且 $\sum_{k=1}^{K}p_k=1$，即 $\boldsymbol{y}_{ji}$ 在混合模型中第 $k$ 个成分的概率；$\boldsymbol{x}_k$、$\boldsymbol{\Sigma}_k$ 和 $v_k$ 为 Student’s $t$ 分布的均值、方差和自由度；$\mathrm{St}(\cdot)$ 表示 Student’s $t$ 分布的概率密度函数，表示为

$$\mathrm{St}[\phi(\boldsymbol{y}_{ji});\boldsymbol{x},\boldsymbol{\Sigma},v]=\frac{\Gamma\left(\dfrac{v+D}{2}\right)|\boldsymbol{\Sigma}|^{-\frac{1}{2}}}{(\pi v)^{\frac{1}{2}}\Gamma\left(\dfrac{v}{2}\right)\left[1+\dfrac{\|\phi(\boldsymbol{y}_{ji})-\boldsymbol{x}\|_{\Sigma}^{2}}{v}\right]^{\frac{1}{2}(v+D)}}\tag{5.2.2}$$

其中，$D$ 为 Student’s $t$ 分布的维度，这里 $D=3$。由于 Student’s $t$ 分布的厚尾特性，故模型中不需要增加其他分布或参数对离群值进行处理，可直接通过 SMM 对各个点云或变换后的点云进行模拟。则多点云集成配准的模型参数为

$$\Theta=(\{p_k,\boldsymbol{x}_k,\boldsymbol{\Sigma}_k,v_k\}_{k=1}^{K},\{\boldsymbol{R}_j,\boldsymbol{t}_j\}_{j=1}^{M})\tag{5.2.3}$$

此问题可用期望条件最大化（expectation conditional maximization，ECM）算法进行求解，其中刚性变换的确定性不影响混合模型的统计性质。本书定义隐变量 $\boldsymbol{Z}=\{z_{jik}|j=1,\cdots,M,$ $i=1,\cdots,N_j,k=1,\cdots,K$，且 $z_{jik}=1$ 表示三维点 $\boldsymbol{y}_{ji}$ 属于 SMM 的第 $k$ 个分量，反之 $z_{jik}=0$ 表示三维点 $\boldsymbol{y}_{ji}$ 不属于 SMM 的第 $k$ 个分量。SMM 的参数（均值 $\boldsymbol{x}_k$、协方差 $\boldsymbol{\Sigma}_k$ 和自由度 $v_k$）由配准参数（旋转 $\boldsymbol{R}_j$ 和平移 $\boldsymbol{t}_j$）调节，利用最大化似然函数的方式估计参数 $\Theta$：

$$\begin{aligned}\varepsilon(\Theta\mid\boldsymbol{Y},\boldsymbol{Z})&=E_Z[\log P(\boldsymbol{Y},\boldsymbol{Z};\Theta)\mid\boldsymbol{Y}]\\&=E_Z[\log P(\boldsymbol{Y},\boldsymbol{Z}\mid\boldsymbol{Y},\Theta)]\\&=\sum_{Z}P(\boldsymbol{Z}\mid\boldsymbol{Y};\Theta)\log[P(\boldsymbol{Y},\boldsymbol{Z};\Theta)]\end{aligned}\tag{5.2.4}$$

2. 多点集集成配准

假设量测数据 **PC** 为独立同分布的，则式（5.2.4）可以直接写成：

$$\varepsilon(\Theta\mid\boldsymbol{Y},\boldsymbol{Z})=\sum_{j,i,k}\tau_{jik}\{\log p_k+\log P[\phi(\boldsymbol{y}_{ji})\mid z_{jik};\Theta]\}\tag{5.2.5}$$

其中，$\tau_{jik}=\log P(z_{jik}\mid\boldsymbol{y}_{ji};\Theta)$ 为先验概率，表示该点观测值在 SMM 中第 $k$ 个 Student’s $t$ 成分的概率。通过似然函数的标准表达式并忽略常数项，可以写成这种形式的目标函数：

$$f(\Theta)=\sum_{j,i,k} z_{jik}\left[\log p_k-\log\Gamma\left(\frac{v_k}{2}\right)+\frac{v_k}{2}\log\left(\frac{v_k}{2}\right)+\frac{v_k}{2}(\log u_{jik}-u_{jik})\right.$$
$$\left.-\log u_{jik}-\frac{D}{2}\log(2\pi)-\frac{1}{2}\log|\boldsymbol{\Sigma}_k|-\frac{1}{2}u_{jik}\|\phi(\boldsymbol{y}_{ji})-\boldsymbol{x}_k\|_{\Sigma_k}^2\right] \tag{5.2.6}$$

其中，$|\cdot|$表示行列式。式中

$$u_{jik}=\frac{v_k+D}{v_k+\delta[\phi(\boldsymbol{y}_{ji}),\boldsymbol{x}_k;\boldsymbol{\Sigma}_k]} \tag{5.2.7}$$

该模型进一步受到各向同性协方差的限制，即$\boldsymbol{\Sigma}_k=\sigma_k^2\boldsymbol{I}$，由于这导致了所有模型参数的封闭式最大化解，而非各向同性协方差导致了更复杂的凸优化问题，在精度上没有显著增益。特别地，注意旋转矩阵的估计，即约束优化问题：

$$\begin{aligned}&\max_{\Theta} f(\Theta)\\&\text{s.t. } \boldsymbol{R}_j^{\mathrm{T}}\boldsymbol{R}_j=\boldsymbol{I}_3 \quad 和 \quad |\boldsymbol{R}_j|=1,\ \forall j=1,2,\cdots,M\end{aligned} \tag{5.2.8}$$

该问题可通过 ECM 算法来求解。该算法将$f(\Theta)$最大化，即通过$\varepsilon(\Theta|\mathbf{PC},Z)$将其余的参数固定到它们的当前值进而依次对应每个参数。通常，这种迭代过程也会导致量测数据似然函数逐步最大化。

### 3. 算法求解

SMM 的标准 M 步骤增加了一个估计刚性变换参数的步骤。在每次迭代中，本节首先估计变换参数，给定当前的 SMM 参数，然后估计新的 SMM 参数，给定新的变换参数。也可以采用相反的顺序，特别是当已经提供点集的粗略配准时。然而，ERSMM 方法未考虑关于刚性变换的先验信息，因此配准参数的预估计有利于 SMM 均值$\boldsymbol{x}_k$的估计，该均值在空间上是均匀分布的。

1）E 步

通过似然和先验项的定义，以及边缘分布的分解$P[\phi(\boldsymbol{y}_{ji})]=\sum_{k=1}^{K}p_kP[\phi(\boldsymbol{y}_{ji})|z_{jik}]$，第$q$次迭代的后验概率$\tau_{jik}^{(q)}$由参数$\Theta^{(q-1)}$计算，可得

$$\tau_{jik}=\frac{p_k\mathrm{St}[\phi(\boldsymbol{y}_{ji});\boldsymbol{x}_k,\boldsymbol{\Sigma}_k,v_k]}{\sum_{s=1}^{K}\mathrm{St}[\phi(\boldsymbol{y}_{ji});\boldsymbol{x}_s,\boldsymbol{\Sigma}_s,v_s]} \tag{5.2.9}$$

$$\tau_{jik}^{(q)}=\frac{p_k\sigma_k^{-3}(v_k\pi)^{-\frac{3}{2}}\Gamma\left(\frac{v_k+3}{2}\right)\Gamma\left(\frac{v_k}{2}\right)^{-1}\left[1+\frac{\sigma_k^2\|\phi(\boldsymbol{y}_{ji})-\boldsymbol{x}_k\|^2}{v_k}\right]^{-\frac{v_k+3}{2}}}{\sum_{s=1}^{K}p_s\sigma_s^{-3}(v_s\pi)^{-\frac{3}{2}}\Gamma\left(\frac{v_s+3}{2}\right)\Gamma\left(\frac{v_s}{2}\right)^{-1}\left(1+\frac{\sigma_s^2\|\phi(\boldsymbol{y}_{ji})-\boldsymbol{x}_s\|^2}{v_s}\right)^{-\frac{v_s+3}{2}}} \tag{5.2.10}$$

2）CM-step-A

根据$\alpha_{jik}$、$\boldsymbol{x}_k$、$\boldsymbol{\Sigma}_k$和$v_k$的估计值，然后通过最大化$f(\Theta)$估计变换参数$\phi$。同时，由于变换参数将每个点集与 SMM 均值的公共集相关联，此估计可以对每个集合独立地进行。

通过将 SMM 参数设置为当前值，本节重新制定了旋转平移估计问题。可以很容易地证明，估计 $\boldsymbol{R}_j$ 和 $\boldsymbol{t}_j$ 的问题可表示为

$$\begin{aligned}&\min_{\boldsymbol{R}_j,\boldsymbol{t}_j} \quad \|(\boldsymbol{R}_j\boldsymbol{W}_j+\boldsymbol{t}_j\boldsymbol{e}^{\mathrm{T}}-\boldsymbol{X})\boldsymbol{\Lambda}_j\|_F^2\\&\text{s.t.}\quad \boldsymbol{R}_j^{\mathrm{T}}\boldsymbol{R}_j=\boldsymbol{I},\quad |\boldsymbol{R}_j|=1\end{aligned} \tag{5.2.11}$$

其中，$\boldsymbol{\Lambda}_j$ 是一个值为 $\lambda_{jk}=\sigma_k^{-1}\sqrt{\sum_{i=1}^{N_j}\alpha_{jik}}$ 的 $K\times K$ 的对角矩阵；$\boldsymbol{X}=[\boldsymbol{x}_1,\cdots,\boldsymbol{x}_K]$；$\boldsymbol{e}$ 是一个元素为 1 的向量；$\|\cdot\|_F^2$ 表示弗罗贝尼乌斯范数；$\boldsymbol{W}_j=[\boldsymbol{w}_{j1},\cdots,\boldsymbol{w}_{jK}]$，且 $\boldsymbol{w}_{jk}$ 是一个虚拟的三维点，可表示为

$$\boldsymbol{w}_{jk}=\frac{\sum_{i=1}^{N_j}\alpha_{jik}\mathbf{PC}_{ji}}{\sum_{i=1}^{N_j}\alpha_{jik}} \tag{5.2.12}$$

这个问题仍然存在解析解。其中，最优旋转为

$$\boldsymbol{R}_j^*=\boldsymbol{U}_j^L\boldsymbol{S}_j(\boldsymbol{U}_j^R)^{\mathrm{T}} \tag{5.2.13}$$

其中，$\boldsymbol{U}_j^L$ 和 $\boldsymbol{U}_j^R$ 是由 $\boldsymbol{X}_j\boldsymbol{\Lambda}_j\boldsymbol{P}_j\boldsymbol{\Lambda}_j\boldsymbol{W}^{\mathrm{T}}$ 矩阵奇异值分解得到的左矩阵和右矩阵；$\boldsymbol{P}_j=\boldsymbol{I}-\frac{\boldsymbol{\Lambda}_j\boldsymbol{e}(\boldsymbol{\Lambda}_j\boldsymbol{e})^{\mathrm{T}}}{(\boldsymbol{\Lambda}_j\boldsymbol{e})^{\mathrm{T}}\boldsymbol{\Lambda}_j\boldsymbol{e}}$ 为投影矩阵；$\boldsymbol{S}_j=\mathrm{diag}(1,1,|\boldsymbol{U}_j^L\|\boldsymbol{U}_j^R|)$。一旦最优旋转已知，最佳平移参数为

$$\boldsymbol{t}_j^*=\frac{1}{\mathrm{tr}(\boldsymbol{\Lambda}_j)}(\boldsymbol{X}-\boldsymbol{R}_j^*\boldsymbol{W}_j)\boldsymbol{\Lambda}_j^2\boldsymbol{e} \tag{5.2.14}$$

变换 $\phi$ 将 SMM 均值 $\{\boldsymbol{x}_k\}_{k=1}^K$ 与虚拟点 $\{\boldsymbol{w}_{jk}\}_{k=1}^K$ 匹配起来。因此，本节的方法可以处理不同基数的点集，并且 SMM 中成分数量 $K$ 的选择可以独立于点集的基数。

3）CM-step-B 和 CM-step-C

本步骤根据给定当前估计的刚性变换和后验概率估计 SMM 的均值、方差和自由度。通过 $\partial f/\partial \boldsymbol{x}_k=0$，$k=1,\cdots,K$，可得最优均值：

$$\boldsymbol{x}_k^{(q+1)}=\frac{\sum_{j=1}^{M}\sum_{i=1}^{N_j}\tau_{jik}^{(q)}u_{jik}^{(q)}(\boldsymbol{R}_j^{(q)}\boldsymbol{y}_{ji}+\boldsymbol{t}_j^{(q)})}{\sum_{j=1}^{M}\sum_{i=1}^{N_j}\tau_{jik}^{(q)}u_{jik}^{(q)}} \tag{5.2.15}$$

进而，通过 $\partial f/\partial\sigma_k=0$ 代入之前得到的值计算最优方差：

$$\sigma_k^{2(q+1)}=\frac{\sum_{j=1}^{M}\sum_{i=1}^{N_j}\tau_{jik}^{(q)}u_{jik}^{(q)}\left\|\boldsymbol{R}_j^{(q)}\boldsymbol{y}_{ji}+\boldsymbol{t}_j^{(q)}-\boldsymbol{x}_k^*\right\|_2^2}{\sum_{j=1}^{M}\sum_{i=1}^{N_j}\tau_{jik}^{(q)}} \tag{5.2.16}$$

通过对自由度 $v_k$ 求偏导，得到自由度的更新方程：

$$
\begin{aligned}
&-\psi\left(\frac{1}{2}v_k\right)+\frac{1}{\sum_{j=1}^{M}\sum_{i=1}^{N_j}\tau_{jik}}\sum_{j=1}^{M}\sum_{i=1}^{N_j}\tau_{jik}(\log u_{jik}-u_{jik}) \\
&+\log\left(\frac{1}{2}v_k\right)+1+\psi\left(\frac{v_k+3}{2}\right)-\log\left(\frac{v_k+3}{2}\right)=0
\end{aligned}
\tag{5.2.17}
$$

4）M-step-D

这一步骤用来更新先验概率 $p_k$。通过 $\partial f/\partial p_k=0$ 得到以下先验概率：

$$
p_k^{(q+1)}=\frac{\sum_{j=1}^{M}\sum_{i=1}^{N_j}\tau_{jik}^{(q)}}{K},\quad k=1,\cdots,K \tag{5.2.18}
$$

综上所述，多点集集成配准处理过程如算法 5.2.1 所示。

算法 5.2.1　基于 SMM 的多点集集成配准算法

输入：初始化参数 $\Theta=(\{p_k,\boldsymbol{x}_k,\boldsymbol{\Sigma}_k\}_k^K,\{\boldsymbol{R}_j,\boldsymbol{t}_j\}_{j=1}^M)$

输出：参数 $\Theta=(\{p_k,\boldsymbol{x}_k,\boldsymbol{\Sigma}_k\}_k^K,\{\boldsymbol{R}_j,\boldsymbol{t}_j\}_{j=1}^M)$

1：$q\leftarrow 1$
2：迭代
3：E-step：用 $\Theta^{q-1}$ 估计后验概率 $\alpha_{jik}^q$
4：M-step-A：用 $\alpha_{jik}^q,\boldsymbol{x}_k^{q-1}$和$\boldsymbol{\Sigma}_k^{q-1}$ 估计 $\boldsymbol{R}_j^q$和$\boldsymbol{t}_j^q$
5：M-step-B：用 $\alpha_{jik}^q$，$\boldsymbol{R}_j^q$和$\boldsymbol{t}_j^q$ 估计均值 $\boldsymbol{x}_k^q$
6：M-step-C：用 $\alpha_{jik}^q$，$\boldsymbol{R}_j^q,\boldsymbol{t}_j^q$ 和 $\boldsymbol{x}_k^q$ 估计方差 $\boldsymbol{\Sigma}_k^q$
7：M-step-D：用 $\alpha_{jik}^q$，$\boldsymbol{R}_j^q,\boldsymbol{t}_j^q$，$\boldsymbol{x}_k^q$ 和 $\boldsymbol{\Sigma}_k^q$ 估计自由度 $v_k^q$
8：M-step-E：用 $\alpha_{jik}^q$ 估计先验概率 $p_k^q$
9：$q\leftarrow q+1$
10：直到收敛

### 4. 配准算法仿真数据实验

在本节中，使用公开的 3D 数据[25]进行仿真，验证 ERSMM、ICP、CPD、ECMPR 和 JRMPC（joint registration of multiple point cloud）五种三维刚性配准算法。其中 ICP、CPD 和 ECMPR 均为两两配准算法，本节顺序应用两两配准算法进行多点云配准，进而评估顺序配准多点云的性能。JRMPC 为利用 GMM 模拟点集[26]，进而建立均等处理点云的模型，并利用均匀分布模拟点集中存在的离群值。由于平移参数估计不具有挑战性，因此将旋转参数的 RMSE 作为配准误差进行算法的性能分析。通过估计的旋转矩阵乘积 $\hat{\boldsymbol{R}}_1^{\mathrm{T}}\hat{\boldsymbol{R}}_j$ 与真实旋转矩阵 $\boldsymbol{R}_j$ 相比，计算配准误差 RMSE：

$$
\mathrm{RMSE}=\sqrt{\frac{1}{M-1}\sum_{j=2}^{M}(\hat{\boldsymbol{R}}_1^{\mathrm{T}}\hat{\boldsymbol{R}}_j-\boldsymbol{R}_j)^2} \tag{5.2.19}
$$

其中，$\hat{\boldsymbol{R}}_1^{\mathrm{T}}$ 为第一个点云的估计旋转矩阵；$\hat{\boldsymbol{R}}_j$ 为第 $j$ 个点云的估计旋转矩阵；$\boldsymbol{R}_j$ 为第 $j$ 个点云的真实旋转矩阵，$j \in [2, M]$。

为进行定量评估，采用斯坦福数据库“兔子”进行仿真数据实验，并且基于预定义的信噪比（signal to noise ratio，SNR）向坐标点添加高斯噪声。考虑联合配准四个点云的情况，即第一个点云与其他点云之间的夹角分别为 10°、20°和 30°，由于 ERSMM 是由一个完全未知的 SMM 开始的，其初始均值分布在一个球面上。方差初始化为均值和点云的中值。在本次实验中，发现更改先验概率值对配准效果不会有显著提升，因此将先验概率值固定为$1/K$。CPD 和 ECMPR 通过设置先验概率的方式处理离群值，其中 GMM 中组成数量 $K$ 为所有点云平均基数的 50%。对所有算法使用 100 次迭代，ERSMM 中 GMM 的组成数量 $K$ 为所有点集平均基数的 50%。

本节在“兔子”数据中加入 SNR = 10dB 的噪声和不同程度的离群点，其中离群点与原始数据的比例分别取为 0%、5%、10%、15%、20%、25%、30%，如图 5.2.1 所示，为 ERSMM、ECMPR、JRMPC、CPD、ICP 算法的性能展示。

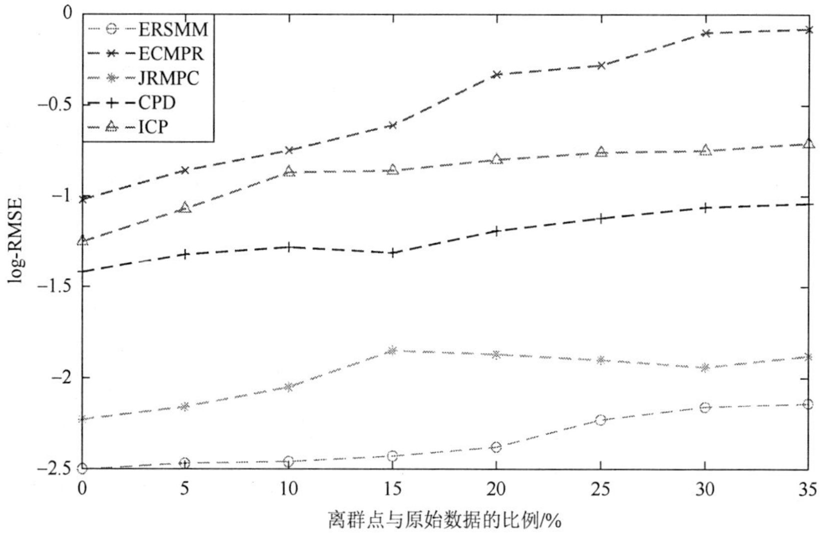


图 5.2.1　当 3D“兔子”数据加入 SNR = 10dB 噪声以及不用离群值时的算法性能展示

## 5.2.3　基于多点云联合配准的三维目标协同检测

如图 5.2.2 所示，在智能车行驶过程中，车辆之间容易相互遮挡且视野范围固定。目标检测通常涉及不同时间、角度的同一场景的多组数据之间的计算，其中，数据的特征存在平移、旋转和尺度差异等。进而，引入协同检测的概念，通过点云集成配准来处理所获取的数据，为解决该问题带来一种新思路。将多个智能网联汽车车载激光雷达所采集的数据共享并进行配准融合，以避免后车由于前方车辆或障碍物的遮挡无法检测目标车辆的情况。在点云融合之前，利用点云配准算法将其转换到同一公共坐标系或空间上。

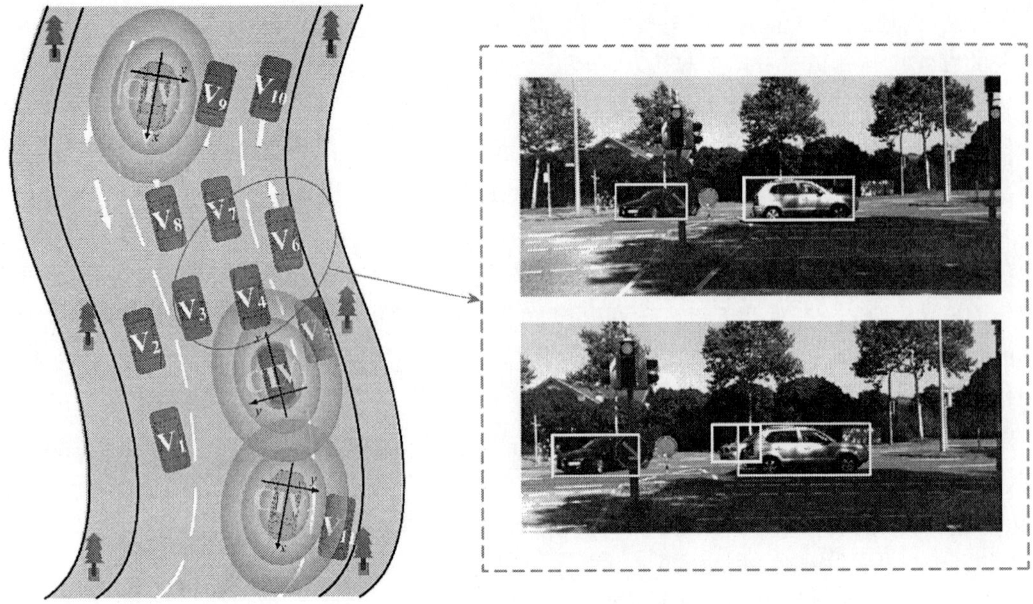


图 5.2.2　智能网联汽车行驶中被遮挡及视野范围受限的示意图

在目标检测过程中，图像数据在目标分类和识别方面具有优势，但图像数据易受光源等干扰且在位置信息方面缺乏优势。在不同类型的原始数据中，激光雷达产生的深度信息可用于估计目标的位置和方向。与 2D 图像和视频数据相比，激光雷达点云具有空间维度的优势，在保留感知目标的准确模型的同时，通过模糊原始数据保护个人隐私（如人脸和车牌号码）[27]。因此，本节利用激光雷达点云进行 3D 目标检测。

由于目标容易被遮挡且传感器视野范围受限，本书重点关注协同目标检测。为考虑更多场景，Arnold 等[20]提出了两种使用单模态传感器的协同三维目标检测方案，该方案通过路测设备传感器与车载传感器的数据进行标定，从而实现数据共享。通过考虑多视角、多数据，本书利用基于 SMM 的多点云配准方法将多个智能车的传感器信息进行空间对齐，进而达到对智能车视野扩展的效果。根据 PointRCNN 的泛化能力和检测性能，本书使用 PointRCNN 目标检测模型。由于此模型的输入数据仅为点云数据，PointRCNN 模型能减少来自融合系统的传感器节点数据传输所需的带宽和避免彩色图像带来的潜在隐私问题。本书利用 ERSMM 算法构建面向智能车的基于激光雷达的三维目标协同检测方案，通过早期融合和后期融合两种形式在检测前或者检测后结合多个空间不同的感知点云进行配准融合处理，进而利用 PointRCNN 检测算法进行目标特征检测，处理车路协同或车车协同的情况。

### 1. 面向多点云早期融合的目标车辆检测算法

如图 5.2.3 所示，面向多点云早期融合（mutiple point clouds early fusion，MPCEF）的检测模型融合每个传感器获得的点云数据。此模型通过空间上的不同数据，将检测区域内物体不同部分的互补信息聚集起来，从而增加检测成功的可能性，特别是对于被遮挡或能见度较低的目标。由于传感器采集的原始点云数据是在不同的位置和角度得到的，车辆需要通过点云映射到本车位置来重建收到的数据。该方案的处理流程包含每个传感器的数据预处理阶段，在主坐标系中形成 $M$ 个点云，通过 ERSMM 和均值融合方法将多个点云转换为单个点云，然后传输至三维目标检测模型中完成检测。以下具体通过不同车辆所采集的数据进行阐述。

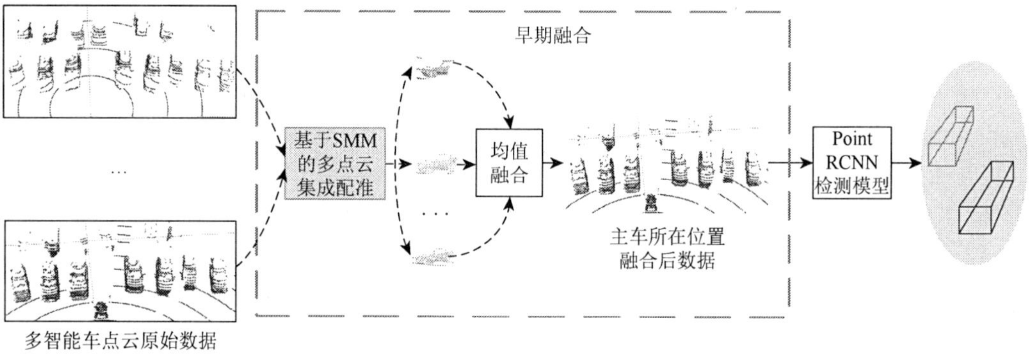


图 5.2.3　面向 MPCEF 的目标车辆检测框架

物理配置中的每个传感器提供相对于其自身坐标系的点，因此在处理之前需要将它们转换为同一坐标系。令 $\boldsymbol{V}_j=[\boldsymbol{v}_{j1}\cdots\boldsymbol{v}_{ji}\cdots\boldsymbol{v}_{jN_j}]$ 为当前帧第 $j$ 个车辆 $\text{CIV}_j$ 的点云数据，且该数据为三维激光雷达所采集的点云格式由 $N_j$ 个点组成的 $\mathbf{R}^{3\times N_j}$ 矩阵，且 $j=1,\cdots,M$，$M$ 为车辆数。本节定义 $\boldsymbol{V}=\{\boldsymbol{V}_j\}_{j=1}^{M}$ 为所有数据。

假设车辆所采集的激光雷达点云数据之间存在刚性变换 $\phi_j:\mathbf{R}^3\to\mathbf{R}^3$，即一个旋转矩阵 $\boldsymbol{R}_j$ 和一个平移变换向量 $\boldsymbol{T}_j$，将 $\boldsymbol{v}_{ji}$ 从车辆中心坐标系映射到参考车辆位置中心坐标系，即将来自所有点云的所有点转移至同一坐标系中表示。即需要得到由原始点云 $(x,y,z)$ 转换至参考位置的点坐标 $(x_r,y_r,z_r)$：

$$\begin{bmatrix} x_r \\ y_r \\ z_r \\ 1 \end{bmatrix}=H_j^{-1}\begin{bmatrix} x \\ y \\ z \\ 1 \end{bmatrix}=[\boldsymbol{R}_j\,|\,\boldsymbol{T}_j]\begin{bmatrix} x \\ y \\ z \\ 1 \end{bmatrix}=\boldsymbol{R}_j\begin{bmatrix} x \\ y \\ z \\ 1 \end{bmatrix}+\boldsymbol{T}_j \tag{5.2.20}$$

通过 ERSMM 算法得到各点云相对于 HostIV 的旋转和平移矩阵，在此过程中为降低由车辆运动带来的配准误差，还利用车辆 GPS 信息作为平移初始值。以 $\boldsymbol{V}_0$ 作为主车 HostIV 点云数据，$\boldsymbol{V}_j$ 为周围 $\text{AroundIV}_j$ 点云数据（$j=1,\cdots,M$），通过车辆间相对 GPS 信息 $\Delta d_j$ 得

$$\text{init}\boldsymbol{V}_j=\boldsymbol{V}_j+\Delta d_j,\quad j=1,\cdots,M \tag{5.2.21}$$

通过配准算法得到空间变换参数（旋转矩阵 $\boldsymbol{R}_j$ 和平移矩阵 $\boldsymbol{T}_j$），得到预处理后的点云数据 $\text{reg}\boldsymbol{V}_j$：

$$\mathrm{reg}\boldsymbol{V}_j = \mathrm{init}\boldsymbol{V}_j\boldsymbol{R}_j + \boldsymbol{T}_j \tag{5.2.22}$$

进而将配准后的 $\mathrm{reg}\boldsymbol{V}_j$ 点云进行均值融合后输入检测器完成检测。考虑到某些物体可能在多个传感器的视野中，聚合列表可能对单个物体有多个检测。为了减轻这种影响，使用非最大抑制的后处理算法。为减少检测框的重叠，通过交并比（intersection over union，IOU）度量测量：

$$\mathrm{IOU} = \frac{\mathrm{volume}(B_{\mathrm{gt}} \cap B_{\mathrm{es}})}{\mathrm{volume}(B_{\mathrm{gt}} \cup B_{\mathrm{es}})} \tag{5.2.23}$$

其中，$B_{\mathrm{gt}}$ 和 $B_{\mathrm{es}}$ 分别表示真实和预测的边界框。IOU 同时考虑边界框的位置、大小和方向（偏航角），即 $\mathrm{IOU} \in [0,1]$。当 $\mathrm{IOU} = 0$ 时，预测框与真值框没有交集，此时结果最差；当 $\mathrm{IOU} = 1$ 时，预测框与真值框的位置、大小和方向相等。通常，当一对 $(B_{\mathrm{gt}}, B_{\mathrm{es}})$ 的 IOU 度量高于某个阈值（用 $\kappa$ 表示）时，$B_{\mathrm{es}}$ 可以看作 $B_{\mathrm{gt}}$ 的匹配估计。如果任何两个检测到的框之间的重叠超过指定阈值，则删除置信度得分最低的框。检测到的框的置信度分数表示框内目标存在的置信度，由 3D 目标检测模型获得。本书将 IOU 阈值 $\kappa$ 设置为 0.5。

### 2. 面向多点云后期融合的目标车辆检测算法

如图 5.2.4 所示，面向多点云后期融合（multiple point clouds late fusion，MPCLF）的目标车辆检测方案融合在每个传感器节点中本地所获得的 3D 目标检测边界框中的点云，因此，如果某一帧的点云中没有检测到目标，例如，由于遮挡或点密度低，目标无法被整个系统检测到，首先，应将原始点云输入每个传感器上的检测模型中，该模型就生成一个由其 3D 边界框表示的目标列表。然后，将来自 $n$ 个传感器或同一传感器不同帧的检测目标传输到中央融合系统进行配准融合。对于本框架，通过单智能车传感器采集的连续帧点云阐述面向 MPCLF 的目标车辆检测框架。

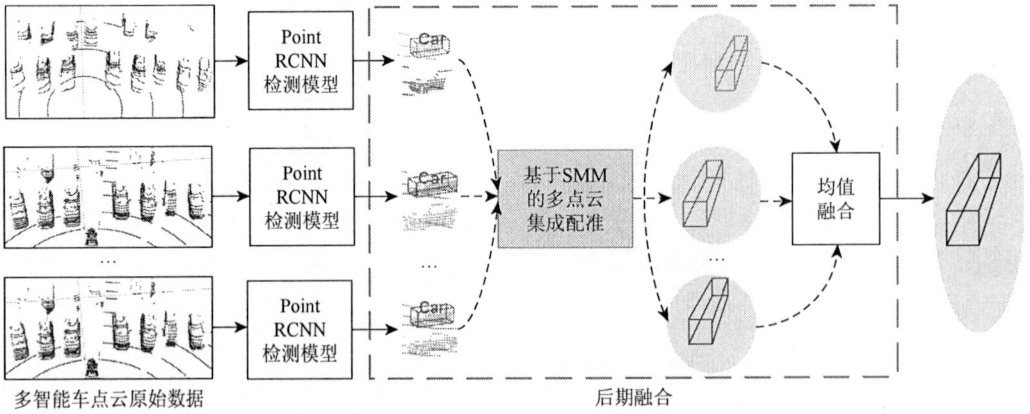


图 5.2.4　面向 MPCLF 的目标车辆检测框架

令 $\hat{\boldsymbol{V}}_j=[\hat{\boldsymbol{v}}_{j1}\cdots\hat{\boldsymbol{v}}_{ji}\cdots\hat{\boldsymbol{v}}_{jN_j}]$ 为第 $j$ 帧数据中经过检测模型后 3D 检测框中的目标点云，且该数据为三维激光雷达所采集的点云格式由 $N_j$ 个点组成的 $\mathbf{R}^{3\times N_j}$ 矩阵，且 $j=1,\cdots,M$，$M$ 为数据的帧数。定义 $\hat{\boldsymbol{V}}=\{\hat{\boldsymbol{V}}_j\}_{j=1}^{M}$ 为所有数据点的并集，以 $\hat{\boldsymbol{V}}_0$ 作为参考帧 $\text{CIV}_0$ 的点云数据，$\hat{\boldsymbol{V}}_j$ 为选取帧 $\text{CIV}_j$ 的点云数据（$j=1,\cdots,M$）。假设各激光雷达点云数据帧之间存在一个刚性变换 $\phi_j:\mathbf{R}^3\to\mathbf{R}^3$，即一个旋转矩阵 $\boldsymbol{R}_j$ 和一个平移矩阵 $\boldsymbol{T}_j$。

利用刚性变换将 $\hat{\boldsymbol{V}}$ 从选用帧 $\text{CIV}_j$ 中心坐标系映射到参考帧 $\text{CIV}_0$ 的中心坐标系，即将来自所选取帧 $\text{CIV}_j$ 中的检测点云转移至参考帧 $\text{CIV}_0$ 坐标系中表示。通过检测后的 3D 检测框中的点云 $(x_d,y_d,z_d)$ 得到参考帧位置的点坐标 $(x_r,y_r,z_r)$：

$$\begin{bmatrix}x_r\\y_r\\z_r\\1\end{bmatrix}=H_j^{-1}\begin{bmatrix}x_d\\y_d\\z_d\\1\end{bmatrix}=[\boldsymbol{R}_j\mid\boldsymbol{T}_j]\begin{bmatrix}x_d\\y_d\\z_d\\1\end{bmatrix}=\boldsymbol{R}_j\begin{bmatrix}x_d\\y_d\\z_d\\1\end{bmatrix}+\boldsymbol{T}_j \tag{5.2.24}$$

通过 ERSMM 算法得到选用帧 $\text{CIV}_j$ 点云相对于参考帧 $\text{CIV}_0$ 的旋转和平移矩阵，并在此过程中降低由车辆运动产生的配准误差，利用车辆 GPS 信息作为平移变换的初始值。通过每帧之间的相对 GPS 信息 $\Delta\hat{d}_j$ 得

$$\text{init}\hat{\boldsymbol{V}}_j=\hat{\boldsymbol{V}}_j+\Delta\hat{d}_j,\quad j=1,\cdots,M \tag{5.2.25}$$

通过 PointRCNN 检测算法得到初始检测框，进而利用配准算法转换检测框中的点云得到空间变换参数（旋转矩阵 $\boldsymbol{R}_j$ 和平移矩阵 $\boldsymbol{T}_j$）。采用空间变换参数将初始检测框进行转换，并为防止检测框重叠，通过 IOU 度量测量进行筛选，得到最优检测框。

3. 实验分析

使用 KITTI 数据集[28]，考虑多个智能网联汽车激光雷达点云，或考虑单智能车不同时刻（连续 3 帧）的激光雷达点云数据，针对早期融合和后期融合两种方案进行实验验证，使用 KITTI 数据集和校园真实场景数据评估面向 MPCEF 和 MPCLF 的目标车辆检测算法以及 PointRCNN 检测算法的性能。

本节利用 IOU 函数来衡量检测结果，IOU 由式（5.2.25）计算。KITTI 数据集提供了原始的连续 3D 激光雷达点云，本节选择 KITTI 数据集文件夹 2011/09/26/0009 中的一段传感数据作为示例，由于目前缺乏多车协同检测数据，因此利用公开数据集 KITTI 中连续多帧数据模拟车辆行驶过程中前后车场景，以此来模拟两辆车之间的协作感知过程。

图 5.2.5 为各算法在 KITTI 数据集模拟多车传感器数据下车辆检测的结果，其中激光雷达数据对应于 120°前视图图像，对前视图区域的激光雷达数据进行评估。如图 5.2.5 所示，通过 PointRCNN 车辆检测算法，在视角 t1 可检测到 7 个 3D 检测框，在视角 t2 可检测到 6 个 3D 检测框；通过面向 MPCEF 的目标车辆检测方法在合成点云视角 t3 中观察到总共 9 个车辆（白色框），其中包括在视角 t1 和视角 t2 检测到的所有车辆；而面向 MPCLF

的目标车辆检测方法仅能检测到 7 个目标车辆。同时，还在图 5.2.5（a）和图 5.2.5（b）的底部提供了相应的图像作为对照。

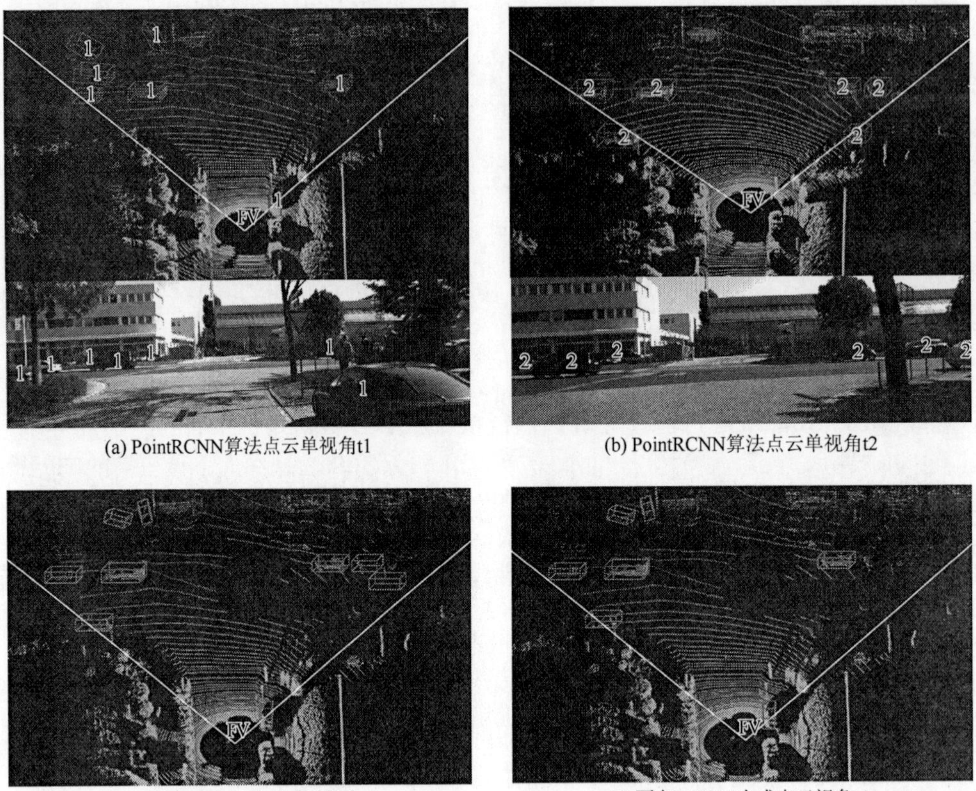

(a) PointRCNN算法点云单视角t1　　(b) PointRCNN算法点云单视角t2

(c) 面向MPCEF合成点云视角t3　　(d) 面向MPCLF合成点云视角t4

图 5.2.5　各算法在 KITTI 数据集模拟多车传感器数据下车辆检测结果

为通过量化标准来评估不同算法，将车辆检测结果与真实情况的协同检测结果进行比较并绘制于表 5.2.1 中，其中数字表示 IOU 值，“—”表示未检测到或未达到 IOU 阈值，可以看出，面向 MPCEF 的目标车辆检测方法所检测到的车辆数量等于或超过单视角中的数量。

**表 5.2.1　不同算法在 KITTI 数据集下的车辆协同检测结果 IOU**

| 点云\IOU | $CIV_1$ | $CIV_2$ | $CIV_3$ | $CIV_4$ | $CIV_5$ | $CIV_6$ | $CIV_7$ | $CIV_8$ | $CIV_9$ |
|---|---|---|---|---|---|---|---|---|---|
| 视角 t1（PointRCNN） | 0.76 | 0.58 | 0.56 | 0.80 | 0.69 | 0.79 | — | — | 0.57 |
| 视角 t2（PointRCNN） | — | — | — | — | 0.63 | 0.77 | 0.68 | 0.60 | — |
| MPCEF | 0.83 | 0.65 | 0.64 | 0.82 | 0.70 | 0.78 | **0.69** | **0.66** | 0.60 |
| MPCLF | **0.86** | **0.67** | **0.65** | **0.83** | **0.72** | **0.80** | — | — | **0.61** |

# 5.3　基于多图像融合的目标车辆检测方法

## 5.3.1　引言

图像配准作为计算机视觉的一个分支，就是对同一场景使用相同或不同的传感器，在不同成像条件下，如气候、照度、摄影位置和角度等，获得的两幅或多幅图像进行匹配的过程[29]。

图像配准研究的目标就是消除两幅或多幅图像之间上述变换存在的差异，确定它们之间的最佳匹配关系，使它们在目标几何形状上匹配一致[30]。根据图像配准技术的特点，可以把图像配准技术分为两类：一是像素级的图像配准技术或者称为直接配准技术；二是特征级的图像配准技术，也称为基于特征的图像配准技术[31]。基于像素的配准方法主要通过图像像素之间的变换关系从而求解图像之间的变换关系，其优势在于像素特征明显且不变，另外，该类方法仍存在计算复杂度大、对于复杂且容量大的图像配准难解等问题。基于特征的图像配准方法主要通过图像预处理、关键点提取、构建描述子、特征匹配、变换关系求解，其中关键点应具有一定的鉴别性，描述子是在关键点的基础上进一步通过其邻域信息使图像在变换过程中具有更强的不变性、鉴别性和鲁棒性，从而实现图像配准。由此可见，点特征是实现图像配准最简单且常用的特征。常见的点特征包括基于 Harris 角点特征[32]、基于尺度不变特征变换（scale invariant feature transform，SIFT）特征[33]和基于加速鲁棒特征[34]等。

现有的大部分研究将图像配准和图像融合当作两个独立的过程，配准的精度会直接影响融合的性能。考虑到图像配准与图像融合之间的相互制约关系，近年来，部分研究员将图像融合与图像配准进行联合处理，基于此，可以进一步提高图像配准的准确率以及图像融合性能。2011 年，Chen 等[35]将图像配准和图像融合都看作参数估计问题，提出了一种联合图像配准和图像融合的 ML 方法，并通过 EM 算法对联合模型进行求解。Zhang 等[36]采用融合性能来评估配准精度，提出了一种迭代优化方法对图像联合配准和融合。然而，以上两种方法主要针对两幅图像之间的两两配准和融合的联合处理，不能用于多幅图像的配准和融合。为此，Li 等[37]应用混合高斯模型来模拟图像集成配准和融合之间的映射关系与多源图像的联合强度，并采用 EM 算法求解，将集成配准和融合进行迭代优化。

车辆检测研究不仅要考虑光照强度、树木遮挡等外在因素的影响，还需考虑智能车上的摄像头安装角度以及抖动所带来的各种形变问题。这使得车辆检测存在准确率及鲁棒性低等问题。为改善检测效果，本章内容将多源图像集成配准和融合的联合优化思想与车辆检测算法相结合，建立基于多摄像头的集成配准和融合的联合优化车辆检测算法。通过将多源图像集成配准和融合的联合优化思想结合到车辆检测算法中，有效降低了外界环境因素的影响，提高了检测准确率等性能指标。通过构建基于多个自采数据集以及国内外公开数据库的车辆特征集，然后将多源图像集成配准和融合所得融合图像的特征与所建立的车辆特征集进行特征匹配，得到检测结果。

### 5.3.2　多图像配准和融合的基本思路

常见的图像配准和融合系统包括采集图像、预处理、图像配准、图像融合等部分，如图 5.3.1 所示。根据图像融合处理所处的阶段不同，图像融合处理技术通常被分为三个不同的层次，分别为像素级、特征级及决策级图像融合[38]。

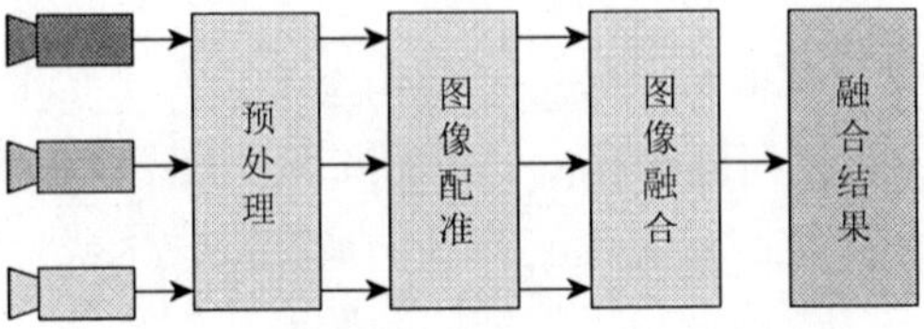


图 5.3.1　常见的图像配准和融合框架

像素级图像融合作为图像融合的基础层次，直接在从传感器处获得的源图像的灰度数据层上进行融合处理，其融合的准确性最高，相较于其他层次的图像融合处理技术，能够最大限度地保留图像数据，具有更丰富、更可靠、更精确的细节信息，为后续图像的相关分析与处理提供最大的保障。正因为如此，像素级图像融合算法的融合精度在时间复杂度以及处理数据量上不占优势。当处理多幅源图像时，所耗费的时间较长。

像素级图像融合丢失的信息少，可以提供其他融合层次所不能提供的细节信息，其融合结果能将图像中的场景更直观、全面地呈现给研究者，便于后续进一步的分析和处理。本节的图像融合是为了增加目标的信息量，以更好地应用到车辆检测等智能车研究领域中，为智能车的环境感知层面提供更加全面可靠、更加详细的目标信息，因此本节所采取的是像素级层次图像融合算法。由像素级图像融合直接针对源图像的像素点进行操作，处理过程中所涉及的信息量较大。

因此，该类融合方法受到噪声等外部因素的影响。现有的大部分研究中所采取的先配准后融合的方法，都是假设源图像在已经绝对地配准的条件下进行的图像融合。然而，在实际的实验中，难以保证百分之百的图像配准精度，进而直接导致融合性能无法得到保证，得到的融合图像的目标细节信息等不清晰。

### 5.3.3　基于 Student's *t* 混合模型的多源图像集成配准和融合的联合优化

本节主要介绍基于 Student's *t* 混合模型的多源图像集成配准和融合的联合优化（joint registration and fusion based on Student's *t* mixture model for multi-source image，JRFSMM）算法。针对图像配准与融合需满足高精度以及高性能等工程应用需求，综合考虑噪声和离群值对模型的干扰，建立 JRFSMM 算法。最后联合其他已有图像配准和融合算法，根据各类算法得出的评价指标详细分析其优缺点，验证本算法的性能。

1. 问题的描述

采用混合高斯模型来模拟图像集成配准和融合之间的映射关系与多源图像的联合强度，在图像所包含的内容较复杂的情况下，基于高斯分布建模的集成配准和融合模型易受干扰，且噪声和离群点的存在会对模型参数估计的结果造成较大的影响。用混合高斯模型进行噪声模拟，会导致集成配准和融合的模型随着传感器的个数呈指数增长，从而导致配准和融合性能较差。噪声是完成多源图像集成配准和融合联合优化算法的一大挑战，主要包括遮挡和离群值。在遮挡的情况下，目标在图像中所对应的像素值会与实际有所偏差，这会导致在寻找不同源图像之间的对应和变换关系时产生偏差。当多源图像集成配准和融合的联合处理模型存在离群点时，由于这些离群点在其他源图像的像素点点集中没有对应点，这会直接增加多源图像集成配准和融合的联合优化算法的误差。

进一步地，考虑到图像像素之间具有较强的相关性，采用 SMM 对图像建模的方法，能更完整地刻画图像像素的联合强度向量分布情况，有效地解决了噪声和离群值对多源图像集成配准和融合的负面影响，较好地突出图像中的细节信息[39]，结合图像变换参数，从而构建图像集成配准和融合算法。Student's $t$ 分布属于重尾分布，具有较好的鲁棒性，更适合处理数据集中存在噪声和离群点的情况。

2. 模型构建

假设对来自不同传感器的 $D$ 幅图像 $\boldsymbol{I}_x=[I_x(1),I_x(2),\cdots,I_x(D)]$ 进行集成配准和融合。因此，每幅图像的空间中每个像素位置 $x$ 都对应 $D$ 个灰度值（或变换参数）。要实现对 $D$ 幅图像的集成配准和融合，需要赋予每幅图像 $N$ 个配准参数，用于描述图像的空间变换情况。假设融合图像也有 $N$ 个配准参数，总体的联合强度向量就有 $ND+N$ 个配准参数。以 $\theta$ 表示所有配准参数的集合，经配准参数作用后的待配准图像和融合图像的联合强度向量可表示为

$$\boldsymbol{L}_x^{\theta}=[\boldsymbol{I}_x^{\theta};\boldsymbol{F}_x^{\theta}] \tag{5.3.1}$$

其中，$\boldsymbol{I}_x^{\theta}$ 为待配准图像经配准参数作用后在像素位置 $x$ 处的像素值；$\boldsymbol{F}_x^{\theta}$ 为融合图像经配准参数作用后在像素位置 $x$ 处的像素值。

联合强度向量的分布可用 SMM 来模拟，在像素位置 $x$ 处，概率分布为

$$p(\boldsymbol{L}_x^{\theta}\mid\Theta)=\sum_{k=1}^{K}\pi_k\mathrm{St}(\boldsymbol{L}_x^{\theta}\mid\mu_k,\Sigma_k,\nu_k) \tag{5.3.2}$$

其中，$\Theta$ 为模型参数；$K$ 为混合模型中的 Student's $t$ 分布成分的总个数；第 $k$ 个 Student's $t$ 分布成分的均值为 $\mu_k$、协方差为 $\Sigma_k$ 以及自由度为 $\nu_k$；$\pi_k$ 为各个成分在混合模型中所占的权重值，满足条件 $\pi_k\geqslant 0$ 和 $\sum\limits_{k=1}^{K}\pi_k=1$。$\mathrm{St}(\cdot)$为 Student's $t$ 分布概率密度函数。

在每个像素位置 $x$ 处，源图像与融合图像之间的映射关系可以通过图像传感器的形成模型[39]来表示：

$$\boldsymbol{I}_x^{\theta}=\beta_x\boldsymbol{F}_x^{\theta}+\alpha_x+w_x \tag{5.3.3}$$

其中，$\beta_x$ 表示传感器选择因子，取值范围为 $\{-1,0,1\}$。当 $\beta_x=-1$ 时，源图像所反映的信

息与融合图像相反；当 $\beta_x=0$ 时，源图像不反映融合图像中包含的信息；当 $\beta_x=1$ 时，源图像完全反映融合图像包含的信息[40]。$\alpha_x$ 为传感器补偿值。$w_x$ 用于描述噪声且服从 Student's $t$ 分布。在式（5.3.3）中引入与 $w_x$ 的分布一致的 $\boldsymbol{A}_x^\theta$ 来表示源图像 $\boldsymbol{I}_x^\theta$ 与融合图像 $\boldsymbol{F}_x^\theta$ 之间的映射关系：

$$\boldsymbol{A}_x^\theta=\boldsymbol{I}_x^\theta-\beta_x\boldsymbol{F}_x^\theta-\alpha_x \tag{5.3.4}$$

同样地，假设 $\boldsymbol{A}_x^\theta$ 服从 Student's $t$ 分布，每个 Student's $t$ 分布成分的均值为 0，协方差为 $\delta_r$，自由度为 $\upsilon_r$，权重为 $\omega_r$。概率分布为

$$p(\boldsymbol{A}_x^\theta\mid\Theta)=\sum_{r=1}^R\omega_r\mathrm{St}(\boldsymbol{A}_x^\theta\mid 0,\delta_r,\upsilon_r) \tag{5.3.5}$$

其中，$R$ 表示混合模型中的 Student's $t$ 分布成分的个数。本节假设两个混合模型中 Student's $t$ 分布成分的个数是相同的（即 $K=R$）。求解 $\boldsymbol{L}_x^\theta$ 和 $\boldsymbol{A}_x^\theta$ 可实现多源图像集成配准和融合。

本节在 ML 框架下将两个模型结合起来。假设所有源图像的像素位置的灰度值是相互独立的，以 $\Theta=\{\boldsymbol{F}_x^\theta,\beta_x,\alpha_x,\mu_k,\Sigma_k,\nu_k,\pi_k,\delta_r,\upsilon_r,\omega_r\}$ 表示所有模型参数集合。引入模型隐变量 $z_{xk}$ 和 $y_{xr}$，分别指示 $\boldsymbol{L}_x^\theta$ 和 $\boldsymbol{A}_x^\theta$ 所属的聚类类别，定义为

$$\begin{gathered}z_{xk}=\begin{cases}1, & \boldsymbol{L}_x^\theta\text{属于第}k\text{个学生}t\text{分布成分}\\0, & \text{否则}\end{cases}\\ y_{xr}=\begin{cases}1, & \boldsymbol{A}_x^\theta\text{属于第}r\text{个学生}t\text{分布成分}\\0, & \text{否则}\end{cases}\end{gathered} \tag{5.3.6}$$

此时完全数据集为 $C=\{\boldsymbol{L}_x^\theta,\boldsymbol{A}_x^\theta,\boldsymbol{Z}_x,\boldsymbol{Y}_x\}$，其中 $\boldsymbol{Z}_x=\{z_{xk}\}_{k=1,2,\cdots,K}$，$\boldsymbol{Y}_x=\{y_{xr}\}_{r=1,2,\cdots,R}$，不完全数据集为 $I=\{\boldsymbol{I}_x^\theta\}$，以 $X$ 表示像素点的个数，模型对数似然函数可写为

$$\begin{aligned}\mathcal{L}(C\mid\Theta)&=\log\prod_{x=1}^X[p(\boldsymbol{L}_x^\theta,\boldsymbol{Z}_x\mid\Theta)+p(\boldsymbol{A}_x^\theta,\boldsymbol{Y}_x\mid\Theta)]\\&=\log\prod_{x=1}^X\left[\prod_{k=1}^K\pi_k^{z_{xk}}\mathrm{St}(\boldsymbol{L}_x^\theta\mid\Theta)^{z_{xk}}+\prod_{r=1}^R\omega_r^{y_{xr}}\mathrm{St}(\boldsymbol{A}_x^\theta\mid\Theta)^{y_{xr}}\right]\end{aligned} \tag{5.3.7}$$

引入隐含变量之后，可以将图像集成配准和融合的联合优化问题转变为通过估计合适的参数来最大化对数似然函数。

3. 模型求解

采用 EM 算法进行求解。具体地，设 $\Theta^i$ 为第 $i$ 次迭代得到的参数集合。在 E 步给出 $\boldsymbol{L}_x^\theta$ 属于第 $k$ 个聚类的概率：

$$\gamma(z_{xk})=p(z_{xk}\mid I,\Theta)=\frac{\pi_k\mathrm{St}(\boldsymbol{L}_x^\theta\mid\mu_k,\Sigma_k,\nu_k)}{\sum_{k=1}^K\pi_k\mathrm{St}(\boldsymbol{L}_x^\theta\mid\mu_k,\Sigma_k,\nu_k)} \tag{5.3.8}$$

相似地，$\boldsymbol{A}_x^\theta$ 属于第 $r$ 个聚类的概率可表示为

$$\varepsilon(y_{xr})=p(y_{xr}\mid I,\Theta)=\frac{\omega_r\mathrm{St}(\boldsymbol{A}_x^\theta\mid 0,\delta_r,\upsilon_r)}{\sum_{r=1}^R\omega_r\mathrm{St}(\boldsymbol{A}_x^\theta\mid 0,\delta_r,\upsilon_r)} \tag{5.3.9}$$

其中，$\sum_{k=1}^{K}\gamma(z_{xk})=1$，$\sum_{r=1}^{R}\varepsilon(y_{xr})=1$。利用后验分布$\gamma(z_{xk})$、$\varepsilon(y_{xr})$和当前的参数$\Theta^i$来求取模型对数似然函数的期望：

$$Q(\Theta,\Theta^i)=E[\mathcal{L}(C\mid\Theta)\mid I,\Theta^i] \tag{5.3.10}$$

$$F_x^{\theta^{i+1}}=\frac{\sum_{k=1}^{K}\gamma(z_{xk})\xi_{xk}^i\left(\sum_{d=1}^{D}\Xi_d\right)+\sum_{r=1}^{R}\varepsilon(y_{xr})\beta_x^{\mathrm{T}}(\delta_r)^{-1}(\boldsymbol{I}_x^\theta-\alpha_x)}{\sum_{k=1}^{K}\sum_{d=1}^{D}\frac{\gamma(z_{xk})}{\boldsymbol{\Sigma}^{-1}(D+1,D+1)}+\sum_{r=1}^{R}\varepsilon(y_{xr})\beta_x^{\mathrm{T}}(\delta_r)^{-1}\beta_x} \tag{5.3.11}$$

其中，$\Xi_d=\frac{\boldsymbol{\mu}(d,1)-\boldsymbol{L}_x^\theta(d,1)}{\boldsymbol{\Sigma}^{-1}(D+1,d)}+\frac{\boldsymbol{\mu}(d,1)}{\boldsymbol{\Sigma}^{-1}(D+1,D+1)}$。

在 M 步中，最大化对数似然函数的期望可迭代更新参数集合$\Theta$。$Q(\Theta\mid\Theta^i)$对$\boldsymbol{F}_x^\theta$求导并令其值为 0，可得到融合图像如式（5.3.11）所示。其中，$\boldsymbol{\mu}=\{\mu_k\}_{k=1,\cdots,K}$，$\boldsymbol{\Sigma}=\{\Sigma_k\}_{k=1,\cdots,K}$，$\boldsymbol{\mu}(d,1)$表示$\boldsymbol{\mu}$的第$d$行第 1 列的数值。

通过式（5.3.12）迭代更新$\mu_k^{i+1}$、$\pi_k^{i+1}$、$\Sigma_k^{i+}$、$\omega_r^{i+1}$、$\delta_r^{i+1}$：

$$\mu_k^{i+1}=\frac{\sum_{x=1}^{X}\gamma(z_{xk})\xi_{xk}^i\boldsymbol{L}_x^\theta}{\sum_{x=1}^{X}\gamma(z_{xk})\xi_{xk}^i} \tag{5.3.12a}$$

$$\pi_k^{i+1}=\frac{X_k}{X} \tag{5.3.12b}$$

$$\Sigma_k^{i+1}=\frac{1}{X_k}\sum_{x=1}^{X}\gamma(z_{xk})\xi_{xk}^i(\boldsymbol{L}_x^\theta-\mu_k^{i+1})(\boldsymbol{L}_x^\theta-\mu_k^{i+1})^{\mathrm{T}} \tag{5.3.12c}$$

$$\omega_r^{i+1}=\frac{X_r}{X} \tag{5.3.12d}$$

$$\delta_r^{i+1}=\frac{1}{X_k}\sum_{x=1}^{X}\varepsilon(y_{xr})\kappa_{xr}^i(\boldsymbol{A}_x^\theta)(\boldsymbol{A}_x^\theta)^{\mathrm{T}} \tag{5.3.12e}$$

其中，$X_k=\sum_{x=1}^{X}\gamma(z_{xk})$，$X_r=\sum_{x=1}^{X}\varepsilon(y_{xr})$。

通过求解式（5.3.13）和式（5.3.14）可以得到$\nu_k^{i+1}$、$\upsilon_r^{i+1}$。

$$\begin{aligned}&-\Psi\left(\frac{\nu_k}{2}\right)+\log\left(\frac{\nu_k}{2}\right)+1+\Psi\left(\frac{\nu_k^{i+1}+D}{2}\right)-\log\left(\frac{\nu_k^{i+1}+D}{2}\right)\\&+\frac{1}{X_k}\sum_{k=1}^{K}\gamma(z_{xk})(\log\xi_{xk}^i-\xi_{xk}^i)=0\end{aligned} \tag{5.3.13}$$

$$\begin{aligned}&-\Psi\left(\frac{\upsilon_r}{2}\right)+\log\left(\frac{\upsilon_r}{2}\right)+1+\Psi\left(\frac{\upsilon_r^{i+1}+D}{2}\right)-\log\left(\frac{\upsilon_r^{i+1}+D}{2}\right)\\&+\frac{1}{X_r}\sum_{r=1}^{R}\varepsilon(y_{xr})(\log\kappa_{xr}^i-\kappa_{xr}^i)=0\end{aligned} \tag{5.3.14}$$

考虑到参数之间的非线性耦合，本节通过 SAGE[41]算法求解 $\alpha_x$ 和 $\beta_x$。求解参数所考虑的空间为以像素 $\boldsymbol{I}_x^\theta$ 为中心的 $H=h\times h$ 窗口，假设同一窗口中每个像素位置的 $\alpha_x$ 和 $\beta_x$ 是一致的，且 $\alpha_x=\alpha$，$\beta_x=\beta$，则 $\alpha_x^{i+1}$ 和 $\beta_x^{i+1}$ 为

$$\alpha_x^{i+1}=\frac{\sum_{x=1}^{H}(\boldsymbol{I}_x^\theta-\beta\boldsymbol{F}_x^{\theta^{i+1}})\sum_{r=1}^{R}\varepsilon(y_{xr})(\delta_r^{i+1})^{-1}}{\sum_{x=1}^{H}\sum_{r=1}^{R}\varepsilon(y_{xr})(\delta_r^{i+1})^{-1}} \tag{5.3.15}$$

$$\beta_x^{i+1}=\frac{\sum_{x=1}^{H}\boldsymbol{F}_x^{\theta^{i+1}}\sum_{r=1}^{R}\varepsilon(y_{xr})(\delta_x^{i+1})^{-1}(\boldsymbol{I}_x^\theta-\alpha)}{\sum_{x=1}^{H}(\boldsymbol{F}_x^{\theta^{i+1}})^2\sum_{r=1}^{R}\varepsilon(y_{xr})(\delta_x^{i+1})^{-1}} \tag{5.3.16}$$

$$-\sum_{x=1}^{X}\sum_{k=1}^{K}\gamma(z_{xk})\xi_{xk}^{i}\frac{\partial\boldsymbol{L}_x^\theta}{\partial\theta}(\Sigma_k^{i+1})^{-1}(\boldsymbol{L}_x^\theta-\mu_k^{i+1})-\sum_{x=1}^{X}\sum_{r=1}^{R}\varepsilon(y_{xr})\kappa_{xr}^{i}\frac{\partial\boldsymbol{A}_x^\theta}{\partial\theta}(\delta_r^{i+1})^{-1}\boldsymbol{A}_x^\theta=0 \tag{5.3.17}$$

$$\boldsymbol{L}_x^{\theta+\tilde{\theta}}=\boldsymbol{L}_x^\theta+\frac{\partial(\boldsymbol{L}_x^\theta)^{\mathrm{T}}}{\partial\theta}\tilde{\theta},\quad \boldsymbol{A}_x^{\theta+\tilde{\theta}}=\boldsymbol{A}_x^\theta+\frac{\partial(\boldsymbol{A}_x^\theta)^{\mathrm{T}}}{\partial\theta}\tilde{\theta} \tag{5.3.18}$$

$$\begin{aligned}&\left\{\sum_{x=1}^{X}\left[\sum_{k=1}^{K}\gamma(z_{xk})\xi_{xk}^{i}\frac{\partial\boldsymbol{L}_x^\theta}{\partial\theta}(\Sigma_k^{i+1})^{-1}\frac{\partial(\boldsymbol{L}_x^\theta)^{\mathrm{T}}}{\partial\theta}+\sum_{r=1}^{R}\varepsilon(y_{xr})\kappa_{xr}^{i}\frac{\partial\boldsymbol{A}_x^\theta}{\partial\theta}(\delta_r^{i+1})^{-1}\frac{\partial(\boldsymbol{A}_x^\theta)^{\mathrm{T}}}{\partial\theta}\right]\right\}\tilde{\theta}\\&=-\sum_{x=1}^{X}\left[\sum_{k=1}^{K}\gamma(z_{xk})\xi_{xk}^{i}\frac{\partial\boldsymbol{L}_x^\theta}{\partial\theta}(\Sigma_k^{i+1})^{-1}(\boldsymbol{L}_x^\theta-\mu_k^{i+1})+\sum_{r=1}^{R}\varepsilon(y_{xr})\kappa_{xr}^{i}\frac{\partial\boldsymbol{A}_x^\theta}{\partial\theta}(\delta_r^{i+1})^{-1}\boldsymbol{A}_x^\theta\right]\end{aligned} \tag{5.3.19}$$

为找到合适的移动参数 $\theta$，引入一个小的移动增量 $\tilde{\theta}$，定义 $\theta+\tilde{\theta}$ 为要估计的参数。将式（5.3.17）中的 $\boldsymbol{L}_x^\theta$ 和 $\boldsymbol{A}_x^\theta$ 替换为式（5.3.18）所示的推进模式 $\boldsymbol{L}_x^{\theta+\tilde{\theta}}$ 和 $\boldsymbol{A}_x^{\theta+\tilde{\theta}}$，利用 $\tilde{\theta}$ 的线性方程去逼近空间变换值。通过求解等式中的移动增量 $\tilde{\theta}$ 可以实现对配准参数的优化。

4. 实验

为验证 JRFSMM 算法的有效性。实验数据选择在重庆邮电大学校内外采集的真实数据集在内的多组图像。每个数据集中的源图像都要先给予已知的偏移量。然后，通过与基于互信息（mutual information，MI）[42]、基于模式强度（pactern intensity，PI）[43]、集成配准（ensemble registration，ER）[44]、基于拉普拉斯变换（Laplacian pyramid，LP）[45]、基于统计信号（statistical signal，SS）[46]和基于高斯混合模型的多源图像联合配准与融合（joint registration and fusion based on Gaussian mixture model for multi-source image，JRFGMM）[47]方法进行比较，对实验结果和模型性能进行深入分析。

为了更加客观、有效地对不同方法进行性能评估，本节通过图像在若干次实验下真实配准参数和预测配准参数变换之间的平均像素偏差（average pixel displacement，APD）来进行配准评价。其计算公式为

$$\mathrm{APD} = \frac{1}{X}\sum_{x=1}^{X} \| \mathrm{ES}[\mathrm{loc}(x)] - \mathrm{GD}[\mathrm{loc}(x)] \| \tag{5.3.20}$$

其中，$\mathrm{loc}(x)$表示像素点 $x$ 位置的坐标；$\mathrm{ES}[\mathrm{loc}(x)]$表示利用估计的变换参数对 $\mathrm{loc}(x)$进行变换；$\mathrm{GD}[\mathrm{loc}(x)]$表示利用标准变换参数对 $\mathrm{loc}(x)$进行变换；$\|\cdot\|$ 表示标准欧氏范数。完全配准下 APD 的值为 0。APD 的值越大，偏差越大，配准精度越低。

对配准精度排在前三位的方法所得结果进行图像融合处理，并通过客观评价指标来评估不同方法下得到融合图像的融合性能。相比于主观上通过视觉来评估图像融合的好坏，客观评价指标通过参数的大小比对来判断融合性能更具有说服力。以源图像 $\boldsymbol{I}_1$、$\boldsymbol{I}_2$ 和融合图像 $\boldsymbol{F}$ 为例，第一个评价指标是 $Q^{\mathrm{ab/f}}$，其值越大，表示融合图像中边缘信息的保持程度越高，即融合性能越好。使用滑动窗口对融合图像和源图像进行切割。分别对每个子图计算结构相似性。

$$Q^{\mathrm{ab/f}} = \frac{1}{W}\sum_{w=1}^{W}\left[\frac{s(\boldsymbol{I}_1 \mid w)}{s(\boldsymbol{I}_1 \mid w)+s(\boldsymbol{I}_2 \mid w)}Q(\boldsymbol{I}_1,\boldsymbol{F} \mid w)+\frac{s(\boldsymbol{I}_2 \mid w)}{s(\boldsymbol{I}_1 \mid w)+s(\boldsymbol{I}_2 \mid w)}Q(\boldsymbol{I}_2,\boldsymbol{F} \mid w)\right] \tag{5.3.21}$$

其中，$s(\boldsymbol{I}_1 \mid w)$ 是源图像 $\boldsymbol{I}_1$ 中窗口 $w$ 的边缘信息；$Q(\boldsymbol{I}_1,\boldsymbol{F} \mid w)$ 是源图像 $\boldsymbol{I}_1$ 与融合图像 $\boldsymbol{F}$ 的相似度度量。$s(\boldsymbol{I}_2 \mid w)$ 及 $Q(\boldsymbol{I}_2,\boldsymbol{F} \mid w)$ 同理。

第二个评价指标是源图像在融合图像中的保持度。互信息度量（mutual information measure，MIM）的值越大代表融合图像包含源图像的信息越多。以 $\mathrm{JE}_{\boldsymbol{I}_1,\boldsymbol{F}}$ 代表源图像 $\boldsymbol{I}_1$ 与融合图像 $\boldsymbol{F}$ 的联合熵。$\mathrm{IE}_{\boldsymbol{I}_1}$ 为源图像 $\boldsymbol{I}_1$ 的信息熵。$\mathrm{JE}_{\boldsymbol{I}_2,\boldsymbol{F}}$ 及 $\mathrm{IE}_{\boldsymbol{I}_2}$ 同理。

$$\mathrm{MIM} = \frac{\mathrm{JE}_{\boldsymbol{I}_1,\boldsymbol{F}} + \mathrm{JE}_{\boldsymbol{I}_2,\boldsymbol{F}}}{\mathrm{IE}_{\boldsymbol{I}_1} + \mathrm{IE}_{\boldsymbol{I}_2}} \tag{5.3.22}$$

第三个评价指标是平均梯度（average gradient，AG），用于衡量融合图像空间清晰度。通常情况下，其值越大表示图像越清晰。通过梯度算子求得融合图像 $\boldsymbol{F}$ 在坐标点 $(x,y)$ 处 $x$ 和 $y$ 方向的图像梯度 $G(x,y)$。AG 可由式（5.3.23）求得

$$\mathrm{AG} = \frac{1}{(X-1)(Y-1)}\sum_{x=1}^{X-1}\sum_{y=1}^{Y-1}\sqrt{[G(x,y)-G(x+1,y)]^2+[G(x,y)-G(x,y+1)]^2/2} \tag{5.3.23}$$

将不同型号的摄像头安装在智能汽车的车顶台架上，距离地面 1.5m，帧率为每秒 30 帧，采集源图像的分辨率为 1024 像素×768 像素。选择重庆市内部分公路路段采集到的数据集进行实验验证。该数据集交通场景丰富，本节从该数据集中选取智能车行驶过程中某一路段前方的车辆数据进行实验验证。数据含有六幅来自车辆行驶过程中拍摄的前方车辆图像。这些图像是通过安装在智能车上的摄像机在车辆行驶过程中对在同一交通场景下进行拍摄所得的连续六帧图像。图像之间除了都有明显的检测目标车辆之外，还各自包含不同的其他环境信息，存在像素值差异。所有图像如图 5.3.2 所示。图像的处理区域在图 5.3.2（a）中标出。随机平移和旋转变换生成 50 组待配准图像。变换参数值变化范围是：平移变换（像素）[−5, 5]和旋转变换（角度）[−5, 5]。初始的混合个数估计值为 6。

图 5.3.2　车辆图像数据集

车辆图像配准评价结果如表 5.3.1 所示，本章方法所得到的 APD 小于其他配准方法。表 5.3.2 为车辆图像数据的融合指标。本章方法得到的结果在 $Q^{ab/f}$、MIM 和 AG 三个融合指标上均表现出一定的优势。也就是说，相比于其他方法，经本章方法得到的融合图像在图像边缘保持度以及所包含源图像的信息量上更胜一筹，且所得融合图像的空间分辨率较高。

**表 5.3.1　不同方法下车辆图像数据的 APD**

| 方法 | 图 5.3.2（a）-图 5.3.2（b） | 图 5.3.2（a）-图 5.3.2（c） | 图 5.3.2（a）-图 5.3.2（d） | 图 5.3.2（a）-图 5.3.2（e） | 图 5.3.2（a）-图 5.3.2（f） | APD |
|---|---|---|---|---|---|---|
| MI | 21.035 | 20.600 | 20.220 | 21.156 | 25.305 | 21.663 |
| PI | 17.352 | 18.065 | 16.952 | 17.953 | 20.394 | 18.143 |
| ER | 2.720 | 2.706 | 1.991 | 2.1093 | 4.812 | 2.868 |
| JRFGMM | 2.806 | 2.696 | 1.971 | 2.057 | 4.747 | 2.875 |
| JRFSMM | 2.724 | 2.633 | 1.983 | 2.095 | 4.782 | 2.843 |

**表 5.3.2　不同方法下车辆图像的融合指标**

| 方法 | $Q^{ab/f}$ | MIM | AG |
|---|---|---|---|
| ER-LP | 0.193 | 0.189 | 0.186 |
| ER-SS | 0.203 | 0.200 | 0.199 |
| JRFGMM | 0.216 | 0.192 | 0.205 |
| JRFSMM | 0.224 | 0.203 | 0.206 |

## 5.3.4　基于有界广义高斯混合模型的配准和融合的联合优化

本节在多源图像集成配准和融合的联合优化算法的基础上，分析 SMM 对图像像素值的真实分布情况进行建模存在一定的问题，下面介绍一种更合适的基于混合模型对图像联合强度向量建模的方法。

1. 问题的提出

多源图像的集成配准和融合的联合优化算法的主要思想是选择适合研究目标信息的概率模型来刻画不同的多幅图像联合强度向量散点图分布情况，再结合似然函数来优化模型的配准和融合参数。由此可见，如何选择最合适的概率模型是其中至关重要的一部分。

尽管 5.3.3 节所述的 JRFSMM 算法已经可以较好地描述重尾特性，在一定程度上消除了模型中由于噪声和离群点所带来的影响。然而，自然图像往往表现出更加明显的重尾性质，SMM 的灵活性不足以适应源图像数据的实际分布情况。且上述 SMM 的一个缺点是它们的分布范围为$(-\infty,+\infty)$，无法在一个固定的区域对目标信息展开处理。众所周知，在计算机视觉领域，图像像素值分布在[0, 255]的有限区域内。基于上述分析，为了更好地刻画图像的联合强度向量统计分布，需要寻找一个更加有效的统计分布概率模型。本节介绍一种基于有界广义高斯混合模型的多源图像集成配准和融合的联合优化（Joint Registration and Fusion based on Bounded Generalized Gaussian Mixture Model for Multi-source Image，JRFBGGMM）算法，引入有界广义 GMM 来刻画图像的像素点的联合强度分布散点图[48]。该混合模型具有灵活性，在抑制噪声和离群点的同时，也能更好地适应多源图像的像素值分布情况，巧妙地解决了非高斯噪声和有界数据都存在的情况对混合模型带来的负面影响，进一步提升了图像配准精度以及图像融合性能。

2. 模型构建

同样地，假设对 $D$ 幅不同源的图像进行集成配准和融合的联合优化。针对前面的建模方法所得到的待配准图像和融合图像的联合强度向量 $\boldsymbol{L}_x^\theta$，利用有界广义 GMM 来刻画联合强度的分布情况，联合强度向量的概率可表示为

$$p(\boldsymbol{L}_x^\theta \mid \rho)=\sum_{m=1}^{M}\tau_m \mathrm{BG}(\boldsymbol{L}_x^\theta \mid u_m,\sigma_m,\Lambda_m) \tag{5.3.24}$$

其中，$\rho$ 表示模型参数；$M$ 表示混合模型中的有界广义高斯分布成分个数；$u_m$、$\sigma_m$ 和 $\Lambda_m$ 分别表示第 $m$ 个有界广义高斯分布成分的均值、协方差和形状参数；$\tau_m$ 表示该分布成分在混合模型中所占的权重，且满足条件 $\tau_m \geqslant 0$ 和 $\sum_{m=1}^{M}\tau_m=1$。

待配准图像 $\boldsymbol{I}_x^\theta$ 与融合图像 $\boldsymbol{F}_x^\theta$ 之间的映射关系有如下表示形式：

$$\boldsymbol{A}_x^\theta=\boldsymbol{I}_x^\theta-\beta_x \boldsymbol{F}_x^\theta-\alpha_x \tag{5.3.25}$$

假设 $\boldsymbol{A}_x^\theta$ 服从有界广义 GMM，每个有界广义高斯分布成分的均值为 0，协方差为 $\chi_s$，形状参数为 $\lambda_s$，权重为 $\varpi_s$。概率分布为

$$p(\boldsymbol{A}_x^\theta \mid \rho)=\sum_{s=1}^{S}\varpi_s \mathrm{BG}(\boldsymbol{A}_x^\theta \mid 0,\chi_s,\lambda_s) \tag{5.3.26}$$

其中，$S$ 表示混合模型中的有界广义高斯分布成分个数。本节假设两个混合模型中有界广义高斯分布的个数是相同的（即 $M=S$）。求解模型 $\boldsymbol{L}_x^\theta$ 和 $\boldsymbol{A}_x^\theta$ 可实现多源图像集成配准和融合的联合优化。

在 ML 框架下将两个模型结合起来。假设所有源图像的像素位置的灰度值是相互独立的，以 $\rho=\{\boldsymbol{F}_x^\theta,\beta_x,\alpha_x,u_m,\sigma_m,\Lambda_m,\tau_m,\chi_s,\lambda_s,\varpi_s\}$ 表示所有模型参数。引入模型隐含变量 $\phi_{xm}$ 和 $\varphi_{xs}$，分别指示 $\boldsymbol{L}_x^\theta$ 和 $\boldsymbol{A}_x^\theta$ 所属的聚类类别，定义为

$$
\begin{aligned}
\phi_{xm}&=\begin{cases}1, & \boldsymbol{L}_x^\theta\text{属于第}m\text{个有界广义高斯分布成分}\\ 0, & \text{否则}\end{cases}\\
\varphi_{xs}&=\begin{cases}1, & \boldsymbol{A}_x^\theta\text{属于第}s\text{个有界广义高斯分布成分}\\ 0, & \text{否则}\end{cases}
\end{aligned}
\tag{5.3.27}
$$

此时完全数据集为 $J=\{\boldsymbol{L}_x^\theta,\boldsymbol{A}_x^\theta,\phi_x,\varphi_x\}$，其中 $\phi_x=\{\phi_{xm}\}_{m=1,2,\cdots,M}$，$\varphi_x=\{\varphi_{xs}\}_{s=1,2,\cdots,S}$，不完全数据集为 $I=\{\boldsymbol{I}_x^\theta\}$，模型对数似然函数可写为

$$
\begin{aligned}
\mathcal{L}(J\mid\rho)&=\log\prod_{x=1}^{X}[p(\boldsymbol{L}_x^\theta,\phi_x\mid\rho)+p(\boldsymbol{A}_x^\theta,\varphi_x\mid\rho)]\\
&=\log\prod_{x=1}^{X}\left[\prod_{m=1}^{M}\tau_m^{\phi_{xm}}\mathrm{BG}(\boldsymbol{L}_x^\theta\mid\rho)^{\phi_{xm}}+\prod_{s=1}^{S}\varpi_s^{\varphi_{xs}}\mathrm{BG}(\boldsymbol{A}_x^\theta\mid\rho)^{\varphi_{xs}}\right]
\end{aligned}
\tag{5.3.28}
$$

引入隐含变量之后，可以将图像集成配准和融合的联合优化问题转变为通过估计合适的参数来最大化对数似然函数。

3. 模型求解

通过前面的分析，需求解参数集合为 $\rho=\{\boldsymbol{F}_x^\theta,\beta_x,\alpha_x,u_m,\sigma_m,\Lambda_m,\tau_m,\chi_s,\lambda_s,\varpi_s\}$，本节利用 EM 算法对式（5.3.24）中的未知参数进行求解。

在 E 步，给出 $\boldsymbol{L}_x^\theta$ 属于第 $m$ 个聚类的概率：

$$
\eta(\phi_{xm})=p(\phi_{xm}\mid I,\rho)=\frac{\tau_m\mathrm{BG}(\boldsymbol{L}_x^\theta\mid u_m,\sigma_m,\Lambda_m)}{\sum_{m=1}^{M}\tau_m\mathrm{BG}(\boldsymbol{L}_x^\theta\mid u_m,\sigma_m,\Lambda_m)}
\tag{5.3.29}
$$

$$
\iota(\varphi_{xs})=p(\varphi_{xs}\mid I,\rho)=\frac{\varpi_s\mathrm{BG}(\boldsymbol{A}_x^\theta\mid 0,\chi_s,\lambda_s)}{\sum_{s=1}^{S}\varpi_s\mathrm{BG}(\boldsymbol{A}_x^\theta\mid 0,\chi_s,\lambda_s)}
\tag{5.3.30}
$$

其中，$\sum_{m=1}^{M}\eta(\phi_{xm})=1$，$\sum_{s=1}^{S}\iota(\varphi_{xs})=1$。利用后验分布 $\eta(\phi_{xm})$、$\iota(\varphi_{xs})$ 和当前的参数 $\rho^t$ 来求取模型对数似然函数的期望如下：

$$
Q(\rho,\rho^t)=E[\mathcal{L}(J\mid\rho)\mid I,\rho^t]
\tag{5.3.31}
$$

紧接着，在M步对各个参数进行求解。为了最大化式（5.3.27），对$Q(\rho,\rho^t)$求$u_m$的偏导，可得

$$u_m^{t+1}=\frac{\sum_{x=1}^{X}\eta(\phi_{xm})(|\boldsymbol{L}_x^{\theta}-u_m^t|^{\Lambda_m^t-2}\boldsymbol{L}_x^{\theta}+R_m)}{\sum_{x=1}^{X}\eta(\phi_{xm})|\boldsymbol{L}_x^{\theta}-u_m^t|^{\Lambda_m^t-2}} \tag{5.3.32}$$

对$Q(\rho,\rho^t)$求$\sigma_m$的偏导，可得

$$\sigma_m^{t+1}=\left[\frac{\Lambda_m^t B(\Lambda_m^t)\sum_{x=1}^{X}\eta(\phi_{xm})|\boldsymbol{L}_x^{\theta}-u_m^t|^{\Lambda_m^t}}{\sum_{x=1}^{X}\eta(\phi_{xm})(1+G_m)}\right]^{\frac{1}{\Lambda_m^t}} \tag{5.3.33}$$

下一步是参数$\Lambda_m$的估计。在其他参数固定的条件下，使用牛顿-拉弗森方法估计$\Lambda_m$。通过目标函数$Q(\rho,\rho^t)$相对于$\Lambda_m$的二阶导数求解$\Lambda_m$。

最后，还需更新先验概率$\tau_m^{t+1}$的估计，可得

$$\tau_m^{t+1}=\frac{1}{X}\sum_{x=1}^{X}\eta(\phi_{xm}) \tag{5.3.34}$$

同理可得$\chi_s^{t+1}$、$\lambda_s^{t+1}$、$\varpi_s^{t+1}$：

$$\chi_s^{t+1}=\left[\frac{\lambda_s^t B(\lambda_s^t)\sum_{x=1}^{X}\iota(\varphi_{xs})|\boldsymbol{A}_x^{\theta}|^{\lambda_s^t}}{\sum_{x=1}^{X}\iota(\varphi_{xs})(1+G_s)}\right]^{\frac{1}{\lambda_s^t}} \tag{5.3.35}$$

$$\lambda_s^{t+1}=\lambda_s^t-\frac{\partial Q(\rho,\rho^t)}{\partial\lambda_s}\left[\frac{\partial Q^2(\rho,\rho^t)}{\partial\lambda_s^2}+r\right]^{-1}\Bigg|_{\lambda_s=\lambda_s^t} \tag{5.3.36}$$

$$\varpi_s^{t+1}=\frac{1}{X}\sum_{x=1}^{X}\iota(\varphi_{xs}) \tag{5.3.37}$$

$$\alpha_x^{t+1}=\frac{\sum_{x=1}^{H}(\boldsymbol{I}_x^{\theta}-\beta\boldsymbol{F}_x^{\theta^{t+1}})\sum_{s=1}^{S}\tau(\varphi_{xs})(\chi_s^{t+1})^{-1}}{\sum_{x=1}^{H}\sum_{s=1}^{S}\tau(\varphi_{xs})(\chi_s^{t+1})^{-1}} \tag{5.3.38}$$

$$\beta_x^{t+1}=\frac{\sum_{x=1}^{H}\boldsymbol{F}_x^{\theta^{t+1}}\sum_{s=1}^{S}\tau(\varphi_{xs})(\chi_s^{t+1})^{-1}(\boldsymbol{I}_x^{\theta}-\alpha)}{\sum_{x=1}^{H}(\boldsymbol{F}_x^{\theta^{t+1}})^2\sum_{s=1}^{S}\tau(\varphi_{xs})(\chi_s^{t+1})^{-1}} \tag{5.3.39}$$

为找到合适的模型移动参数 $\theta$，设目标函数对 $\theta$ 求导的结果为 0。同时，引入移动增量 $\tilde{\theta}$，将 $\boldsymbol{L}_x^\theta$ 和 $\boldsymbol{A}_x^\theta$ 替换为推进模式 $\boldsymbol{L}_x^{\theta+\tilde{\theta}}$ 和 $\boldsymbol{A}_x^{\theta+\tilde{\theta}}$，经变换得到

$$\begin{aligned}&\left\{\sum_{x=1}^{X}\left[\sum_{m=1}^{M}\eta(\phi_{xm})\frac{\partial \boldsymbol{L}_x^\theta}{\partial\theta}(\sigma_m^{t+1})^{-1}\frac{\partial(\boldsymbol{L}_x^\theta)^{\mathrm{T}}}{\partial\theta}+\sum_{s=1}^{S}\iota(\varphi_{xs})\frac{\partial \boldsymbol{A}_x^\theta}{\partial\theta}(\chi_s^{t+1})^{-1}\frac{\partial(\boldsymbol{A}_x^\theta)^{\mathrm{T}}}{\partial\theta}\right]\right\}\tilde{\theta}\\&=-\sum_{x=1}^{X}\left[\sum_{m=1}^{M}\eta(\phi_{xm})\frac{\partial \boldsymbol{L}_x^\theta}{\partial\theta}(\sigma_m^{t+1})^{-1}\frac{\partial(\boldsymbol{L}_x^\theta)^{\mathrm{T}}}{\partial\theta}(\boldsymbol{L}_x^\theta-u_m^{t+1})+\sum_{s=1}^{S}\iota(\varphi_{xs})\frac{\partial \boldsymbol{A}_x^\theta}{\partial\theta}(\chi_s^{t+1})^{-1}\boldsymbol{A}_x^\theta\right]\end{aligned}\tag{5.3.40}$$

通过求解等式中的移动增量 $\tilde{\theta}$ 可以实现对配准参数的优化。综上分析，JRFBGGMM 算法概括为算法 5.3.1。

---

算法 5.3.1　JRFBGGMM 算法描述

---

输入：初始化源图像 $\boldsymbol{I}$，初始化融合图像 $\boldsymbol{F}$，混合模型的聚类数目 $K$ 和 $R$，模型参数 $\rho$，配准参数 $\theta$ 以及迭代次数 $t$

输出：集成配准和融合模型参数 $\rho$，配准图像和融合图像的评价指标

预处理：初始化所有输入参数

步骤：

1：对 $\boldsymbol{I}$ 和 $\boldsymbol{F}$ 分别进行空间变换得到 $\boldsymbol{I}_x^\theta$ 和 $\boldsymbol{F}_x^\theta$

2：构建源图像和融合图像的联合强度模型 $\boldsymbol{L}_x^\theta=[\boldsymbol{I}_x^\theta;\boldsymbol{F}_x^\theta]$

3：构建源图像和融合图像的映射关系模型 $\boldsymbol{A}_x^\theta=\boldsymbol{I}_x^\theta-\beta_x\boldsymbol{F}_x^\theta-\alpha_x$

4：在 ML 框架下将 $\boldsymbol{L}_x^\theta$ 和 $\boldsymbol{A}_x^\theta$ 结合起来，得到模型的对数似然函数

5：while 对数似然函数未收敛

6：　for 第 1 次迭代至第 $t$ 次迭代

7：　　EM 算法更新模型参数 $\rho$

8：　　计算变换增量 $\tilde{\theta}$ 和配准参数 $\theta$

9：　end for

10：end while

---

4. 实验

本节通过实验对 ER、GMM、JRFSMM 和 JRFBGGMM 算法进行评估。实验数据集与 5.3.3 节中相同，分别与 ER、GMM 以及 JRFSMM 算法进行对比。真车采集图像数据集在不同算法下得到的配准结果，以及车辆图像数据的配准和融合评价指标分别如表 5.3.3 和表 5.3.4 所示。在提高图像配准精度的同时也能提升图像融合性能。

**表 5.3.3　不同算法下真车采集图像配准结果**

| 算法 | ER | GMM | JRFSMM | JRFBGGMM |
|---|---|---|---|---|
| 车辆图像 | 2.868 | 2.875 | 2.843 | 2.680 |

**表 5.3.4　不同算法下车辆图像融合指标**

| 算法 | $Q^{ab/f}$ | MIM | AG |
|---|---|---|---|
| ER-SS | 0.203 | 0.200 | 0.199 |
| GMM | 0.216 | 0.192 | 0.205 |
| JRFSMM | 0.224 | 0.203 | 0.206 |
| JRFBGGMM | 0.232 | 0.212 | 0.226 |

## 5.3.5　基于多图像配准融合的车辆目标协同检测

本节介绍将多源图像集成配准和融合的联合优化结合到车辆目标协同检测算法（vehicle object collaborative detection based on multiple images registration and fusion，VBCD）中，通过构建基于多个自采数据集以及国内外公开数据库的车辆特征集，然后将多源图像集成配准和融合所得融合图像的特征与所建立的车辆特征集进行特征匹配，得到检测结果。

经分析发现，局部二值模式（local binary pattern，LBP）特征可以准确地描述车辆的局部纹理变化，同时，方向梯度直方图（histogram of gradients，HOG）特征对车身和车辆边缘轮廓的梯度特征相对敏感。融合 LBP 特征和 HOG 特征各自在目标检测方向的优势，能够更加全面地刻画车辆的特征，将车辆从周围的环境中有效地分离出来。因此，本章通过在智能车上安装三个车载摄像头采集道路图像信息，结合第 4 章多源图像集成配准和融合方法得到的融合图像，再采用一种 LBP 特征和 HOG 特征融合的车辆目标协同检测算法得到车辆检测结果。真车实验验证示意图如图 5.3.3 所示。

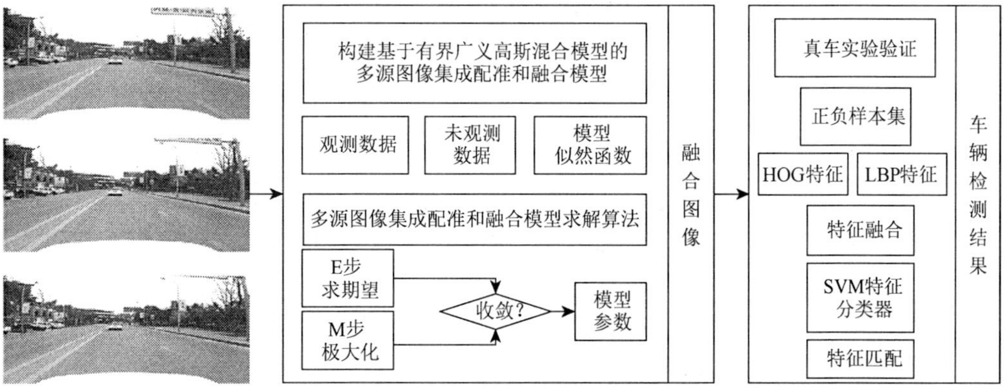


图 5.3.3　真车实验验证示意图

具体地，在车辆检测部分，首先构建车辆正负样本集，分别截取各个数据集中的车辆部分作为正样本，非车辆部分作为负样本，对所有正负样本赋予样本标签（正样本标记为 1，负样本标记为 0）。同时对样本集进行灰度化和尺度变换等预处理，以此保证正负样本数据的图像分辨率一致并降低图像维度。本节实验所设计的样本集中，正样本包含结构化以及非结构化道路上所行驶的不同类型车辆，不同光照条件以及不同摄像头在不同角度、距离等因素下采集到的车辆图像，以此丰富样本的多样性，保证检测的鲁棒性。负样本为不包含车辆的任意视频图像，随后对正负样本进行标注。其次，提取上述正负样本的 LBP 特征和 HOG 特征，再融合两个特征生成一个高维的特征向量。为减少实验运算量，本节采用主成分分析法对上述高维特征向量进行特征降维，生成综合车辆 LBP 特征和 HOG 特征的低维特征描述符。接着，将特征描述符以及样本标签作为输入量，输入支持向量机（support vector machine，SVM）中训练生成分类器。然后，在第 4 章得到的融合图像中采用大小滑窗检测的方式进行车辆检测，融合在每个滑窗中提取的 LBP 特征和 HOG 特征，并降维处理生成新的特征描述符。最后，在分类器下对融合图像的特征描述符进行特征匹配，完成检测。

通过在多种场景下自行采集的数据集来进行实验，验证车辆检测算法的有效性。选取囊括不同场景的共 500 帧的校内外场景图像序列，校内场景图像分辨率为 1280 像素×400 像素，校外场景图像分辨率为 1280 像素×960 像素。包括光照变化较大、不同摄像头拍摄、角度不同的场景，还包括车辆受到树荫以及杂草等遮挡的路段。本节在同一车辆检测算法下，所对比的对象包括直接将采集到的源图像进行车辆检测（Original），以及通过 ER 方法配准后采用 SS 方法融合的先配准后融合处理方法（ER-SS Fused）两种。在检测精确率、召回率及准确率三个评价指标下，将 VBCD 算法以及其他两种算法所得结果进行对比与分析。校内场景采用在重庆邮电大学校内采集到的图像进行实验验证。部分检测结果展示如图 5.3.4 所示。从检测结果可以看出，在检测场景目标单一、清晰，且无明显干扰的道路场景下，三种车辆检测算法均能较好地实现对目标车辆的检测。检测指标值如表 5.3.5 所示。

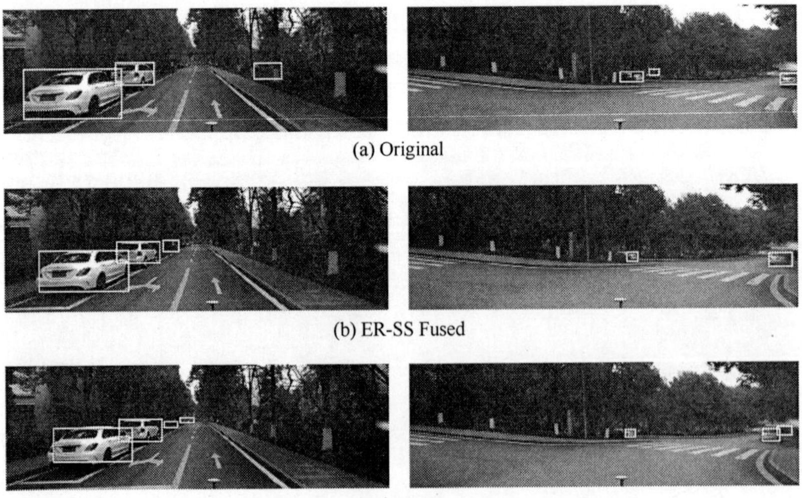

(a) Original

(b) ER-SS Fused

(c) VBCD

图 5.3.4　校内场景车辆检测部分结果展示

**表 5.3.5　校内场景车辆检测指标值**

| 方法 | 精确率（Precision） | 召回率（Rec） | 准确率（Accuracy） |
| --- | --- | --- | --- |
| Original | 84.4% | 80.9% | 82.1% |
| ER-SS Fused | 83.1% | 87.8% | 85.7% |
| VBCD | 89.6% | 88.9% | 87.3% |

## 5.4　本 章 小 结

本章以智能网联汽车的协同检测为研究目标，首先提出基于智能网联汽车的协同检测方法，然后介绍基于多激光雷达点云联合配准的三维目标协同检测方法以及基于多图像融合的目标车辆检测算法。在基于多激光雷达点云联合配准的三维目标协同检测方法中提出基于 SMM 的多点云联合配准方法，并通过多点云联合配准进行三维目标的协同检测。然后在基于多图像融合的目标车辆检测方法中，介绍了多图像配准和融合的基本思路，以及多源图像集成配准和融合的联合优化方法，并将其应用到目标检测中。最后通过实验验证了以上两种算法的有效性。

### 参 考 文 献


[1] Thandavarayan G，Sepulcre M，Gozalvez J. Generation of cooperative perception messages for connected and automated vehicles[J]. IEEE Transactions on Vehicular Technology，2020，69（12）：16336-16341.

[2] Tian D，Wu G，Hao P，et al. Connected vehicle-based lane selection assistance application[J]. IEEE Transactions on Intelligent Transportation Systems，2018，20（7）：2630-2643.

[3] Wu Y，Wang Y，Zhang S，et al. Deep 3D object detection networks using LiDAR data：A review[J]. IEEE Sensors Journal，2020，21（2）：1152-1171.

[4] Qi C R，Liu W，Wu C，et al. Frustum pointnets for 3D object detection from rgb-d data[C]//Proceedings of the 2018 IEEE Conference on Computer Vision and Pattern Recognition（CVPR）. Salt Lake City：IEEE Press，2018：918-927.

[5] Feng D，Haase-Schütz C，Rosenbaum L，et al. Deep multi-modal object detection and semantic segmentation for autonomous driving：Datasets，methods，and challenges[J]. IEEE Transactions on Intelligent Transportation Systems，2020，22（3）：1341-1360.

[6] Wang Z，Xia Q，Du J，et al. 3D MSSD：A multilayer spatial structure 3D object detection network for mobile LiDAR point clouds[J]. International Journal of Applied Earth Observation and Geoinformation，2021，102.102406.

[7] Beltrán J，Guindel C，Moreno F M，et al. BirdNet：A 3D object detection framework from lidar information[C]//Proceedings of 2018 21st International Conference on Intelligent Transportation Systems（ITSC）. Maui：IEEE Press，2018：3517-3523.

[8] Li B，Zhang T，Xia T. Vehicle detection from 3D lidar using fully convolutional network[C]//Proceedings of 2016 Robotics：Science and Systems（RSS）. Ann Arbor：MIT Press，2016：1-8.

[9] Zhou Y，Tuzel O. VoxelNet：End-to-end learning for point cloud based 3D object detection[C]//Proceedings of the 2018 IEEE/CVF Conference on Computer Vision and Pattern Recognition（CVPR）. Salt Lake City：IEEE Press，2018：4490-4499.

[10] Shi S，Wang X，Li H. PointRCNN：3D object proposal generation and detection from point cloud[C]//Proceedings of the 2019 IEEE/CVF Conference on Computer Vision and Pattern Recognition（CVPR）. Long Beach：IEEE Press，2019：770-779.

[11] Yang Z，Sun Y，Liu S，et al. STD：Sparse-to-dense 3D object detector for point cloud[C]//Proceedings of the 2019 IEEE/CVF International Conference on Computer Vision（CVPR）. Seoul：IEEE Press，2019：1951-1960.

[12] Haris M，Glowacz A. Navigating an automated driving vehicle via the early fusion of multi-modality[J]. Sensors，2022，22（4）：1425.

[13] Fidalgo E，Alegre E，Fernández-Robles L，et al. Early fusion of multi-level saliency descriptors for image classification[J]. Revista Iberoamericana de Automática e Informática industrial，2019，16（3）：358-368.

[14] Zhou G，Yan Y，Wang D，et al. A novel depth and color feature fusion framework for 6D object pose estimation[J]. IEEE Transactions on Multimedia，2020，23：1630-1639.

[15] Ding N，Tian S，Yu L. A multimodal fusion method for sarcasm detection based on late fusion[J]. Multimedia Tools and Applications，2022，81（6）：8597-8616.

[16] 蒋文涛，朱红松，吕俊伟，等. 传感器网络中基于相关性的协同目标检测算法[J].仪器仪表学报，2012，33（6）：1293-1300.

[17] Tian D，Wu G，Hao P，et al. Connected vehicle-based lane selection assistance application[J]. IEEE Transactions on Intelligent Transportation Systems，2018，20（7）：2630-2643.

[18] Chen Q，Tang S，Yang Q，et al. Cooper：Cooperative perception for connected autonomous vehicles based on 3D point clouds[C]//Proceedings of the 2019 IEEE 39th International Conference on Distributed Computing Systems（ICDCS）. Richardson：IEEE Press，2019：514-524.

[19] Chen Q，Ma X，Tang S，et al. F-cooper：Feature based cooperative perception for autonomous vehicle edge computing system using 3D point clouds[C]//Proceedings of the 2019 ACM/IEEE Symposium on Edge Computing. Arlington：ACM Press，2019：88-100.

[20] Arnold E，Dianati M，de Temple R，et al. Cooperative perception for 3D object detection in driving scenarios using infrastructure sensors[J]. IEEE Transactions on Intelligent Transportation Systems，2022，23（3）：1852-1864.

[21] Besl P J，McKay N D. A method for registration of 3-D shapes[J]. IEEE Transactions on Pattern Analysis and Machine Intelligence，1992，14（2）：239-256.

[22] Myronenko A，Song X. Point-set registration：Coherent point drift[J]. IEEE Transactions on Pattern Analysis and Machine Intelligence，2010，32（12）：2262-2275.

[23] Horaud R，Forbes F，Yguel M，et al. Rigid and articulated point registration with expectation conditional maximization[J]. IEEE Transactions on Pattern Analysis and Machine Intelligence，2011，33（3）：587-602.

[24] Evangelidis G D，Kounades-Bastian D，Horaud R，et al. A generative model for the joint registration of multiple point sets[C]//Proceedings of the 2014 European Conference on Computer Vision. Cham：Springer，2014：109-122.

[25] Ahmed S M，Das N R，Chaudhury K N. Least-squares registration of point sets over SE（d）using closed-form projections[J]. Computer Vision and Image Understanding，2019，183：20-32.

[26] Evangelidis G D，Horaud R. Joint alignment of multiple point sets with batch and incremental expectation-maximization[J]. IEEE Transactions on Pattern Analysis and Machine Intelligence，2018，40（6）：1397-1410.

[27] Zhang S，Chen J，Lyu F，et al. Vehicular communication networks in the automated driving era[J]. IEEE Communications Magazine，2018，56（9）：26-32.

[28] Geiger A，Lenz P，Stiller C，et al. Vision meets robotics：The KITTI dataset[J]. International Journal of Robotics Research，2013，32（11）：1231-1237.

[29] Zhang J，Ma W，Wu Y，et al. Multimodal remote sensing image registration based on image transfer and local features[J]. IEEE Geoscience and Remote Sensing Letters，2019，16（8）：1210-1214.

[30] Zhang Y，Fan Q，Bao F，et al. Single-image super-resolution based on rational fractal interpolation[J]. IEEE Transactions on Image Processing，2018，27（8）：3782-797.

[31] Qiu W，Wang X，Chen Y，et al. Modulated excitation imaging system for intravascular ultrasound[J]. IEEE Transactions on Biomedical Engineering，2017，64（8）：1935-1942.

[32] Kruggel F. A simple measure for acuity in medical images[J]. IEEE Transactions on Image Processing，2018，27（11）：5225-5233.

[33] Opbroek A V，Achterberg H C，Vernooij M W，et al. Transfer learning for image segmentation by combining image weighting

and kernel learning[J]. IEEE Transactions on Medical Imaging，2019，38（1）：213-224.

[34] Zhao W，Jiao L，Ma W，et al. Superpixel-based multiple local CNN for panchromatic and multispectral image classification[J]. IEEE Transactions on Geoscience and Remote Sensing，2017，55（7）：4141-4156.

[35] Chen S，Guo Q，Leung H，et al. A maximum likelihood approach to joint image registration and fusion[J]. IEEE Transactions on Image Processing，2011，20（5）：1363-1372.

[36] Zhang Q，Cao Z，Hu Z，et al. Joint image registration and fusion for panchromatic and multispectral images[J]. IEEE Transactions on Geoscience and Remote Sensing Letters，2015，12（3）：467-471.

[37] Li Y，He Z，Zhu H，et al. Jointly registering and fusing images from multiple sensors[J]. Information Fusion，2016，27（1）：85-94.

[38] Jang J H，Bae Y，Ra J B. Contrast-enhanced fusion of multisensor images using subband-decomposed multiscale retinex[J]. IEEE Transactions on Image Processing，2012，21（8）：3479-3490.

[39] Zhang H，Wu Q M J，Nguyen T M，et al. Synthetic aperture radar image segmentation by modified Student's t-mixture model[J]. IEEE Transactions on Geoscience and Remote Sensing，2014，52（7）：4391-4403.

[40] Yang J，Blum R S. A statistical signal processing approach to image fusion for concealed weapon detection[C]. Proceedings of International Conference on Image Processing，New York，2002：513-516.

[41] Zhu Y，Cochoff S M. Likelihood maximization approach to image registration[J]. IEEE Transactions on Image Processing，2002，11（12）：1417-1426.

[42] Viola P，Wells W M. Alignment by maximization of mutual information[J]. International Journal of Computer Vision，1997，24（2）：137-154.

[43] Arivazhagan S，Mani V R S，Prema G. Nonrigid image registration using spatial and multiresolution techniques[C]. 2011 International Conference on Signal Processing，Communication，Computing and Networking Technologies，Thuckalay，2011：818-823.

[44] Orchard J，Mann R. Registering a multisensor ensemble of images[J]. IEEE Transactions on Image Processing，2009，19（5）：1236-1247.

[45] Yang J，Blum R S. A statistical signal processing approach to image fusion for concealed weapon detection[C]. Proceedings of International Conference on Image Processing，Rochester，2002：I.

[46] Zhang Z，Blum R S. A categorization of multiscale-decomposition-based image fusion schemes with a performance study for a digital camera application[J]. Proceedings of the IEEE，1999，87（8）：1315-1326.

[47] Li Y，He Z，Zhu H，et al. Jointly registering and fusing images from multiple sensors[J]. Information Fusion，2016，27：85-94.

[48] Nguyen T M，Wu Q M J，Zhang H. Bounded generalized Gaussian mixture model[J]. Pattern Recognition，2014，47（9）：3132-3142.